城市轨道交通列车
自主运行系统（TACS）
设计与运用

——青岛地铁 6 号线 TACS 示范工程应用实践

主 编 张 君

西南交通大学出版社
·成 都·

图书在版编目（CIP）数据

城市轨道交通列车自主运行系统（TACS）设计与运用：青岛地铁 6 号线 TACS 示范工程应用实践 / 张君主编. -- 成都：西南交通大学出版社，2024.5
ISBN 978-7-5643-9849-1

Ⅰ.①城… Ⅱ.①张… Ⅲ.①城市铁路 – 轨道交通 – 列车 – 运行 – 自动控制 – 研究 – 青岛 Ⅳ.①U284.48

中国国家版本馆 CIP 数据核字（2024）第 110949 号

Chengshi Guidao Jiaotong Lieche Zizhu Yunxing Xitong (TACS) Sheji yu Yunyong
—Qingdao Ditie 6 Hao Xian TACS Shifan Gongcheng Yingyong Shijian

城市轨道交通列车自主运行系统（TACS）设计与运用
——青岛地铁 6 号线 TACS 示范工程应用实践

主　编 / 张　君	责任编辑 / 宋浩田
	封面设计 / 王惠洁

西南交通大学出版社出版发行

（四川省成都市金牛区二环路北一段 111 号西南交通大学创新大厦 21 楼　610031）
营销部电话：028-87600564　028-87600533
网址：http://www.xnjdcbs.com
印刷：四川玖艺呈现印刷有限公司

成品尺寸　170 mm × 230 mm
印张　17　字数　277 千
版次　2024 年 5 月第 1 版　印次　2024 年 5 月第 1 次
书号　ISBN 978-7-5643-9849-1
定价　95.00 元

图书如有印装质量问题　本社负责退换
版权所有　盗版必究　举报电话：028-87600562

《城市轨道交通列车自主运行系统（TACS）设计与运用》
编委会

主　任　张　君

副主任　王　飚　王守慧　刘纪俭

主　编　张　君

副主编　刘纪俭　罗情平　任　玲

编　委　邢春阳　李　杰　左旭涛　孟　彤
　　　　张　伟　张志伟　刘彩红　刘　克
　　　　吴　昊　李广斌　陈丽君　杜建新
　　　　刘保明　孔　军　陈　凯　高　天
　　　　邓小军　祖　健　李　虎　戎志立
　　　　薄云览

专家组

王　飚　　中国城市轨道交通协会
方少轩　　中国城市轨道交通协会
韦苏来　　南京地铁集团有限公司
何　晔　　广州地铁集团有限公司
李新文　　深圳市地铁集团有限公司
王生华　　上海地铁维护保障有限公司
张　良　　北京市地铁运营有限公司
杨培盛　　济南轨道交通集团有限公司
朱　翔　　上海申通轨道交通研究咨询有限公司
张琼燕　　上海申通轨道交通研究咨询有限公司
朱小娟　　上海申通轨道交通研究咨询有限公司
徐中伟　　同济大学
郑生全　　中铁第四勘察设计院集团有限公司
陈　凯　　中车信息技术有限公司
宋　丹　　中车青岛四方车辆研究所有限公司
王亚龙　　北京鉴衡认证中心有限公司

特别鸣谢

青岛地铁集团有限公司
中车青岛四方机车车辆股份有限公司
中车青岛四方车辆研究所有限公司
青岛富欣城轨科技有限公司
上海富欣智能交通控制有限公司
中铁通信信号勘测设计院有限公司
北京中兴高达通信技术有限公司
青岛鉴衡轨道交通检测认证有限公司
北京鉴衡认证中心有限公司

前言 PREFACE

轨道交通凭借其安全、高效、准点的优势,越来越多地成为乘客出行的首选,这也对轨道交通系统提出了更高的要求。如何提高轨道交通系统的运能、服务质量是整个行业都要在积极研究的方向。为了提高国家整体装备自动化、智能化水平和满足建设制造强国的国家战略要求,以及解决城市发展过程中出现的诸多问题,2016 年,青岛地铁集团有限公司组织针对车-车通信及列车自主运行技术的多次内部论证,同时邀请当时具备相关技术储备的多个厂家并与他们深入研讨论证了车-车通信技术的未来发展方向,选择了技术贴合度最高、认识最为深入、不同专业的代表性厂家,完成了基于车载控制平台的列车自动运行控制系统示范工程申报工作。2017 年 12 月 13 日,"列车自主运行系统研制工程"在《国家发展改革委办公厅关于印发〈增强制造核心竞争力三年行动计划(2018—2020 年)〉重点领域关键技术产业化实施方案的通知》(发改办产业〔2017〕2063 号文)中获得批复。2021 年 5 月,列车自主运行系统(TACS)产品在青岛地铁 1 号线南延伸段完成工程应用,并成功获得产品及工程项目的第三方安全证书。目前正在青岛地铁 6 号线开展列车自主运行系统(TACS)工程化应用。

本书主要介绍列车自主运行系统(TACS)的相关内容。全书分为三个篇章,包括综述、列车自主运行系统原理和融合。列车自主运行系统原理包括系统原理、列车自主运行系统设计方案、列控系统设计和车辆设计,融合包括系统融合架构、融合功能和融合接口。

为使广大读者及地铁建设者对列车自主运行系统有更深入的了解，青岛地铁集团有限公司组织编写《城市轨道交通列车自主运行系统（TACS）设计与运用——青岛地铁6号线TACS示范工程应用实践》。该书经过精心编写和认真审核，全面系统地介绍了青岛地铁6号线列车自主运行系统（TACS）示范工程的主要建设内容及功能，是一本较为完整的技术资料，既可供国内同行、青岛地铁运营人员参考，也可作为从事轨道交通控制专业人员的学习及培训用书。

　　本书在编写过程中得到了青岛富欣城轨科技有限公司、中车青岛四方车辆研究所有限公司、中车青岛四方机车车辆股份有限公司、中铁通信信号勘测设计院有限公司等单位的大力支持，在此表示感谢！

　　由于编者水平有限，书中难免有疏漏和不妥之处，欢迎各位读者批评指正。

作　者
2024年1月

目 录 CONTENTS

第一篇 综 述

第 1 章 列车自主运行系统（TACS） …………………………… 002
    1.1 列车自主运行系统定义 …………………………… 002
    1.2 系统架构 …………………………… 002
    1.3 系统优势 …………………………… 003

第二篇 列车自主运行原理

第 2 章 系统原理 …………………………… 008
    2.1 自主运行 …………………………… 008
    2.2 以列车为核心的系统整体设计 …………………………… 010
    2.3 资源管理的设计理念 …………………………… 010
    2.4 列车车载控制平台对地面联锁和区域控制功能的集成 …… 013
    2.5 信号车载控制系统和列车控制系统的深度融合 …………… 014
    2.6 TACS 互联互通 …………………………… 014
    2.7 车辆段正线化 …………………………… 014
    2.8 分布式核心网原理 …………………………… 015

第 3 章 列车自主运行系统设计方案 …………………………… 019
    3.1 列车自主运行系统示范工程 …………………………… 019
    3.2 主要设计原则及技术标准 …………………………… 020
    3.3 正线 ATC 系统方案 …………………………… 024
    3.4 车-地通信系统方案 …………………………… 025
    3.5 降级系统方案 …………………………… 045
    3.6 车辆段列控系统方案 …………………………… 047
    3.7 试车线方案 …………………………… 049

3.8 全自动运行技术方案 ·· 050
   3.9 大屏幕显示系统配置方案 ·· 063
   3.10 备用控制中心屏幕显示系统配置方案 ································· 063
   3.11 信号机显示及设置方案 ·· 063
   3.12 防雷及接地方案 ··· 066
   3.13 工程分期实施方案 ··· 067
   3.14 线路运营能力分析 ··· 068
   3.15 系统运营控制方式 ··· 073
   3.16 系统指标评估及分析 ··· 079
   3.17 系统国产化方案 ··· 096
   3.18 列车自主运行系统接口设计 ·· 097
   3.19 相关工程事宜 ··· 106

第 4 章 列控系统及工程设计 ··· 113
   4.1 青岛地铁 6 号线概况 ·· 113
   4.2 设计依据和设计范围 ·· 114
   4.3 设计基础条件 ··· 116
   4.4 列控系统总体架构 ·· 121
   4.5 列控系统网络架构 ·· 127
   4.6 列控系统接口 ··· 129
   4.7 运行模式 ·· 130
   4.8 列控系统功能 ··· 133
   4.9 青岛地铁 6 号线工程设计特点及图纸 ································· 146

第 5 章 车辆设计 ··· 148
   5.1 车辆总体技术方案 ·· 148
   5.2 牵引和电制动系统 ·· 160
   5.3 辅助电源系统 ··· 164
   5.4 列车控制及监控系统 ·· 175
   5.5 空气制动和风源系统 ·· 181
   5.6 列车广播和乘客信息显示系统 ··· 190
   5.7 车 体 ·· 194

5.8 车外设备 …… 196
5.9 车内设备及结构 …… 202
5.10 转向架 …… 204
5.11 车下设备安装 …… 206
5.12 车内电气设备安装 …… 207
5.13 操纵台及设备柜 …… 212
5.14 烟火报警系统 …… 215
5.15 防撞预警系统 …… 216
5.16 空调系统 …… 219

第三篇 融 合

第 6 章 系统融合架构 …… 226
6.1 车辆网络融合 …… 227
6.2 硬线融合 …… 230
6.3 显示融合 …… 233
6.4 测速融合 …… 234

第 7 章 系统融合功能 …… 236
7.1 总体功能需求 …… 236
7.2 车辆网络融合功能 …… 245
7.3 显示融合要求 …… 246

第 8 章 系统融合接口 …… 252
8.1 TCMS 与车辆电气及控制系统的接口 …… 252
8.2 制动与车辆电气及控制系统的接口 …… 253
8.3 牵引与车辆电气及控制系统的接口 …… 255
8.4 牵引与制动系统接口 …… 257
8.5 一致性测试 …… 259

参考文献 …… 261

第一篇

综述

第1章 列车自主运行系统（TACS）

都市圈和城市群的快速发展，给轨道交通带来巨大压力，对更加高效、智能的信号系统的需求变得愈加迫切。如何在保证行车安全的前提下，更有效地利用有限的线路和车辆资源，提高运能、减少运维成本，成为新一代城市轨道信号系统所要解决的问题。

2015年年末，青岛地铁联合各单位共同发起了列车自主运行系统的相关技术研究。2016年立为中国城市轨道交通协会示范工程，2017年立为国家发改委示范工程，依托青岛6号线开展示范应用。

该研究以车-车通信为基础，打破传统列控系统车/地两层分布式架构，将车上与车下融合。采用信号-车辆一体化控制理念，列控与网络、牵引、制动深度融合，增强车辆自主控制能力，提高车辆主体地位。显著提高轨道交通线路运营效率，降低全寿命周期成本。

1.1 列车自主运行系统定义

列车自主运行系统（TACS，Train Autonomous Circumambulation System）：以列车为核心，以车-车通信为基础，以信号车辆深度融合为特征，实现列车运行方式由自动化向自主化转变的一种全新系统制式。

1.2 系统架构

TACS由地面控制中心和车站ATS设备、OBC设备、OC设备及DCS设备等组成。其中：

（1）地面控制中心实现运营信息显示、计划管理、列车追踪、进路排列、运营调整等功能；车站ATS设备通过与地面控制中心交互信息实现车站级别的运营信息显示，控制权限切换为车站 ATS 控制后，通过地面控制中心实现车站控制权限内的运营控制。

（2）OBC 设备，执行以下功能：

① 执行 ATS 功能，包括单车时刻表管理、自动进路办理、列车自动调整等功能。

② 执行 ATP 功能，主要包括资源管理与进路防护、移动授权以及防护曲线计算与监督等功能。

③ 执行 ATO 功能。

（3）OC 设备，执行实体资源管理与安全驱采，降级列车位置追踪，降级列车安全防护等功能。

（4）DCS 设备，执行 TACS 有线网络通信和车地无线通信等功能。

除以上功能外，本系统还应具备对故障列车或非装备列车的降级行车防护功能。

列车自主运行系统宜采用相同架构，典型架构如图 1-1 所示。

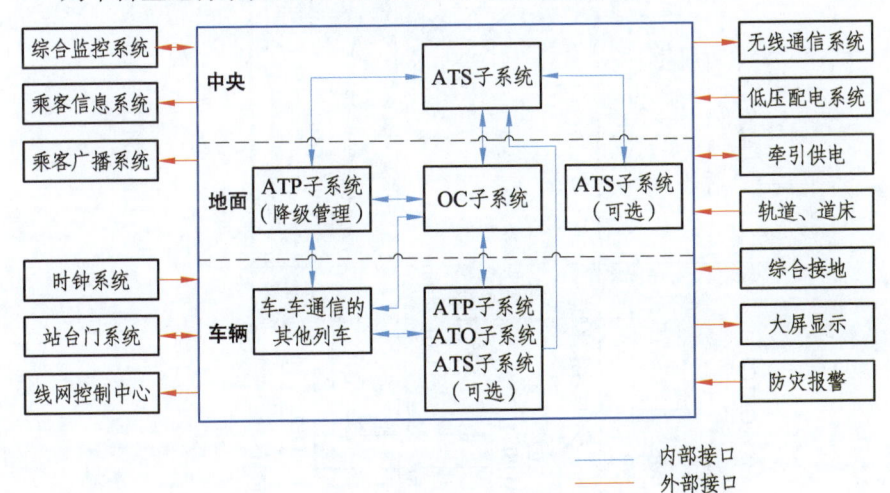

图 1-1 TACS 组成示意图

1.3 系统优势

1.3.1 更智能

TACS 列车相对于 CBTC 列车更智能，具备自主进路、自主防护、自动驾驶和自主调整功能，具体的对比如图 1-2 所示。

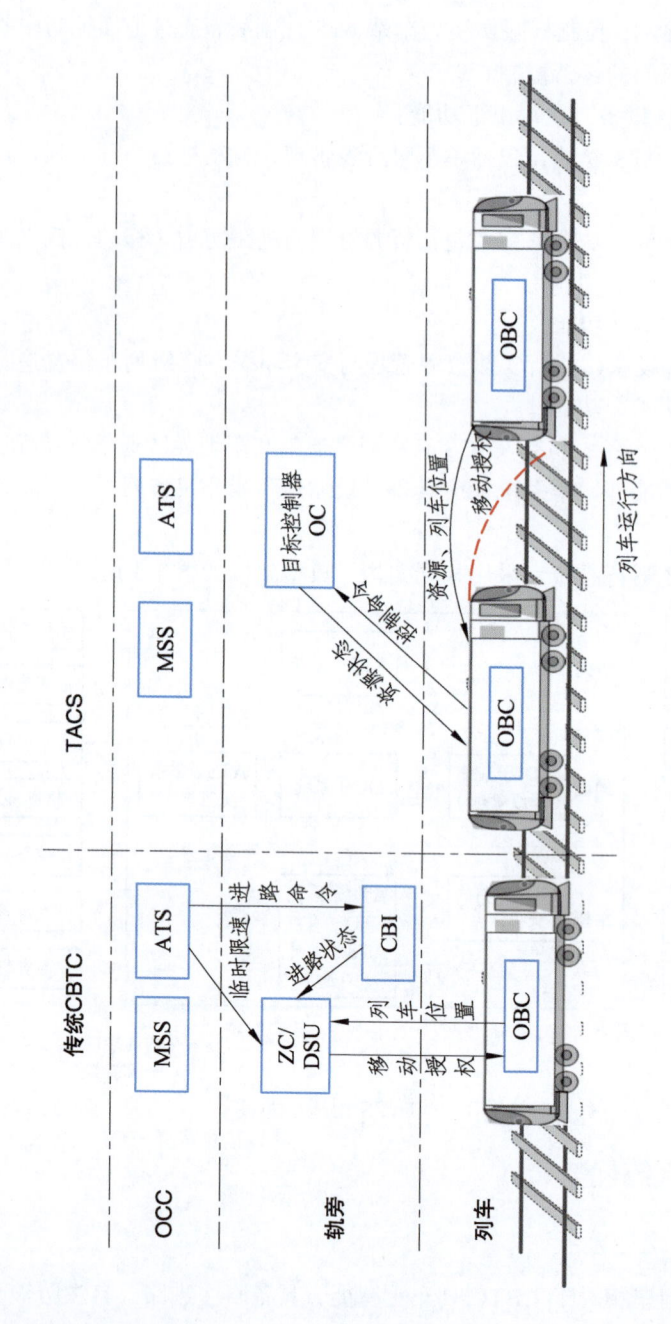

图 1-2 CBTC 与 TACS 对比图

（1）自主进路：列车下载本车运行计划，并采用基于资源管理的安全策略，通过"资源竞争，控制权独占，使用权共享"来保证列车进路安全。

（2）自主防护：列车根据获取资源等信息动态计算移动授权，实施超速防护。

（3）自主调整：基于车载运行时刻表实现一定范围内的列车自主运行调整功能。

1.3.2 更安全可靠

使用 TACS，能够减少设备故障对运营的影响，为列车运营提供更多有效的系统保障，显著提高运营安全。

（1）以行业最高标准实现全系统安全。

（2）超高可靠性的无线通信系统。

（3）大幅减少轨旁设备数量，故障率低，故障影响范围小。

1.3.3 列车运行更高效，有效提高运能

（1）追踪间隔更短。

简化系统架构，实现列车间直接通信，数据传输更快，追踪间隔更短。

（2）折返间隔更短。

采用精细化资源管理模式，资源使用效率更高，折返间隔更短。

CBTC 与 TACS 接口对比如图 1-3 所示。

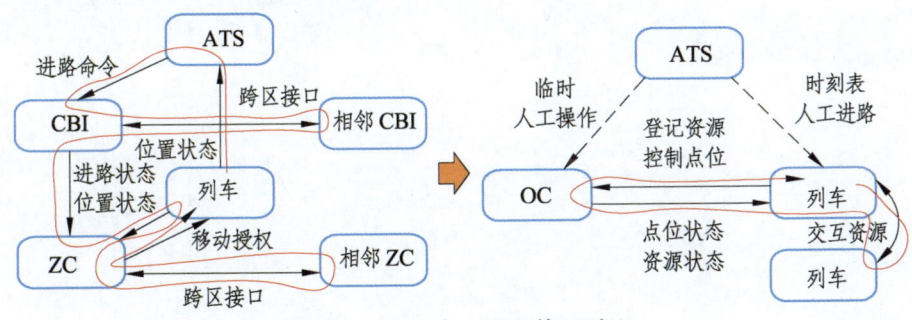

图 1-3　CBTC 与 TACS 接口对比

1.3.4 运营更灵活

通过资源的安全防护算法，可在任意位置为列车建立任意方向安全进路，

从而实现更高的运营灵活性，有效应对车站火灾、轨旁故障以及临时交路等多种应急场景。

1.3.5 建设运维更经济

（1）全寿命周期成本减少 20%。

（2）轨旁设备数量减少 10%。

（3）车载设备数量减少 10%。

（4）设备房面积减少 15%。

（5）安装调试时间减少 20%。

（6）维护工作量减少 30%。

1.3.6 更易互联互通，实现网络化运营

（1）接口标准化，车地接口大幅简化。

（2）列车仅需与邻车、地面 OC/ATS 通信。

（3）车地之间交互内容仅有轨旁设备的状态和操作命令，因此互联互通更容易。

第二篇
列车自主运行原理

列车自主运行系统（TACS）是一种全新的列车控制系统，相较于传统的基于通信的列车控制系统（CBTC），本质的区别在于TACS系统以列车为核心，列车具备自主进路、自主防护及自主调整等功能，是实现列车运行方式由自动化向自主化转变的一种全新系统制式。本篇从系统原理、列车自主运行系统设计方案、列控系统及工程设计和车辆设计四个方面阐述列车自主运行系统原理。

第 2 章 系统原理

列车自主运行系统（TACS）实现了在 FAO 系统自动驾驶功能的基础上，充分利用安全高速的 LTE-M 信息传输平台，在列车和列车之间通过网络建立数据通信，由集成列控功能的车载控制系统根据时刻表自主调整列车运行，控制轨旁设备自动触发进路，并根据列车计算的移动授权自主防护列车运行。本章基于列车自主运行系统的核心功能，阐述列车自主运行系统的原理。

2.1 自主运行

2.1.1 列车自主调整

当 OBC 分配了时刻表，没有中央 ATS 人工调整命令时，如果列车实际运行时间与计划发生偏差，OBC 将自动调整后续运行时间。方法按优先级顺序排列如下：

（1）考虑在规定范围内调整停站时间。

（2）考虑修改下一区间的运行时间。

OBC 能响应调度员的时刻表人工调整命令，包括修改停站时间、修改运行等级等。

调整的范围如下：

（1）停站时间：停站时间的调整范围受限于站台的最大停站时间和最小停站时间。站台的最大停站时间和最小停站时间可以在时刻表中被定义。

（2）区间运行时间：区间运行时间的调整是通过修改运行等级实现的。区间有四种运行等级，区间运行时间从小到大分别为：加速、正常、中级和节能，区间运行时间的调整范围为从加速等级到节能等级。

自动调整的流程如下：

（1）OBC 根据计划时刻表以及当前时间和列车的位置，判断列车是否晚点。

（2）若 OBC 判断列车晚点，开启自动调整。

（3）调整站台停站时间，调整范围依最大停站时间和最小停站时间而定。

（4）若通过调整停站时间还是不能准点，则调整区间运行等级。

（5）若还是不能准点，在下一站及区间继续调整，直至准点。

（6）列车早点的调整方式与晚点相同。

当偏差过大时，OBC 向 ATS 发送报警，请调度员干预，调度员可重新分配计划。

2.1.2 列车自动驾驶

在列车自主防护的安全保护下，系统实现列车的自动驾驶和列车在区间运行的自动调整功能，确保达到要求的设计间隔及旅行速度。

ATO 子系统与制动系统、ATS 子系统和 ATP 子系统结合，高效、经济、合理地控制列车的牵引和制动，达到节能要求。ATO 运行速度曲线的设计应充分结合线路的坡度设计、车辆特性、各种运行工况及转换、乘客舒适度、车辆磨耗、制动系统状态反馈等因素，与列车运行调整相结合，根据不同的条件选择最佳的运行工况，达到节能及列车自动调整的目的。

ATO 子系统实现列车的自动运行，控制列车按运行图规定的走行时间行车，自动完成对列车的启动、加速、巡航、惰行、减速和停车的合理控制。ATO 子系统实现车站站台精确停车，只有列车停在停车精度范围内（±0.5 m）时，才允许自动打开车门及站台门。ATO 子系统还能在折返线和停车线实现定位停车。

列车进站时 ATO 子系统采用连续的一次性制动，一次性制动至目标停车点，中途不缓解，且在进站前没有非线路限速要求的减速台阶。车载 ATO 设备能自动识别 ATC 监控区，当列车自非 ATC 监控区进入 ATC 监控区时，车载设备能立即进入工作状态。

TACS 列控系统具备全自动运行模式（FAM）。

2.1.3 列车自主进路

OBC 可以接收由 ATS 下发的时刻表（含时间信息的运行线）或运行线，

根据计划的路径及时间自主触发进路运行。OBC 执行自主进路时，可以根据计划时间主动调整运行时间。

自主进路流程如下：

（1）地面 ATS 发送时刻表或运行线至 OBC。

（2）列车以车载 ATS 控制模式运行。

（3）车载 ATS 根据时刻表或运行线自主确定列车目的地。

（4）车载 ATS 基于确定的列车目的地，触发进路设置。

（5）OBC 收到进路命令后，按命令的进路执行。

（6）调度员在 ATS 界面可以选择车载 ATS 控制模式或中央 ATS 进路控制模式。

当运营列车选择了车载 ATS 控制模式时，若中央 ATS 完全故障，列车可维持原计划运营不中断，ATS 故障恢复后（例如服务器重启），运营可自动恢复；无人驾驶系统中，中央 ATS 故障时，如果车上没有司机值守或者调度员无法通过中央其他系统（如智慧运行系统）掌握线路上的运行状况，系统选择 FAM 列车运行至当前目的地站台打开车门不发车，待故障恢复后恢复运营。

2.2 以列车为核心的系统整体设计

将传统 CBTC 中轨旁的联锁设备以及区域控制设备在 TACS 车载控制平台中进行集成，通过列车之间数据通信方式实现列车主动进路和列车自主防护的功能，以简化系统架构，减少轨旁设备，优化各子系统间接口，降低系统复杂度，提高系统实时性，有效降低系统对土建设计的要求和总体成本。TACS 核心架构如图 2-1 所示。

2.3 资源管理的设计理念

TACS 将覆盖全线的所有轨道代表的行车区域进行权限管理，实现列车安全分隔。TACS 的分布式资源交互过程直接发生在列车之间，资源直接由列车占用，资源是否能够释放完全由列车判断，从而实现列车自动驾驶、主动进路和自主防护功能，最终实现列车的自主运行。

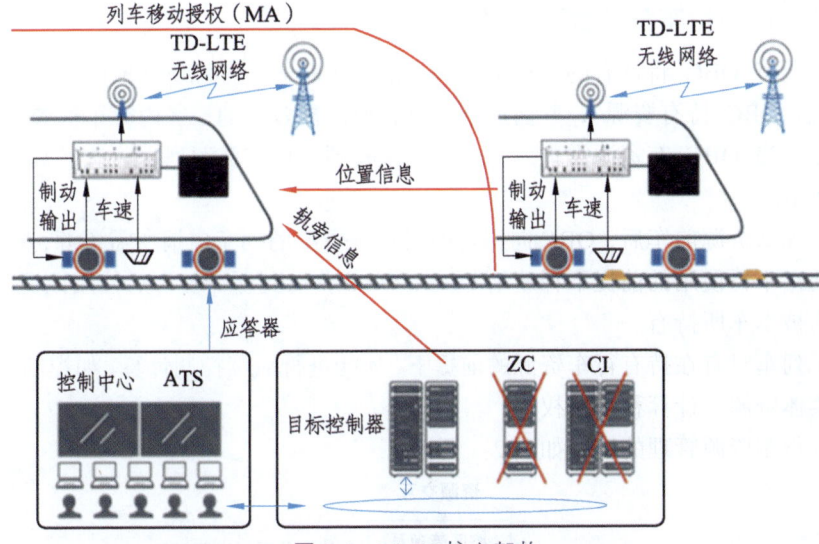

图 2-1 TACS 核心架构

TACS 将目标控制器 OC 控制管理的目标对象称为附属资源，这些附属资源代表了覆盖全线行车信号元素。当 OBC 从其他列车获取并持有行车资源后，OBC 从持有行车资源的起点开始为列车向 OC 申请附属资源，实时计算获取附属资源且条件满足后，OBC 计算列车的移动授权延伸。

正因为 TACS 系统对线路上的信号元素进行独立管理控制，不再依赖于统一进路配置的"批处理"控制方式，系统对线路资源的利用效率才得到了提高。

通过资源管理的设计理念计算移动授权的过程如图 2-2 所示，相关功能已在示范工程各测试验证、工程应用阶段通过测试用例得到验证。

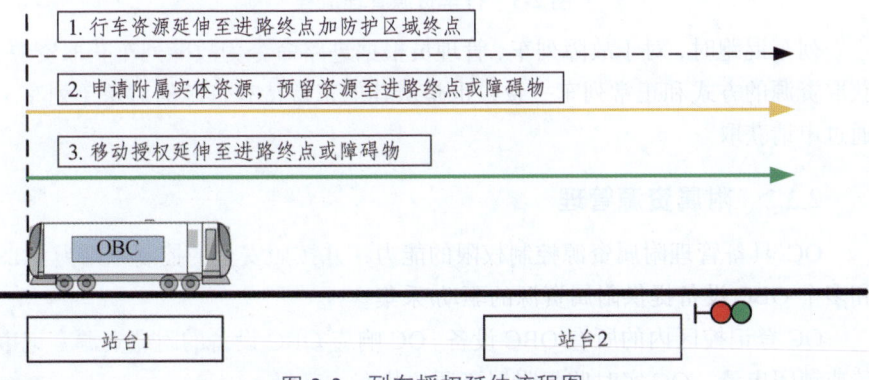

图 2-2 列车授权延伸流程图

2.3.1 行车资源管理原理

所有 OBC 将持有的行车资源状态信息实时告知资源所在控区的管理员（仍由 OBC 持有资源），并通过管理员获得已被登记的控区内行车资源持有列表，当 OBC 有资源需求时，会根据接收到的行车资源列表确认资源所在前车 ID。

确认资源前车后，OBC 向持有所需行车资源的列车申请所需资源，在资源前车不再使用的前提下释放给 OBC，OBC 获取到所需资源后使用该资源，认为被本车所持有。

列车只有在持有行车资源的前提下，才能进行后续控制计算，如控制 OC 的实体资源、计算移动授权等。

行车资源管理的流程如图 2-3 所示。

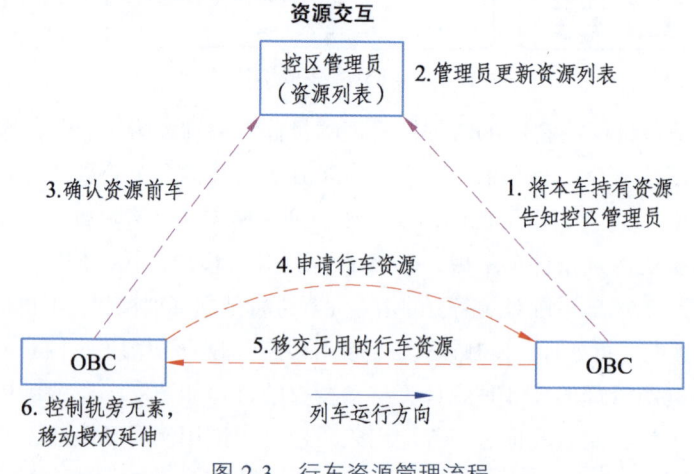

图 2-3　行车资源管理流程

列车混跑时，对于故障列车，管理员根据进路命令为故障列车获取资源，获取资源的方式和正常列车一致，也是从其他正常持有资源的对象（列车）通过申请获取。

2.3.2 附属资源管理

OC 具备管理附属资源控制权限的能力，并按照安全的控制原则为 ATS 和多个 OBC 设备提供附属资源的驱动/采集。

OC 登记控区内的所有 OBC 设备。OC 响应 OBC 设备的附属资源登记申请或锁闭申请。OC 实时监督附属资源的状态，确保：

（1）当 OBC 设备未向 OC 申请附属资源登记时，附属资源不可被该 OBC 设备直接使用。

（2）当 OBC 设备向 OC 申请附属资源登记时，只有资源未被其他 OBC 设备登记时，才可以分配给该 OBC 设备。

（3）当 OBC 设备向 OC 申请附属资源锁闭时，OC 不必检查被申请资源当前的锁闭状态，只要资源被该 OBC 设备登记过，即可为该 OBC 设备锁闭资源。

OC 响应 OBC 设备的附属资源注销申请或解锁申请，撤销被申请资源的登记或锁闭。

2.4 列车车载控制平台对地面联锁和区域控制功能的集成

TACS 摒弃了传统的区域控制器和联锁的双核心控制架构，实现了地面联锁和区域控制器的集成，列车行车路径的防护由同一个大脑完成；同时基于"车-车通信"的架构，系统采用分布式控制方式，由不同列车之间通过协作共同完成了行车路径的防护，地面只保留目标控制器设备；行车路径与列车防护在车载 OBC 进一步集成，实现列车自主运行。

TACS 优化了 FAO 系统传统的"车-地-车"控制架构和通信链路，车载控制系统集成原轨旁的联锁和区域控制的功能，将列车控制主体转移到车载控制平台，体现了 TACS 具备更高的智能化和集成化的特点。基于资源管理的设计理念，车载控制系统确保正确实现进路、道岔、信号机的联锁关系，并通过列车之间数据通信方式实现列车自身移动授权的计算，在此基础上取消传统信号系统的 CBI 和 ZC 设备，简化轨旁设备布置，减少系统维护成本。通过取消 CBI 和 ZC 设备，减少了控制系统的中心依赖，ZC 和 CBI 设备的故障只会影响到一列车，多列车同时发生列控系统故障的概率很低，并且设备故障的影响范围也会减小，从而大大降低整个系统发生区域性降级的可能性，从而提高系统可用性。

基于 TACS 自主运行特点，结合常规 CBTC 线路运营操作需求，TACS 列控确定了兼容计轴的技术路线，使得系统工程应用的适应性大大提高。通过计轴的占用、出清确定降级列车位置，自动解锁降级进路，其安全性较人工防护的行车方式有较大提升。列车因故降级后，系统的控制级别仍为 TACS 系统控制，系统设置了轨旁管理员功能（该功能与 OC 集成）为降级车办理进路，体现混跑能力。面向运营的操作方式和混跑的界面展现与常规线路类

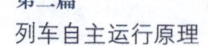

似。系统设置车载 ATS，在集成车载的基础上，可实现中央 ATS 故障工况下，列车具备自主进路、自主防护、自动驾驶、自主调整能力。

2.5 信号车载控制系统和列车控制系统的深度融合

融合设计的目标是以列车为控制核心，以提高列车性能、可靠性以及全寿命周期成本为核心视角与目标，集成信号、牵引、制动、网络、防撞系统，站在全系统的层面开展一体化融合设计和功能再分配，打造列车级控制大脑，实现一体化平台下的列车控制、管理及维护，全面提升列车运行、维护和智能化水平，详细的融合设计参见本书第三篇的相关内容。

2.6 TACS 互联互通

TACS 互联互通继承了 CBTC 相关规范的通信协议、数据结构，开发了符合 TACS 数据流设计的应用报文，根据 TACS 架构特点，简化了 TACS 车地接口和逻辑，仅需列车与邻车、ATS 与 ATS、地面 OC 与 ATS 通信，减少了 ZC 和 ZC、CBI 和 CBI 的接口。

互联互通一般分为共线地面设备同厂家互联互通（地面设备同厂家、车载设备不同厂家）和跨线不同厂家互联互通（地面设备不同厂家、车载设备不同厂家），两种互联互通方式均支持装备不同厂家设备的列车在 TACS 模式下同时在线混合运行。

2.7 车辆段正线化

车辆段支持在 TACS 模式下的全自动运行，TACS 模式下，车辆段的行车控制方式与正线理念一致，从车辆段到正线出库作业或从正线到车辆段的入库作业的行车不依赖转换轨（即原则上可不设置转换轨），根据运营需求，列车可停车或不停车出/入库。若运营权限交接管理需要和后备联锁出入库需要，系统可支持设置转换轨。列车在车辆段和正线运行时采用相同的控制模式。

（1）车辆段资源行车。

车辆段采用正线一致的行车控制原理。

（2）全自动车辆段。

6 号线实现了全自动车辆段功能。基于列车自主运行的设计理念和资源化行车控制功能，TACS 部署在车辆段时完全支持最高 GoA4、无人区管理、车辆段调车及作业等各项车辆段功能，无须在车辆段部署另一信号系统制式。

（3）支持正线、车辆段一张图。

正线车辆段可编制一张运行图，转换轨可取消。系统支持列车在库内早间唤醒后直接下载与列车匹配的运行班次，通过自主进路方式出库投入正线运营，正线车辆段一张图，可不依赖转换轨进行正线时刻表匹配。

2.8 分布式核心网原理

车地无线 LTE 系统核心网包括控制中心核心网和部署在轨旁的分布式核心网，分布式核心网部署在轨旁的 BBU 机框。本小节以两套分布式核心网为基础，阐述分布式核心网工作原理。分布式核心网工作原理如图 2-4 所示。

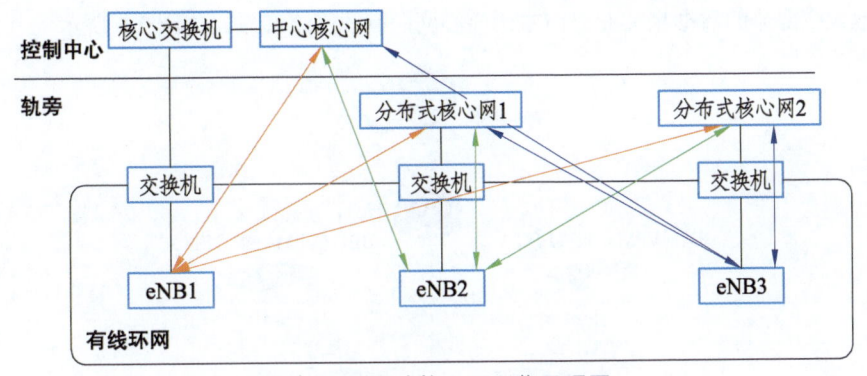

图 2-4 分布式核心网工作原理图

2.8.1 核心网倒换工作原理

核心网的倒换工作原理如下：

中心核心网和分布式核心网节点组成一组核心网池，各节点权重划分为：中心核心网为 255、分布式核心网为 0。核心网之间通过接口互联。

单张 LTE 网络的所有基站与所有核心网建立 S1 链接，基站监测到所有核心网链路状态。核心网和基站建立 S1 链路时通知核心网的权重。

基站根据核心网的权重和链路状态选择工作的核心网。正常情况下中心核心网的权重最大，TAU 都工作在中心核心网。

控制中心核心网故障，包括和基站之间传输设备故障、核心网宕机等情况下，基站选择轨旁激活的分布式核心网。

工作核心网发生倒切后，中心核心网恢复后，在线的 TAU 不会自主切换，如果需要切换到中心核心网，需要在非运营时间段人工执行切换。

无论是中心还是分布式核心网,每套都包含完整的核心网网元。HSS 用户签约数据在中心核心网 HSS 网管维护,同步到分布式核心网的 HSS。

中心核心网和分布式核心网均支持 OSPF 动态路由发布,TAU 附着到工作的核心网之后核心网向网络发布 TAU 相关的路由。

2.8.2 核心网下沉工况

(1)正常状态下,一张网中的所有 BBU 分别与网络中的 3 套核心网建立心跳链接,同时检测对端的链路状态。BBU 将根据核心网权重选择将终端的注册消息传送至主用的大型化核心网,全部列车 TAU 默认注册在主用核心网,车地无线部分的数据报文业务由主用核心网向有线网络转发,如图 2-5 所示。

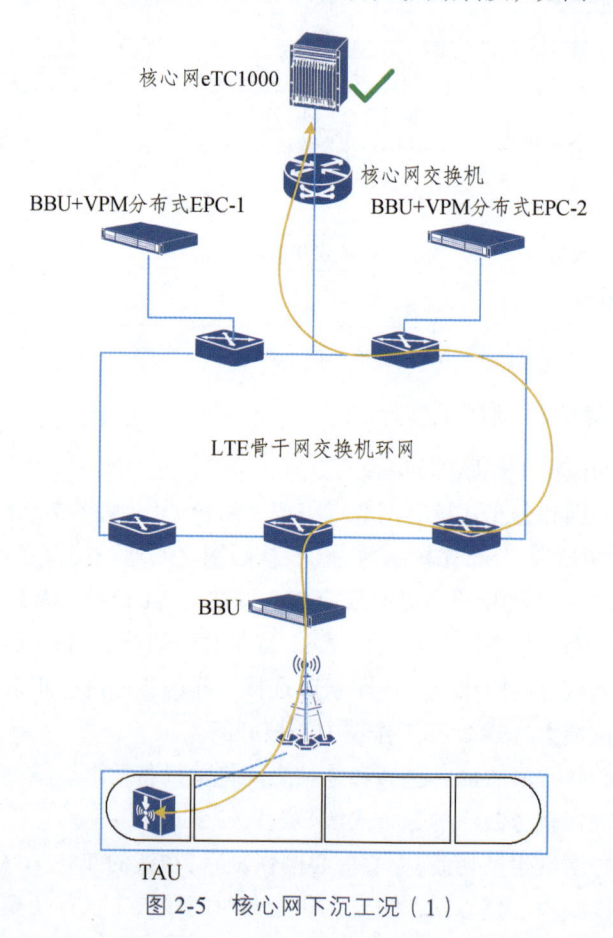

图 2-5 核心网下沉工况(1)

（2）当主用核心网出现下电或宕机等故障情况时，BBU 检测到与主用核心网心跳链接中断，此时基站选择同时激活与 2 套分布式核心网间的链路，这就是核心网下沉流程。同时终端检测到网络变化后，重新发起在随机一台分布式核心网中，车地无线部分的数据报文业务由分布式核心网向有线网络转发。此时的数据流向如的注册图 2-6 所示。

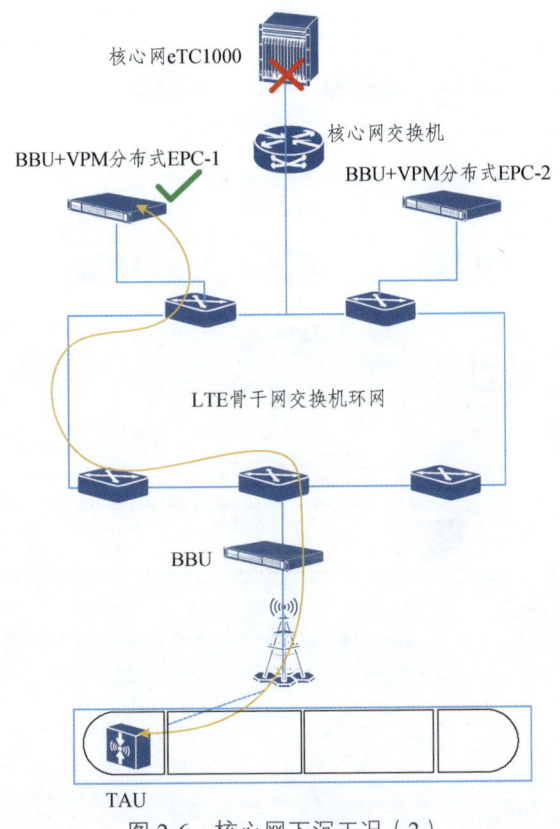

图 2-6　核心网下沉工况（2）

当其中一台分布式核心网故障后，故障分布式核心网业务按同样流程转向健康分布式核心网下沉。

（3）当主用核心网功能恢复后，为避免频繁切换导致业务中断，在线的 TAU 不会自主切换，如果需要切换到中心核心网，需要终端重新注册，即执行回库下电或人工网管倒切操作。在 3 套核心网均有列车 TAU 注册的场景下，不会影响所有 TAU 车-地、TAU 车-车之间的网络通信，如图 2-7 所示。

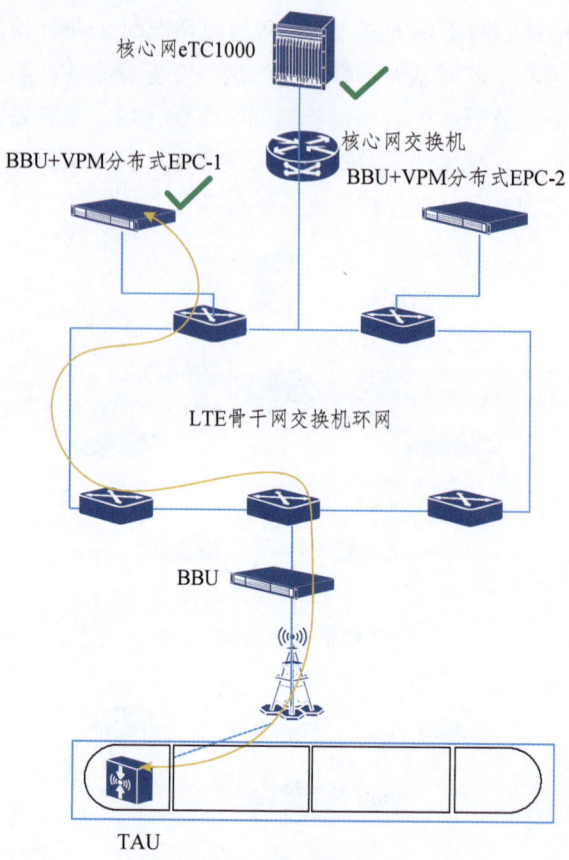

图 2-7 核心网下沉工况（3）

第 3 章　列车自主运行系统设计方案

3.1　列车自主运行系统示范工程

3.1.1　示范工程申请

2016 年 6 月 4 日，青岛地铁向中国城市轨道交通协会提交《列车自主运行控制系统示范工程申请》（简称《申请报告》），2016 年 11 月 4 日，中城协装备委员会提出《申请报告》的初步意见，2016 年 11 月 9 日，中国城市轨道交通协会在"关于同意《青岛市（轨道交通）基于车载控制平台的列车自主运行控制系统示范工程的申请报告》"中批复了《申请报告》。

2017 年 12 月 5 日，青岛市发改委上报《列车自主运行控制系统示范工程申请报告》，2017 年 12 月 13 日，国家发展改革委办公厅关于印发《增强制造业核心竞争力三年行动计划（2018—2020 年）》重点领域关键技术产业化实施方案的通知（发改办产业〔2017〕2063 号文）中，在轨道交通装备关键技术产业化中实施方案："三、重点工程，（三）中国标准城市轨道交通装备研制工程：列车自主运行系统研制工程。利用移动通信和人工智能技术，研制以列车为控制核心、深度融合车载控制系统和信号系统的列车自主运行系统，实现列车主动进入、自主防护、自动调整、无人驾驶等功能，率先形成列车自主运行系统（TACS）技术规范和标准体系，开展示范应用。"由此，"列车自主运行系统研制工程"正式获得批复。

2018 年 2 月 5 日，青岛市发改委〔2018〕42 号《青岛市发展和改革委员会关于转发下达增强制造业核心竞争力专项 2018 年中央预算内投资计划的通知》中，青岛地铁集团有限公司列车自主运行系统示范工程项目，将依托青岛地铁 6 号线的建设开展列车自主运行系统的示范。

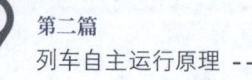

3.1.2 项目示范内容

本项目将结合青岛市轨道交通建设的需求，依托青岛市轨道交通 6 号线一期建设，致力于研发以列车为主体，以列车之间数据通信为基础，以列车控制系统与车载网络控制系统、牵引系统和制动系统等高度融合为手段，以车载控制平台为功能核心，具有列车主动进路、列车自主防护等技术特点，并支持车辆段设备与行车控制正线化及全自动运行（FAO）的具有更高安全性、更高可靠性、更高运营效率、更低建设和运营成本的新型列车自主运行系统，实现从列控中心集中控制向列车分布式控制、从列车自动运行向列车自主运行的技术转变。同时形成一套完整的产品技术标准体系和运营组织管理体系，主要项目目标包括：

（1）实现包括自动驾驶、主动进路和自主防护的列车自主运行。
（2）集成地面的联锁和区域控制功能到列车车载控制平台。
（3）实现信号的车载控制系统和列车控制系统的深度融合。
（4）实现车辆段正线化。
（5）实现列车自主运行功能的工厂化调试。
（6）制定完成 TACS 行业装备技术规范。
（7）制定完成 TACS 的线路运营技术规范。

3.2 主要设计原则及技术标准

3.2.1 主要设计原则

（1）作为行车指挥和安全保障设备，本线列车自主运行系统在设计时首先考虑系统的安全性和可靠性，在确保安全性、可靠性、可用性的前提下，以提高运行效率、降低工作人员劳动强度为目的。系统应保证其技术先进，既要符合信号技术发展方向，又要做到系统结构简洁，经济合理。

（2）列车自主运行系统应满足列车 6 辆 B 型车编组，初期早高峰每小时开行列车对数 12 对、近期早高峰每小时开行列车对数 22 对、远期早高峰每小时开行列车对数 28 对、预留每小时开行列车对数 30 对、设计区间行车间隔 90 s 的要求。端站折返能力及车辆段的出入能力应与正线行车间隔相适应。

（3）列车自主运行系统应采用计算机技术、网络技术、数据传输技术。设备结构模块化，以便于系统功能的扩展。

（4）正线区段按双线双方运行的原则进行设计。

（5）正线、车辆段均纳入 ATC 控制范围，车辆段设 ATP 防护区，分为自动化区和非自动化区。

（6）系统构成合理、安全可靠、易于扩展、操作方便、维修简单并具有较高的性能价格比。

（7）列车自主运行系统应具备高安全性、高可靠性和可维护性，涉及行车安全的 ATP、目标控制器、列车占用/空闲检测装置必须满足故障-安全原则，其安全完整性水平（SIL）应达到 4 级，导向危险侧安全性指标 $\leq 10^{-9}$/h。涉及行车安全的计算机系统须采用三取二或二取二乘二安全冗余结构，主要行车设备的计算机系统应冗余配置。

（8）在满足系统设备功能与安全的条件下，优先选用国内产品；需要引进的系统，应具有较高的国产化率。

（9）选用的列车自主运行系统应具备完整性，其设备、器材适用时应考虑适配青岛地区的自然环境。

（10）列车自主运行系统须满足本线实际的运营需求，按远期运营需求一次设计，并应考虑二期建设时的容量扩展和接口要求，同时列车自主运行系统的设计应考虑青岛市轨道交通网络建设和运营的资源共享的要求。

（11）列车自主运行系统能在供电系统、列车等产生的电磁环境中可靠工作。在设计、制造列控技术装备时，应保证电磁干扰不影响其安全性和可靠性。信号设备电磁干扰发射指标应满足标准 GB/T 9254.1—2021、GB/T 24338.5—2018 的要求。

（12）列车自主运行系统所有轨旁设备的安装必须满足本线地铁设备限界的要求，设置于站台区域的设备在满足运营要求的前提下，应尽量与车站的装修布置相协调。

（13）列车自主运行系统应能满足与车辆、通信、智慧运行、站台门、供电等系统以及与其他衔接地铁线路信号系统的接口要求。系统与地铁其他系统的接口必须安全可靠、责任清晰、分工明确。

（14）系统设备配置应有利于实现行车指挥自动化和智能化。主要控制系统应具有降级控制模式，当列车自主运行系统出现故障时，可根据实际情况自动或人工转为降级模式，一定程度上维持系统的运营能力。

（15）列车自主运行系统设备必须具备防雷、抗电磁干扰和防迷流等功能。车辆段的室外设备、与外线连接的室内设备应综合考虑采取防雷措施；控制中心、车站、车辆段的系统地线接入各系统共用的综合接地系统。

（16）列车自主运行系统支持装载不同车载列控设备厂家的列车共线运行，同时支持实现同 TACS 制式的不同列车的跨线运行。

3.2.2 主要技术标准

（1）国内标准。

① 国家标准《地铁设计规范》（GB 50157—2013）。

② 国家标准《城市轨道交通工程项目规范》（GB 55033—2022）。

③ 国家标准《城市轨道交通信号工程施工质量验收标准》（GB/T 50578—2018）。

④ 国家标准《数据中心设计规范》（GB 50174—2017）。

⑤ 国家标准《城市轨道交通信号系统通用技术条件》（GB/T12758—2023）。

⑥ 国家标准《轨道交通 自动化的城市轨道交通（AUGT）安全要求 第1部分：总则》（GB/T 32588.1—2016）。

⑦ 国家标准《轨道交通 城市轨道交通运输管理和指令/控制系统 第1部分：系统原理和基本概念》（GB/T 32590.1—2016）。

⑧ 《轨道交通、城市指导运输管理和命令/控制系统 第2部分：功能要求》（EN 62290-2—2011）。

⑨ 国家标准《建筑物电子信息系统防雷技术规范》（GB 50343—2012）。

⑩ 建设部标准《城市轨道交通工程项目建设标准》（建标 104—2008）。

⑪ 《城市轨道交通初期运营前安全评估管理暂行办法》（交运规〔2019〕1号）。

⑫ 国家标准《地铁设计防火标准》（GB 51298—2018）。

⑬ 《城市轨道交通初期运营前安全评估技术规范 第1部分：地铁和轻轨》（交办运〔2019〕17号）。

⑭ 铁道行业标准《铁路信号设计规范》（TB 10007—2017）。

⑮ 铁道行业标准《铁路车站计算机联锁技术条件》（TB/T 3027—2015）。

⑯ 企业标准《铁路信号集中监测系统技术条件》（Q/CR 442—2020）。

⑰ 铁道行业标准《铁路信号故障-安全原则》（TB/T 2615—2018）。

⑱ 铁道行业标准《铁路信号设备雷电电磁脉冲防护技术条件》（TB/T 3074—2017）。

⑲ 铁道行业标准《铁路信号电源系统设备》（TB/T 1528—2018）。

⑳ 铁道行业标准《铁路信号计轴设备》（TB 2296—2019）。

㉑ 《城市轨道交通信号系统 ATS 技术规范》（中国交通运输协会城市轨道交通专业委员会文件〔2009〕04 号）。

㉒ 住房和城乡建设部标准《城市轨道交通基于通信的列车自动控制系统技术要求》（CJ/T 407—2012）等规范。

㉓ 团体标准《城市轨道交通 全自动运行系统规范》（T/CAMET 04017—2019）。

㉔ 团体标准《城市轨道交通车地综合通信系统（LTE-M）总体规范》（T/CAMET 04005—2018）。

㉕ 团体标准《城市轨道交通车地综合通信系统（LTE-M）接口规范》（T/CAMET 04006—2018）。

㉖ 团体标准《城市轨道交通车地综合通信系统（LTE-M）设备技术规范》（T/CAMET 04007—2018）。

㉗ 团体标准《城市轨道交通车地综合通信系统（LTE-M）测试规范》（T/CAMET 04008—2018）。

㉘ 团体标准《城市轨道交通车地综合通信系统（LTE-M）设计工程、规范》（T/CAMET 04009—2018）。

㉙ 国家标准《信息安全技术 网络安全等级保护基本要求》（GB/T 22239—2019）。

㉚ 国家标准《信息安全技术 网络安全等级保护测评要求》（GB/T 28448—2019）。

㉛ 国家标准《信息安全技术 网络安全等级保护安全设计技术要求》（GB/T 25070—2019）。

㉜ 国家标准《城市轨道交通试运营基本条件》（GB/T 30013—2013）。

㉝ 其他相关国内标准。

（2）国际。

① 国际电信联盟远程通信相关国际标准（ITU-T）。

② 国际电信联盟无线电通信相关国际标准（ITU-R）。

③ 国际电气与电子工程师学会标准（IEEE）。
④ 国际电工学会标准（IEC）。
⑤ 国际标准化组织标准（ISO）。
⑥ 国际铁路联盟标准（UIC）。
⑦ 电子工业协会的有关标准（EIA）。
⑧ 欧洲标准（EN）。
⑨ 铁路行业协会标准（Railway Industry Association）。
⑩ 其他相关国际标准。

3.3 正线 ATC 系统方案

目前世界各大城市新建或改建的城市轨道交通工程大多采用列车自动控制系统（Automatic Train Control System，简称 ATC）。ATC 系统由列车自动监控（ATS）、列车自动防护（ATP）、列车自动驾驶（ATO）以及计算机联锁（CI）四个子系统组成，各个子系统之间通过信息交换网络构成闭环系统，实现对列车运行的自动控制。既有城市轨道交通中所应用的三种 ATC 系统主要为：

（1）固定闭塞制式的信号 ATC（已淘汰）。
（2）基于数字轨道电路的 ATC 系统（准移动闭塞制式）。
（3）基于通信的列车控制系统（简称 CBTC，移动闭塞制式）。

从目前的技术发展、应用及设备配置考虑，固定闭塞制式的信号 ATC 已经不适应现在城市轨道交通高密度的运营需求，已属于被淘汰的落后技术。准移动闭塞在国内地铁建设的初期有着广泛的应用，但近些年随着 CBTC 系统的快速发展，新建城市轨道交通项目已很少采用基于轨道电路的准移动闭塞技术。基于通信的 ATC 系统大多采用移动闭塞列车运行间隔控制技术，从系统性能、经济性、技术先进性、可维护性及技术发展方向进行比较，基于通信的移动闭塞 ATC 系统均优于基于数字轨道电路的 ATC 系统。基于通信的移动闭塞，已成为城市轨道交通信号系统的主流技术，在国内外地铁工程实践中得到成熟应用。

支持列车主动进路、列车自主防护的列车主体化新型列车自主运行系统能够减少控制环节与接口，减少设备费用，缩短工程建设周期，满足未来对运营效率提升、互联互通、大规模设备更换等需求，能够更好地满足城市轨道交通运营的网络化和灵活性要求，既有利于提高我国城市轨道交通整体发展水平，也有利于摆脱我国轨道交通关键技术始终差世界最先进水平一步的现状，并有机会引领行业技术发展方向，代表着未来城市轨道交通技术发展方向。在国外，阿尔斯通公司正在法国里尔实施一条基于"车-车"通信的尚未开通的轻轨线路，该线路安装了一个被命名为 Urbalis Fluence 的精简 CBTC 系统，并以 UTO 模式运行。除阿尔斯通 Urbalis Fluence 系统外，日立公司也正在围绕基于"车-车"通信的列控技术进行研发，并在 2014 年德国 Innotrans 轨道交通展中展出了模拟系统。TACS 系统方案的缺点是其作为一项新的技术，在世界范围内没有成熟应用经验。

根据中国城市轨道交通协会关于同意《关于青岛市（轨道交通）基于车载控制系统示范工程的申请》的批复和青岛地铁关于《青岛地铁 6 号线列车自主运行系统暨信号系统初步设计方案专题评审会》的专家评审意见，以及国家发展改革委办公厅关于印发《增强制造业核心竞争力三年行动计划（2018-2020 年）》重点领域关键技术产业化实施方案的通知（发改办产业〔2017〕2063 号文）、青发改投资〔2018〕42 号-《青岛市发展和改革委员会关于转发下达增强制造业核心竞争力专项 2018 年中央预算内投资计划的通知》等各项发改委批复文件，均同意在青岛 6 号线上实施列车自主运行系统（TACS），综合以上因素，本工程设计采用列车自主运行系统（TACS）。

3.4　车-地通信系统方案

列车自主运行系统实现车-车通信的方式为：采用星形架构，建立各车与中央的通道，基于星形通道，实现车车之间的通信连接。车地之间的通信方式仍然和以前传统 CBTC 的逻辑过程相同。

3.4.1　车地无线通信制式比选

（1）无线局域网（WLAN）无线通信技术分析。

① 安全性。

目前 WLAN 最基本的安全加密方式是有线等效保密（WEP）技术，其核心是基于业务组标识符（SSID）和物理地址（MAC）过滤。

业务组标识符（SSID）：它需要无线客户端出示正确的 SSID 才能访问无线接入点 AP，因此我们可以认为 SSID 是一个简单的口令。

物理地址（MAC）过滤：它属于硬件认证而不是用户认证。这种方式要求 AP 中的 MAC 地址列表必须随时更新。

② 无线设备干扰。

信号系统车-地通信设备无论是基于何种信号传输媒介，其无线通信采用的均是无线局域网（WLAN）或类似技术。信号系统主要供货厂商的无线通信技术标准如表 3-1 所示。

表 3-1 信号厂商无线主要技术标准

系统供货商	无线通信技术标准
阿尔斯通	IEEE 802.11a/g OFDM 无线天线、波导管及漏缆
西门子	IEEE 802.11b DSSS 无线天线
泰雷兹	IEEE 802.11 FHSS 无线天线
安萨尔多	IEEE 802.11g OFDM 无线天线
交控科技	IEEE 802.11a/g OFDM 无线天线、波导管

其他信号系统供货商如日立公司、庞巴迪公司等，目前研制或已投入使用的 CBTC 系统均采用了 IEEE802.11 系统标准的无线产品。

WLAN 技术标准是由国际电子电气工程师协会 IEEE 802.11 工作组开发制定的，制定该标准最初的目的是开发一个基于 ISM 频段的无线 LAN，随着技术进步以及需求的不断增加，IEEE 802.11 工作组发布了不断在扩展的标准列表，其发布的标准如下：

表 3-2 国际电子电气工程师协会标准

标准	发布日期	范围
IEEE 802.11	1997 年	媒体接入控制（MAC）：无线局域网应用的一个公共 MAC 物理层：1 Mbps～2 Mbps 的红外 物理层：1 Mbps～2 Mbps 2.4 G 的 FHSS 物理层：1 Mbps～2 Mbps 2.4 G 的 DHSS
IEEE 802.11a	1999 年	物理层：6 Mbps～54 Mbps 5 G 的 OFDM
IEEE 802.11b	1999 年	物理层：5.5 Mbps～11 Mbps 2.4 G 的 DSSS

续表

标准	发布日期	范围
IEEE 802.11c	2003 年	在 802.11MAC 层上的网桥操作
IEEE 802.11d	2001 年	物理层：802.11 无线局域网到新的调整域（各个国家）的扩展操作
IEEE 802.11e	2005 年	MAC：对改进服务质量的增强和增强的安全机制
IEEE 802.11g	2003 年	物理层：对数据率>20 Mbps 的 802.11b 的扩展
IEEE 802.11h	2004 年	物理/MAC：802.11a 的增强，添加了室内和室外的信道选择并改进了频谱和传输功能管理
IEEE 802.11i	2004 年	MAC：增强了安全和认证机制
IEEE 802.11j	2004 年	物理层：增强了 802.11a，以符合国民的需要
IEEE 802.11k	2008 年	无线电资源计量的增强，对无线电和网络计量提供较高层的接口
IEEE 802.11n	2009 年	提高达 350 Mbps 甚至高达 475 Mbps

信号系统供货商采用的 WLAN 标准主要集中在 802.11、802.11b 和 802.11g 中，在中国应用的无线频段是 2.4 GHz（完全开放频段）。在 802.11 标准中 DSSS 最多划分了 14 个信道，每个信道的中心频率不同。目前在世界上不同的国家工作的信道数量有所不同，在我国，信道 12、13 和 14 未定义即不可使用，只使用了其中的 11 个信道。由于这 11 个信道频率相互重叠，只有信道 1、6 和 11 是完全隔离的，如图 3-1 所示。

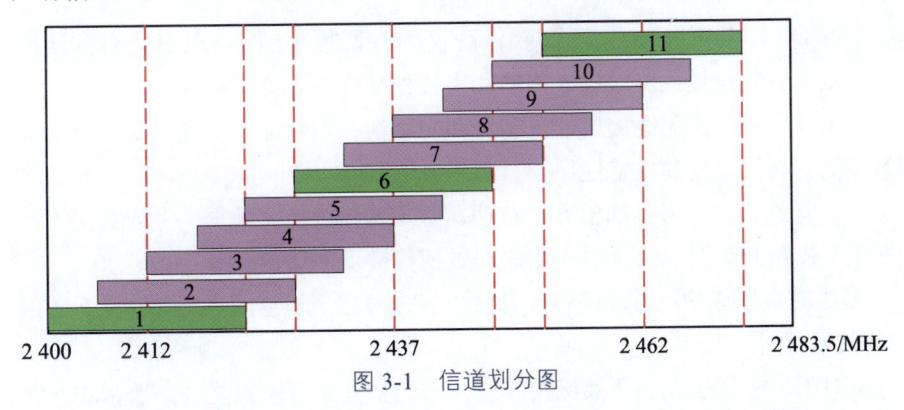

图 3-1 信道划分图

因为无线网络的传输介质是空气，无线电波在空中的发送及接收容易受到其他无线发射系统和大气中噪声的干扰。同时信号系统的无线网络也会干扰附近的无线网络和无线电设备。2.4 GHz ISM 频段是完全开放的频段，且只有 83.5 MHz 带宽，使用这一频带的还有许多其他产品，如无绳电话、微波炉、蓝牙通信设备、复印机、无线视频装置等，在地铁领域还有其他工作于此频段的 WLAN 设备，如 PIS 和办公用无线局域网等，所以在确定信号系统制式时，需要认真分析线路电磁环境及与其他系统设备间的干扰问题，确定信号系统是否可以正常应用于在建线路。

青岛市地铁 6 号线一期工程全部为地下车站，基于 WLAN 技术的无线系统设备也会广泛应用，如 PIS 和办公无线局域网，除需统筹考虑无线设备间的干扰问题外，还需考虑由于地下隧道线路会引起的多径干扰等问题。

（2）移动闭塞系统长期演进（Long Term Evolution，LTE）无线通信技术分析。

① 安全性。

LTE 系统完善的安全机制能够保证信令数据和业务数据的传输安全。

无线网络的安全隐患主要来自无线空口的恶意接入和侦听。LTE 无线网络安全包括 AS（Access Stratum，接入层）和 NAS（Non Access Stratum，非接入层）两个层次。

a. AS 安全是终端 UE 与基站 eNB 之间的安全，主要执行 AS 信令的加密和完整性保护，用户平面数据的机密性保护。

b. NAS 的安全是终端 UE 与核心网（移动管理实体模块）之间的安全，主要执行 NAS 信令的机密性和完整性保护。

终端 UE 在接入 LTE 无线网络时，必须首先通过 LTE 无线核心网的认证和鉴权，避免未授权终端进入网络和未授权网络接收终端接入。

无线安全提供无线接口的机密性和完整性。为保证无线安全而采取的措施包括：无线加密和完整性保护。

a. 无线加密：通过加密算法将明文数据转换为密文数据，保证数据不被漏泄。控制面数据（信令）和用户面数据都被加密保护。

b. 完整性保护：通过完整性算法以保证数据不被篡改。只有控制面数据被完整性保护。

对于加密算法和完整性保护算法，密钥是其重要输入之一。加密算法和完整性保护算法需要不同的密钥：加密密钥和完整性保护密钥。

LTE 无线通信可以采用 AES（Advanced Encryption Standard，高级加密

标准）、SNOW-3G 或者祖冲之算法对数据进行完整性保护和加密，支持 128 动态密码，如图 3-2 所示。

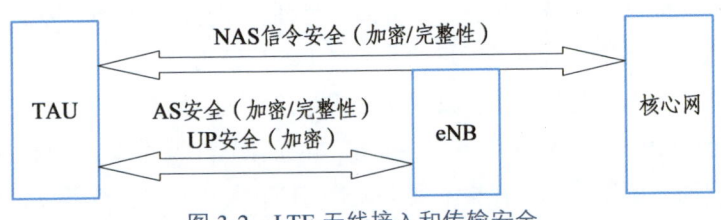

图 3-2　LTE 无线接入和传输安全

主要包含以下几个方面：

a. AKA：用于安全密钥的生成以及网络和终端的双向认证。终端在注册时，系统发起和终端之间的双向认证，即网络对终端用户进行认证，终端也通过对网络的认证确保连接到授权的服务网络。并且在这一过程中，系统下发加密和完整性保护密钥，用于后续数据和信令的加密保护和完整性保护。

b. 用户数据和用户信令的加密：加密是为了防止无线接口的数据被恶意监听，加密包括 NAS 和 RRC（Radio Resource Control，无线资源控制协议）信令的加密保护，以及用户数据的加密保护，UE 和 eNodeB 之间在 RRC 信令层和用户平面层可以根据 AES、SNOW 3G 算法进行加密，UE 和 PDS 之间在 NAS 层也可以根据上述算法进行加密。

c. 用户数据和信令的完整性保护：完整性保护是为了防止数据被恶意篡改，NAS 和 RRC 信令需要实现完整性保护机制，用户平面数据不需要完整性保护。UE 和 eNodeB 之间在 RRC 信令层可以根据 AES、SNOW 3G 算法进行完整性保护，UE 和 PDS 之间在 NAS 层也可以根据上述算法进行完整性保护。

② 无线设备干扰。

相比 WLAN，LTE 有着完善的抗干扰技术，在干扰检测、干扰避免、干扰控制三个层面均优于 WiFi。

首先，从干扰检测层面来说，不同于 WiFi 只能提供系统带宽（20/40/80 MHz）级的信号强度检测和反馈，LTE 采用 OFDM 直载波调度，领先的导频设计使得时频域均匀分配，保证了对信道时频域变化的及时跟踪，能够实现 2 ms 的快速调度响应，使干扰检测更及时、更准确。拿一个苹果作比喻，如果苹果中出现了一个虫眼，在 WiFi 基于系统带宽级信号强度检测和反馈机制下，整个苹果就会烂掉。而 LTE 基于 OFDM 子载波调度的机制，能够将未坏的部分充分利用，妥善处理。另外，LTE 采用周期或非周期的及时反馈机制，多个终端可同时反馈，使得干扰反馈更及时。

其次，在干扰避免方面，LTE 也明显优于 WiFi。LTE 网络具有完善的编码、重传和 IRC（干扰抑制合并）机制，并拥有毫秒级的调度机制，可根据干扰情况动态调度资源。在检测到干扰后，LTE 可以通过频选调度，根据每个终端的信道状况，优先分配干扰小、信号质量高的子带频率资源。同时，LTE 还可以采取 AMC（自适应调制编码），根据信道干扰情况自适应调整调制与编码策略。而 WiFi 只能提供固定的、系统带宽级（如 20 MHz）的信道选择，而且由于频点不足，该功能的实际效果非常有限。

最后，从干扰控制角度来说，LTE 拥有完善的功率控制机制，能够有效控制整个网络的干扰水平。为了控制信号干扰，LTE 采取了多种干扰抑制算法和机制来降低网络的整体干扰水平，如 ICIC（小区干扰协调）干扰抑制算法和 CoMP（协同多点）上行干扰控制等。而 WiFi 只能通过 TPC 来约束 AP 和 SAT 的最大发射功率，干扰控制能力十分有限。

③ 高速移动性支持。

为解决高速下的多普勒频偏，LTE 系统在设计上已有所考虑，主要采用在基站侧接收机采用自动频率控制进行频率纠偏（AFC）。增强 AFC 通过快速测算高速带来的频率偏移，补偿多普勒效应，改善无线链路的稳定性，从而提高解调性能。

LTE-M 继承了 LTE 的自动频率校正技术，能够确保高速移动场景下的无线链路质量，满足轨道交通列车运行速度 200 km/h 以下的移动性要求。

④ 支持轨道交通综合业务承载。

LTE 系统可实现 9 个调度优先级，并且按照预定义的可能承载业务类型，对应不同的服务质量（延时、丢包等）要求，定义了 9 个 QCI，系统根据 QCI 对应的优先级进行资源分配和调度，其优先级越小者越优先保障对其的资源分配和调度。系统可以根据不同业务的优先级和服务质量（延时、丢包等）要求，进行不同的参数配置，并映射到不同的 QCI 类别上，以保障不同业务的优先级别，如表 3-3 所示。

表 3-3 LTE 业务服务质量分类

序号	资源类型	QCI 优先级	分组数据延时/ms	分组数据丢包率	业务举例
1	GBR（有速率保障类型）	2	100	10^{-2}	语音业务、集群业务
2		4	150	10^{-3}	通话视频业务、要求有速率保证的视频监控
3		3	50	10^{-3}	实施游戏、实时在线互动业务
4		5	300	10^{-6}	缓冲多媒体业务
5	Non-GBR（非速率保障类型）	1	100	10^{-6}	VMS 信令
6		6	300	10^{-6}	视频业务（缓冲多媒体）、无须固定速率的视频监控业务、FTP、P2P 等
7		7	100	10^{-3}	普通数据业务
8		8	300	10^{-6}	FTP、P2P 等
9		9			共享

（3）技术制式比选。

由于地铁领域存在其他工作于 2.4 G 频段的 WLAN 设备（如 PIS 和办公用无线局域网等），同时为了方便市民的服务体验，已有城市新建线路将免费 WiFi 引入地铁空间，因此在对青岛地铁 6 号线的网络进行规划时，很难找到一片 WiFi "净土"。这样一来，前期规划的网络因为后期加入 AP 而可能导致干扰控制变得不可控，或者由于临时个人 AP 的引入而导致网络干扰增加。如今，带 WiFi 功能的手机大都可以随时"变身"临时 AP，地铁沿线可能充斥着各种靠 WiFi 通信的设备和仪器，便携式路由器，甚至是各种蓝牙设备等，都可能会对地铁 WiFi 信号发起冷不丁的干扰冲击。总之，无法统一规划导致随意出现的 WiFi 干扰源很难控制，时刻对列车的安全运行构成威胁。

因此 WLAN 制式存在以下问题：

① 网络安全：公共频段，信道有限，使用者众多，易受干扰。

② 无线信号覆盖：覆盖距离短，信号稳定性和宽带移动性差。

③ 无线信号切换：列车在 AP 间频繁切换，易造成实时视频流中断，导致车载显示画面卡顿。

（4）设备管理：AP设备多，导致故障概率增加，管理及维护难度大。

LTE无线通信数据传输技术较WLAN更安全、完整，且有着完善的抗干扰技术，在干扰检测、干扰避免、干扰控制三个层面均优于WLAN。基于轨道交通行业对车地高质量通信、高速移动性、高可靠性的诉求，LTE技术采用了OFDM、MIMO、自适应调制编码（AMC）及混合自动重传（HARQ）等技术，在20 MHz频谱带宽下能够提供下行100 Mbps与上行50 Mbps的峰值速率，同时在改善小区边缘用户的性能、提高小区容量和降低系统延迟等方面都有显著提升。LTE技术优势体现在以下几个方面：

① LTE改进目标是实现更高的数据速率、更短的时延、更低的成本、更高的系统容量、改进的覆盖范围、QOS保证及高速移动。

② 本项目采用TD-LTE制式，TD-LTE具备频谱申请灵活、上下行资源可调配的特点。在20 MHz频谱带宽下，能够提供下行100 Mbps与上行50 Mbps的峰值速率。

③ LTE系统完善的安全机制能够保证信令数据和业务数据的传输安全。

④ LTE系统具有很强的抗干扰能力，针对系统中存在的干扰，采用ICIC（小区干扰协调）进行小区间的干扰协调，采用IRC（干扰抑制组合）进行干扰消除。

针对当前轨道交通迫切需要解决的车地通信问题，工信部下发〔2015〕65号文《重新发布1 785—1 805 MHz频段无线接入系统频率使用事宜的通知》，明确了城市轨道交通也可以使用该频段。中国轨道交通协会也印发中城轨〔2015〕008号《关于转发工信部1 785—1 805 MHz频段使用事宜通知及有关落实工作的意见》，推荐建设冗余的TD-LTE双网承载轨道交通CBTC、CCTV、PIS等业务，并正在组织制定LTE-M技术规范，为LTE技术在轨道交通领域的应用打下坚实基础。同时频率专用，更加安全可靠；让出2.4 G公用频段给商用，丰富社会资源；利用技术优势，可承载更多的车载通信业务，达到资源共享、节省费用之目的。

列车自主运行系统（TACS）通过"车-车"通信方式实现列车主动进路和列车自主防护功能，列车车载控制设备需通过DCS子系统中的车地无线网络与其他车载控制设备产生车车数据通信，故对车地无线通信的抗干扰能力和可靠性要求较高，LTE无线通信数据传输技术较WLAN更安全、完整，且有着完善的抗干扰技术，在干扰检测、干扰避免、干扰控制三个层面均优于

WLAN，综合以上因素，本工程列车自主运行系统（TACS）车地无线通信设计采用基于 LTE 车-地通信传输技术方案。

3.4.2 车地双向信息传输方式

（1）车-地双向信息传输方式分析。

对车-地双向信息传输方式而言，可分为基于交叉感应环线技术、无线电台技术、漏泄电缆和裂缝波导管传输技术等的移动闭塞系统。

① 基于交叉感应环线技术的移动闭塞系统。

以敷设在钢轨间的交叉感应环线作为传输媒介的移动闭塞系统，在城市轨道交通中已经应用了较长时间。泰雷兹公司采用交叉感应环线的系统已经应用于武汉轻轨、广州地铁 3 号线等。

交叉感应环线的缺点在于，安装在钢轨中间，安装困难且不方便工务部门对钢轨的日常维修，车-地通信的速率低。但由于环线具有成熟的使用经验，目前仍得到应用。如图 3-3 所示。

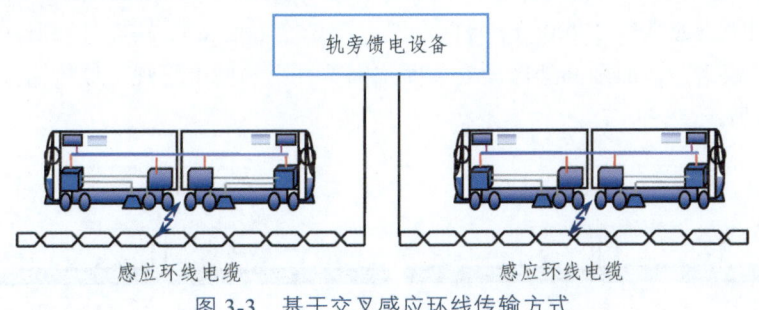

图 3-3 基于交叉感应环线传输方式

② 基于无线电台通信技术的移动闭塞系统。

随着无线通信技术的发展，基于自由空间传输的无线传输技术在移动闭塞系统中得到了应用。

无线传输的频点一般采用共用的 2.4 GHz 或 5.8 GHz 频段，采用无线接入（AP）点天线作为和列车进行通信的手段。AP 的设置要能保证区间的无线重叠覆盖。

无线方式具有无线信号可在自由空间传播，对于车载通信天线的安装位置限制较少，传输速率高，易于实现空间的重叠覆盖，单个接入设备故障不影响系统的正常工作，轨旁设备少，安装与钢轨无关，方便安装及维护等特点。基于无线电台通信传输方式 CBTC 系统，已经在北京地铁 10 号线、4 号线成功得到应用。传输方式如图 3-4 所示。

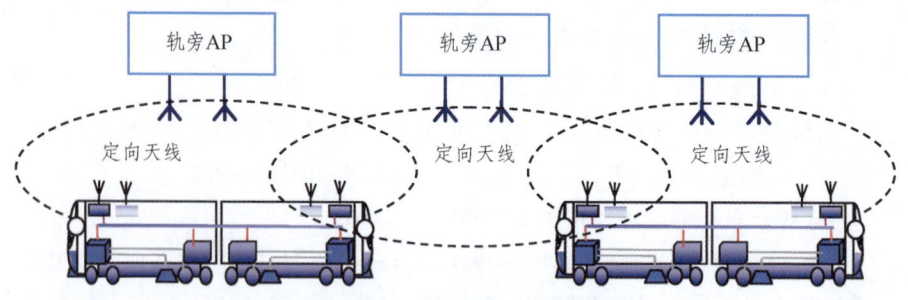

图 3-4　基于无线电台通信传输方式

③ 基于漏泄电缆无线传输技术的移动闭塞系统。

漏泄电缆主要为 Bombadier 公司系统采用，ALSTOM（阿尔斯通）的移动闭塞系统在需要的时候也可采用漏泄电缆传输方式，而新研发的系统采用的不多。漏泄电缆方式特点是场强覆盖较好、可控，抗干扰能力强。单点 AP 的控制距离通常达 1 200 m（每侧漏泄电缆长度 600 m）。缺点是漏泄同轴电缆价格较高，地面及高架区段安装固定困难且影响城市景观。该传输方式如图 3-5 所示。

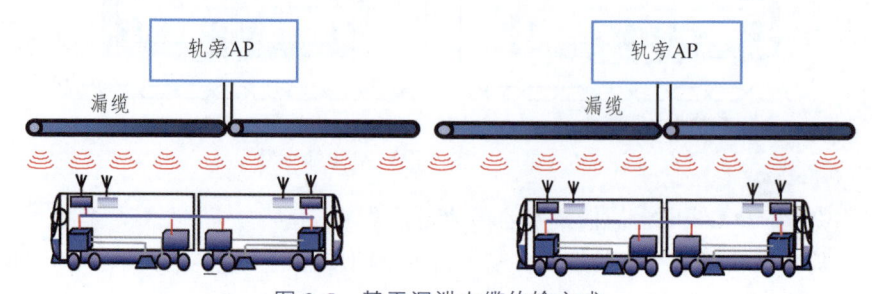

图 3-5　基于漏泄电缆传输方式

④ 基于裂缝波导管无线传输技术的移动闭塞系统。

ALSTOM（阿尔斯通）公司的移动闭塞是基于微波传输方式的 ATC 系统，该系统采用波导系统作为车-地双向传输的媒介，即采用沿线铺设的裂缝波导管及与波导连接的无线接入点作为轨旁与列车的双向传输通道。该系统的波导系统具有通信容量大，可在隧道及弯曲通道中传输、干扰及衰耗小、无其他车辆引起的传输反射、可在密集城区传输等特点。

波导的另一个优点是传输速率大，可以满足列车控制系统的需要。另外，从通信容量的角度，其通信能力还可以满足其他系统如电视监视等应用的需要。

波导管方式的缺点在于安装困难，需全线沿线路安装波导管，安装维护复杂，并且造价高。传输方式如图 3-6 所示。

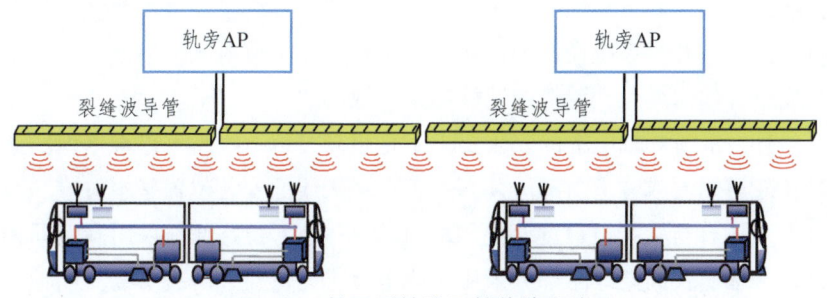

图 3-6　基于裂缝波导管传输方式

（2）传输方式比选。

为了满足车地双向通信的需要，必须在线路沿线进行无线场强的覆盖，通常有以下三种传输方式可供选择，即无线电台、漏泄电缆和裂缝波导管。

① 无线电台。

根据 IEEE 802.11 无线局域网的标准，目前广泛采用的是基于 2.4 GHz 的 ISM 频带，无线电台方式传输的最大距离约为 400 m，由于轨道交通线路多穿行于城市区域，其弯道和坡道较多，因此增加了无线场强覆盖的难度，为了保证场强覆盖的完整性，保证通信的质量和可靠性，一般在地下线路每 150 m 左右的距离便设置一套。

无线电台的体积较小，安装比较灵活，受其他因素的影响小，可以根据现场条件和无线场强覆盖需要进行设计和安装，且安装和维护容易。无线电台在隧道内传输受弯道和坡道影响较大，同时隧道内的反射比较严重，需要考虑多径干扰等问题。

无线电台的传输距离小，为了保证在一个 AP 故障时，通信不能中断，提供通信的可靠性，往往需要在同一个地点设置双网覆盖，进一步缩短了 AP 布置间距，列车在各个 AP 之间的漫游和切换特别频繁，大大降低了无线传输的连续性和可靠性。同时相应的光、电缆使用量很大。

② 漏泄电缆。

无线传输媒介采用的是基于 2.4 GHz ISM 频带的漏泄同轴电缆，漏缆的传输特性和衰减性能较好，传输距离较远，最大传输距离达到 600 m，且沿线无线场强覆盖均匀，且呈现良好的方向性分布，抗干扰能力较强，适合于狭长的地下隧道内使用。减少列车在各个 AP 之间的漫游和切换，提高了无线传输的连续性和可靠性。采用漏缆的信号覆盖具有较高可预测性，具有在项目工期之初开始系统设计的优势，无须在现场考察射频传播效果。无论隧道现场条件如何变化，漏缆的性能都是一致的。

另外，漏泄同轴电缆的安装要求不是很高，地下线路可以根据现场条件安装在隧道侧墙或隧道顶部。其与列车车载天线的安装位置基本对应。漏泄同轴电缆还有与无线电台混合组网的可能——地下线路部分采用漏泄同轴电缆覆盖，地面及高架线路部分采用无线电台进行覆盖，解决了漏泄同轴电缆在地面及高架区段安装的问题。

因漏泄同轴电缆的安装位置较高，不会影响一般轨旁维护工作，其自身安装调试完成后维护工作量很小。

③ 裂缝波导管。

裂缝波导管采用的是一种长方形铝合金材料，在其表面每隔一段距离（约 6 cm）刻有一条 2 mm 宽、3 cm 长的裂缝，能够让无线电波从此裂缝中漏泄出来，因其波导管物理特性和衰减性能很好，传输距离较远，最大传输距离可达到 800 m，且沿线无线场强覆盖均匀，呈现良好的方向性分布，抗干扰能力较强。具有漏泄同轴电缆的优点，传输距离要优于漏泄同轴电缆，减少列车在各个 AP 之间的漫游和切换，提高了无线传输的连续性和可靠性。

裂缝波导管的安装要求较高，其与列车车载天线的安装位置要求对应。裂缝波导管可以根据现场条件安装在隧道底部钢轨旁、隧道侧墙、隧道顶部。

因裂缝波导管的安装位置受到现场制约，且必须与车载天线位置对应，其安装精度要求也比较高，另外，波导管的安装需解决热胀冷缩、沙尘磨损、雨水侵入等技术难点。

综合以上比选，原则上三种传输方式 LTE 均可采用，漏泄电缆方式稳定、可靠，由于承载多业务，合理共享资源，安装成本可接受。

综合以上因素，本工程 LTE 车-地无线通信传输采用漏泄电缆方式。

3.4.3　TACS 基于 LTE 技术车地通信方案

（1）主要设计原则。

可靠性原则：业务双网覆盖。

安全性原则：保证数据传输的安全性，避免非法用户的攻击。

实时性原则：承载业务时延最小，保证控制信息、紧急信息及时有效。

高宽带原则：满足视频业务对于大宽带的要求，保证画面流畅、清晰。

环境适应性原则：轨旁设备、车载设备符合环境要求。

（2）TACS 系统 LTE 通信模型。

由于 TACS 列控信息的高安全性要求，所有列控信息均采用 IPSec VNP 技术实现各列控局域网之间的安全通信。车地之间的通信方式仍然和以前传统 CBTC 的逻辑过程相同。车车之间的通信方式简述如下：

由于采用 LTE 作为无线通信子系统，LTE 的通信模型为所有 TAU 与中央 EPC 建立连接，构建星形网络架构。因此 TACS 也采用星形架构，建立各车与中央的通道，基于星形通道，实现车车之间的通信连接。如：车 A 与车 B 之间进行通信，首先车 A 与车 B 各自建立与中央的无线通道。车 A 的通信数据发往中央 EPC，通过 EPC 递交给中央安全网关，中央安全网关再根据通信数据的目的地为车 B 将通信数据递交给 EPC，EPC 通过与车 B 的无线通道将数据发往车 B，然后车 B 接收到车 A 的通信数据。反之亦然，从而实现了车车之间的通信过程。

（3）6 号线对 LTE 承载业务需求分析。

① TACS 列控业务（车车、车地通信）需求。

TACS 系统的基础为 LTE-M 的信息传输平台，通过列车之间数据通信方式实现列车主动进路和列车自主防护的功能，"车-车"之间的通信具体实现方式为地面 LTE 设备转发"车-车"之间的通信数据，在物理上存在"车-地-车"的径路，在处理逻辑上实现"车-车"之间的通信。同时，传输数据分为车-地信息传输（上行）和地-车信息传输（下行）两种方式。

TACS 车地无线网络严格按照冗余设计，LTE 无线网络采用 A/B 双网结构，双网各自配置核心网、基站、终端，采用不同的工作频率，A/B 双网冗余重叠覆盖正线（含折返线、联络线、存车线）、出入段线、段咽喉区、段车库内等所有需要车地无线传输的区域。

A/B 双网同时工作，相同的信号数据同时通过 A 网和 B 网进行传输，提供数据传输可靠性，确保运行列车通信的可靠性和连续性。

根据目前阶段的设计原理及实际软件实现所统计的各类通信开销，从单纯承载 TACS 列控业务来分析（按一个小区 6 列车计算，列控业务需求：上行带宽为 2.696 928 Mbps。下行带宽为 3.971 552 Mbps），单网即需要 5 M 带宽。LTE 承载 TACS 列控业务（车-车、车-地通信）总共需要的带宽为 5 MHz×2（AB 网，总计 10 MHz）。

② 列车运行状态/故障信息/控制信息监测业务需求。

根据示范工程申报文件，本项目建立针对 TACS 系统的全线运营数据中心，通过实时以太网汇聚在线运行列车 TAC 系统的实际运行状态和故障信息数据，采用车地无线传输手段，将车载 TACS 系统数据实时传输到地面数据中心服务器，并通过专用软件平台，包括专家系统和大数据分析软件，对数据进行解析、加工和挖掘。通过这一手段，实时监控全线 TACS 系统的运行状态和故障信息，对 TACS 系统的运行状态进行跟踪监控，对发生的故障进行大数据分析，积累和分析系统的可靠性数据，提高示范运用的质量和水平。

从承载列车运行状态/故障信息/控制信息监测业务数据来分析（按一个小区 6 列车计算，列车业务需求：上行 4.68 Mbps），上行需要 5 M 宽带。

③ CCTV 系统。

车载 CCTV 系统监控图像至控制中心所需的传输通道由 PIS 系统提供，每列车图像所占用的总带宽暂定为 2 Mbps。CCTV 系统给公安提供最低 2 路实时调看视频的能力，故最低上行需要 2 Mbps×2 = 4 Mbps。

④ PIS 系统。

PIS 系统的数据传输由地面将视频或图像信息通过广播或组播传送到车厢内播放，因此所有的数据传输都是下行传输。一般每一节车厢播放的内容都是相同的。车辆屏幕播放的视频基本为 720 P，PIS 系统直播流带宽为 6 Mbps。

⑤ 紧急文本。

紧急文本信息用于城市轨道交通路网异常情况下的乘客通知，可在 PIS 系统显示终端上显示，紧急文本是数据量小的文本信息，下发业务为随机性数据，一般按单列车带宽为 100 kbit/s 的标准实行。

⑥ 无线列车调度系统。

考虑到无线列调的后备特性以及无线列调覆盖的范围要远远大于行车区，纳入本系统会增加工程的复杂度和降低了系统的安全性，因此无线列车调度不纳入 LTE，而是作为 LTE 故障后的后备通信方式。

（4）LTE 无线通信带宽分析。

由于 TACS 系统采用基于 LTE 技术的车-地无线通信系统，需要传输列控信息，因此 LTE 无线系统必须采用双网冗余配置。目前青岛地铁公司正在向省无委会进行专用频段的申请工作，根据目前的申请沟通及进展情况，存在批准以下三种带宽的可能。

① 方案一：批准 10 M 带宽方案。

该方案由于带宽资源较少，仅能保证 TACS 的列控业务传输，不能承载列车运行状态/故障信息/控制信息数据。因此，由 TACS 专业自建 LTE 无线通信网络，A、B 网络各采用 5 M 带宽组网。

② 方案二：批准 15 M 带宽方案。

若无委会批准为 15 M 带宽，则由 TACS 专业自建 LTE 无线通信网络，分别采用 10 M、5 M 带宽组建冗余的 LTE 无线 A、B 网络，其中 TACS 列控业务分别占用 5 M 带宽，另外 A 网中的 5 M 带宽用于承载列车运行状态/故障信息/控制信息数据。即采用 5 M（TACS）+ 10 M（TACS + 列车运行状态/故障信息/控制信息）的承载方案。

③ 方案三：批准 20 M 带宽方案。

若无委会批准为 20 M 带宽，则由 TACS 专业搭建 LTE 无线通信网络综合承载平台，综合承载 TACS 列控业务、列车运行状态/故障信息/控制信息数据、CCTV 系统、PIS 系统、紧急文本等业务，分别采用 15 M、5 M 带宽组建冗余的 LTE 无线 A、B 网络，其中 TACS 列控业务分别占用 5 M 带宽，另外 A 网中的 10 M 带宽用于承载列车运行状态/故障信息/控制信息数据、CCTV 系统、PIS 系统、紧急文本等业务。即采用 5 M（TACS）+ 15 M（TACS + 列车运行状态/故障信息/控制信息 + CCTC + PIS + 紧急文本）的承载方案。

以上三种方案均能满足列车自主运行系统的要求，在实施过程中，根据省无委会批准的带宽情况最终确定，本次设计按列车自主运行系统自建 LTE 车-地无线传输系统设计，采用 5 M（TACS）+ 10 M（TACS + 列车运行状态/故障信息/控制信息）的承载方案。

（5）LTE 组网总体设计方案。

LTE 系统在本项目中承载 TACS 列控业务、列车运行状态/故障信息/控制信息。

信号系统 TD-LTE 车地无线网采用 A/B 双网冗余设计，A/B 双网采用独立网络方式，每张网内各有 1 套核心网和基站系统，完全覆盖行车区域，因此 A/B 双网共需要设置 2 套核心网和基站系统，A 网和 B 网使用不同的频段，A/B 双网的基站的天馈接口通过合路器汇接后与泄漏电缆（双漏缆敷设）连接，实现无线信号的覆盖。

TD-LTE 系统由核心网、基站系统和车载终端组成，如图 3-7 所示。

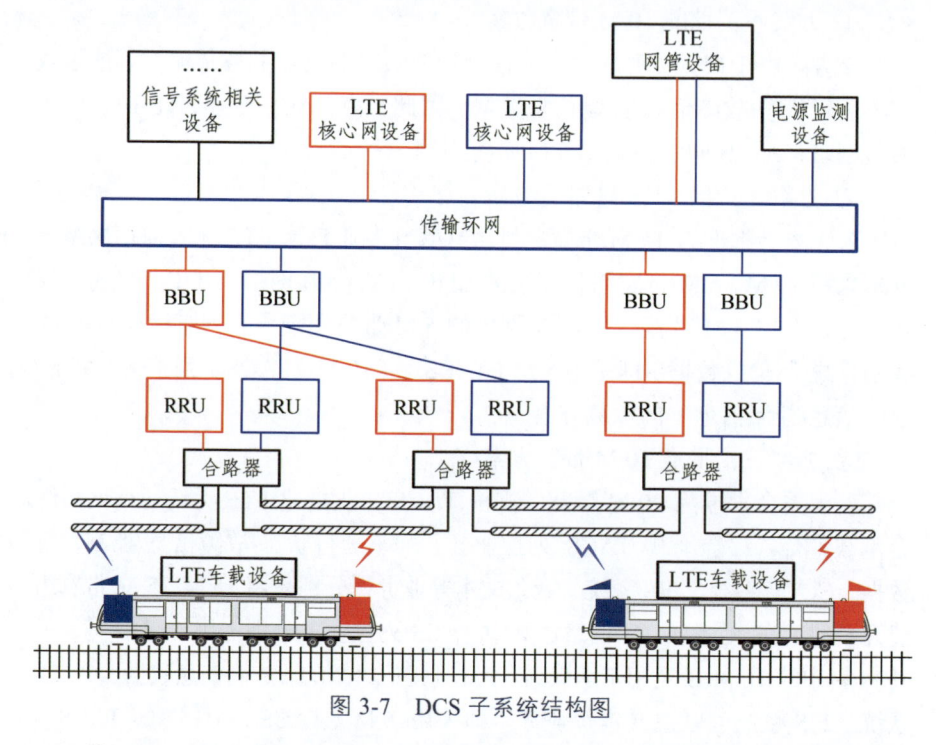

图 3-7　DCS 子系统结构图

① TD-LTE 系统核心网 EPC 暂设置在控制中心，通过 SGi 接口与信号系统的骨干环路的交换机相连，继而连接到信号系统的轨旁、ATS 等信号系统各子系统设备。核心网 EPC 通过 S1 接口与基站系统的 BBU 相连。

② TD-LTE 系统 BBU 放置车站设备室，S1 接口数据利用信号系统骨干网进行传输。

③ TD-LTE 系统基站的 RRU 沿着列车行驶的线路部署，包括正线车站及区间、道岔区域、折返线、停车线、车辆段出/入段线、车辆段停车列检库、试车线等所有需要列控信号覆盖的区域。BBU 通过光纤拉远与 RRU 相连接，AB 双网的基站应采用不同的光缆回路。

④ A/B 双网的 RRU 同站址部署，采用合路器合路，线路区间采用轨旁漏泄同轴电缆（双漏缆敷设）实现覆盖，在车库区域则采用定向天线实现覆盖。

⑤ TD-LTE 系统的车载终端 TAU 部署在列车编组的前后司机车厢，两套 TAU 分别驻留在 A/B 网上。TAU 天线安装在司机车厢外侧上方和侧面（视漏缆安装位置而定），并保持与漏泄同轴电缆尽量短的距离以及视线的无遮挡，保持良好无线传输。TAU 通过以太网接口与车载信号设备连接，从而建立了多辆车的车载信号之间的点到点连接，也可以建立车站信号到信号系统的轨旁、ATS 之间的点到点连接。

⑥ 车载终端 TAU 可以提供 4 个以太网接口，其中一个端口连接到车载列控设备，其余接口可以根据车载网络情况连接到相应车载的业务系统，通过 TD-LTE 建立的连接通道，连接到对应的地面服务器上，实现相关业务贯通。

（6）LTE 业务质量保证。

为了保证各种类型业务的服务质量，LTE 中定义了端到端的 QoS（Quality of Service 服务质量）结构，并引入了多种承载及处理机制，为用户提供各种差异化的服务。

EPS 系统中，QoS 控制的基本粒度是 EPS 承载（Bearer），即相同承载上的所有数据流将获得相同的 QoS 保障（如调度策略、缓冲队列管理、链路层配置等），不同类型的 EPS 承载可以获得不同的 QoS 保障。

在接入网中，空口上承载的 QoS 是由 eNodeB 来控制的，每个承载都有相应的 QoS 参数 QCI（QoS Class Identifier）和 ARP（Allocation and Retention Priority）。

一个 QCI 对应一套参数，包含优先级、包延迟以及可接受的误包率等指标，承载的 QCI 值决定了其在 eNodeB 的处理策略。例如，对于误包率要求比较严格的承载，eNodeB 一般通过配置 RLC 成 AM 模式来提高空口传输的准确率。在 3GPP 标准中定义了九种 QCI（R13 有扩充），在接口上传输的是 QCI 值而不需要传输对应的 QoS 参数。

在 LTE-M 规范中规定了城市轨道交通车地通信系统中的不同业务以 IP 方式承载，不同业务对应的 QCI 取值如表 3-4 所示。

表 3-4　LTE-M 不同业务的 QoS 映射

业务类型	QoS 设置				
	QCI	资源类型	优先级	数据包延迟/ms	误包率
列车控制业务数据（传统）	1	GBR	2	100	10^{-2}
集群调度业务（语音）	1	GBR	2	100	10^{-2}
列车运行状态信息	2	GBR	4	150	10^{-3}
紧急信息文本下发	2	GBR	4	150	10^{-3}
视频监控	6	Non-GBR	6	300	10^{-6}
PIS 流媒体业务	6	Non-GBR	6	300	10^{-6}
集群调度业务（视频）	7	Non-GBR	7	100	10^{-3}

与传统 CBTC 系统相比，TACS 系统对车-车、车-地间的无线通信带宽以及实时性的需求没有增加，因此，既有的 LTE-M 产品及其标准可满足 TACS 系统需求。

3.4.4　LTE 抗干扰分析

基于 LTE 技术的车地通信系统，在各设备之间通过有线网络和无线网络实现双向通信，用以提供各子系统设备之间的有线信息传输以及地面设备与车载设备之间的无线信息传输。

LTE 系统在本项目中使用 1.8 GHz 的行业专用频段，这一频段需要无线电管理委员会审批管理，频点专网专用，不会产生同频点的干扰。

LTE 网络的内部干扰主要体现在 A/B 双网间的干扰和同频组网情况下小区间的同频干扰两个方面。青岛地铁隧道采用泄漏电缆完成覆盖，空中传播路径短，多径时延差很小；车场等地上场景与广覆盖类似；均不需特殊考虑多径干扰问题。

青岛地铁 6 号线峨眉山站与 1 号线同台换乘，目前均采用 LTE 技术的车地通信系统，将存在同台换乘干扰。

（1）A/B 双网间干扰分析。

A/B 双网异频组网，当两个网络频段相邻，如果两个网络发射和接收不同步，则会由于杂散和带外辐射的原因互相干扰，导致网络性能下降甚至阻塞。为了避免该类干扰的发生，需保证：

① A/B 双网必须严格保证时隙配比和特殊时隙配比一致。

② 双网必须严格保证时钟同步。

（2）小区间同频干扰。

由于采用同频组网，处于小区边缘的用户下行业务由于受到邻区导频和业务的干扰导致信噪比较低，从而影响下行吞吐量。为了缓解同频干扰的影响，可以通过下列手段进行优化：

① 通过参数优化提升业务信道的功率，使处于边缘用户的信噪比得到改善，从而提升吞吐量。

② 通过修改切换参数，使用户及早切换到目标小区，优化边缘用户切换时的吞吐量。

③ 引入新的无线管理算法，使互为邻区的两个小区下行频带错开，减小处于边缘用户业务信道的干扰，提升边缘用户的吞吐量。

（3）王家港站同站台换乘干扰。

换乘车站分为两种情况，同站台换乘和非同站台换乘。对于不是同站台换乘的车站，因为轨道线路不在同一层，具备空间隔离，不存在不同线路的 LTE 系统之间的干扰问题，在这里不做赘述。本方案重点考虑同层换乘情况下的实施方案，核心的思想是将工程与系统相结合，主要有两种方式来实现同层换乘下的无线部署：

① 空间隔离。

同站台换乘时，尽量采用空间隔离，不同线路的 LTE 发射信号采取等电平配置来解决干扰问题，此时空间隔离的干扰裕量为 $20\lg(D/d)$，如果取 $d = 2 \text{ m}$，$D = 10 \text{ m}$，$20\lg(D/d) = 14 \text{ dB}$。设计时可以考虑降低车载天线安装位置到站台下方，或安装到车顶上方隧道顶部，有效利用站台地面、天花板、站台门、车体等障碍实现空间隔离，一般情况下隔离度可以达到 10~15 dB，总体上的隔离度可以达到 25 dB，满足了 LTE 系统对 SINR 裕量的要求。

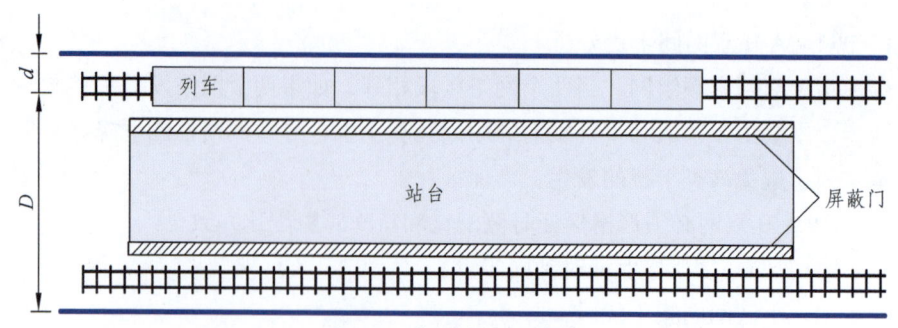

图 3-8 空间合理示意图

② 异频配置。

以侧式站台举例，必要时，可以将同层两条线路的频率带宽缩小，采用异频配置以减少频率干扰（可以在详细设计阶段确定具体配置）。

地下线路可以申请 20 MHz 频率，图 3-9 中的 F1 可以设置为 20 MHz，F2 和 F3 可以设置为两个 10 MHz 异频。异频配置会降低小区容量，可以通过缩小站台小区半径来避免涌入过多车辆，这里将 F2 和 F3 覆盖半径设计得比站台长度略大（可以参照 300～400 m 的标准），这样只需要考虑容纳一辆列车，对带宽要求降低，F1 都是正常半径的小区。

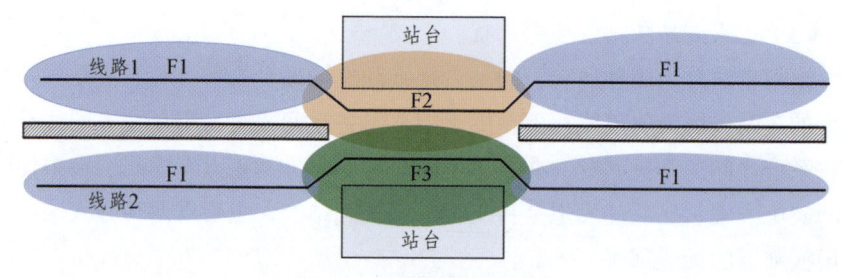

图 3-9 频率隔离示意图

按照前述分析，满足覆盖速率要求的最小的载波带宽可以被设置为 3 MHz。对地面线路来说，可以采用 4 个 3 MHz 载波来实现同站台换乘。

③ 系统间切换。

如图 3-10 所示，线路 1 首先建成，车站同站台换乘的站台层全部采用线路 1 基站覆盖。在建设线路 2 时，站台层不部署覆盖，线路 2 的区间覆盖与线路 1 形成的站台覆盖之间有一定重叠区，在重叠区内车载 LTE 设备切换到线路 1 的站台覆盖上，由线路 1 的 LTE 系统提供业务通道。

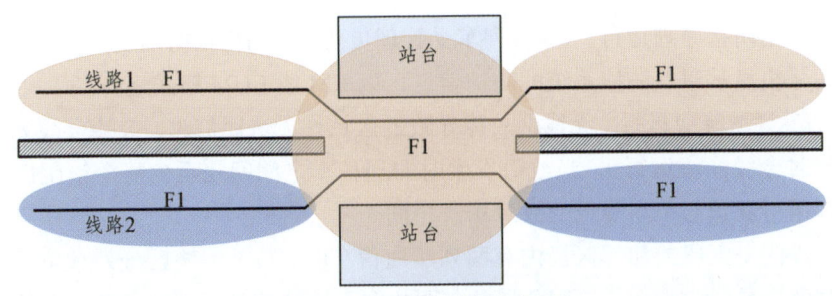

图 3-10 漫游切换示意图

可以有多种方式实现 LTE 系统间的互通，一种是在 LTE 核心网的 MME 之间进行漫游切换，一种是利用车载信号设备通过位置触发 LTE 车载终端，按照 PLMN 和 PCI 等已知网络参数快速切换到另外一个 LTE 网络中。

上述三种方式各有优缺点，工程隔离对工程项目管理、采购、维护等工作的要求比较低，方案互通可以更好地利用资源，在方案上可以综合应用这些方式。

3.5 降级系统方案

青岛地铁 6 号线采用列车自主运行系统，系统具备降级运行模式。当 TACS 系统出现故障时，可根据实际情况自动或人工转为降级模式，一定程度上维持了系统的运营能力。

系统应能根据故障类型制定不同的降级策略。当单车故障时，主系统级别不受影响，只针对故障车进行处理。当地面的子系统出现故障时，该子系统覆盖的区域整体降级，司机在车载防撞系统辅助下人工行车，行车安全由运营管理制度及 ATS 调度员、司机人工保证。

（1）运行级别与降级管理。

系统支持 TACS 级别（含混合运行）以及区域人工调度（无信号防护）两种运行级别：

① 系统正常时采用 TACS 级别，正常列车以列车自主进路及防护的方式按移动闭塞方式运行。该级别下，系统支持地面区域性无线故障或单车通信故障下的全系统混合运行，正常列车在通信正常区域仍以正常方式（TACS）行车。故障降级行车又可分为：

a. 单车降级运行（某一列车无法自主防护并以移动授权行车时）降级列

车以固定闭塞原理运行，降级列车受管理员防护，司机根据调度员指令、轨旁信号机显示以及防撞系统的防护信息，以 RM 或 EUM 模式运行。

b. 区域降级运行（无线网故障导致的区域性无法通信时，包括全线无线故障时全线降级运行），当故障发生时非通信车之间间隔至少一个空闲区段时，运行场景与单车降级的故障场景相同。

当同一区段或相邻区段内有两列非通信车时，OC 无法区分列车位置，此时调度员通过查看位置服务器并与司机联系确认故障区域内所有列车位置后，为故障列车办理进路，并指挥前车运行，司机根据调度员指令、轨旁信号机显示以及防撞系统的防护信息，在 RM 速度防护下人工驾驶列车进入下一站台停车。调度员确定前车出清当前进路且两车至少间隔一个区段后，可通知后车以 RM 模式目视行驶。此后的场景与单车降级运营相同。

② 当轨旁 OC 故障时，其他 TACS 级别控区的列车进入故障控区前，无法在故障 OC 登记获取资源，列车在运行至 TACS 边界后切除 ATP，以 EUM 模式在 OC 故障控区运行。行车安全由运营管理制度及 ATS 调度员、司机人工保证。列车进入下一个正常工作的 OC 区域并筛选完成后，列车以 CM/AM/FAM 模式继续运行。

③ 降级列车的行车防护功能由管理员完成，调度员可以在工作站人工或自动办理故障列车进路，进路命令由 ATS 服务器发送给管理员，管理员执行该进路命令，为故障列车提供固定闭塞的进路防护。

（2）降级系统的列车占用检测设备。

在降级系统中，列车占用检测设备仅仅被用于列车位置的判定，而不再需要拥有向列车传递列车控制信息的车地通信功能。常用的计轴和轨道电路均可作为降级系统的列车占用检测设备，对它们的分析比较结果如下。

① 轨道电路。

城市轨道交通正线一般采用无缝钢轨，采用轨道电路作为辅助列车位置检测设备时应采用无绝缘轨道电路。用于固定闭塞和准移动闭塞的报文式无绝缘轨道电路均可以作为辅助列车位置检测设备，如 USSI 的 AF-904 轨道电路、阿尔斯通的 SDTC-921 轨道电路、西门子的 FTGS 轨道电路等。以上轨道电路的长度一般在 400 m 以下，控制距离为 2.5～5 km 不等。在长区间需要设置较多轨道电路，且轨道电路易受牵引回流、防迷流网布置的影响，有时也会受天气和钢轨光洁程度的影响。

② 计轴设备。

计轴设备作为辅助列车位置检测设备，能够满足本工程的需要，其相对于轨道电路，具有以下优点：

a. 道床漏泄电阻和钢轨光洁程度对计轴设备没有影响。

b. 轨道区段长度不受限制。

c. 无须设置绝缘节，以及与轨道电路相关的道岔跳线、轨道连接线等。

目前国内采用的计轴设备主要有国产 JZ1-H 型计轴设备、泰雷兹的 AZLM 型计轴设备、西门子的 AzS 350 U 型计轴设备等。

相对于无绝缘轨道电路设备来说，计轴设备具有室内外设备相对简单、不受区段长度限制、维护工作量低的优点，因此本工程以计轴设备作为降级模式下的列车检测设备。

3.6 车辆段列控系统方案

（1）车辆段列控系统方案。

车辆段内的作业，特别是列车进、出段作业的效率，对正线列车运行效率的影响较大，因此，车辆段/停车场纳入正线 ATC 监视范围是必需的。根据国内外城轨现状和发展趋势，车辆段的监视与控制方式存在以下两种方案。

① 计算机联锁独立控制方案。

在地铁建设中采用计算机联锁独立控制的方案已在以往建设中得到了较多应用。因车辆段作业种类多，故采用计算机联锁设备，可更好地负责段内调车进路的办理。列车在段内以 RM 或者 NRM 模式运行时，行车安全由人工按照地面设置的调车信号机显示保证。

控制中心能监视车辆段内作业情况，可实现车组号的追踪。车辆段不由控制中心控制，完全由计算机联锁设备独立控制，联锁设备仅需要向 ATS 系统传输有关表示信息，接口较为容易。

② 全自动化车辆段控制方案。

根据段内的作业模式和特点，车辆段内划分为自动控制区域和非自动控制区域，自动控制区域纳入 ATC 系统的控制范围。车辆段设置与正线相同的完整 ATC 系统设备，在日常运营的全场段范围内，FAM/AM/CM/RM/EUM 均可用。列车可以在停车列检库内进行模式转换，一次性进出正线。ATC 具备对整个车辆段监视及控制的功能，对车辆段自动化区域具备列车识别号的连续追踪、自动赋予列车识别号功能，根据出入库计划自动设置列车目的地码，自动触发列车进路。

车辆段内设置无线接入点以实现无线覆盖，同时在车场内的需要位置设置固定应答器，实现列车初始化定位及位置校核等功能的需要。

③ 方案比选。

方案一的特点是：在国内轨道交通具有广泛的应用，其最大优点是设备成熟稳定，结构简单，造价较低，缺点则主要是自动化水平及列车防护等级较低。

方案二特点是：在国内轨道交通线路已有应用业绩，其最大优点是自动化水平高，功能强大，段内列车作业具备 ATP 防护，缺点是增加了一定的设备投资。

由于正线采用具有更高可靠性、更高运营效率、更低的全生命周期成本的 TACS 系统，采用全自动化车辆段与正线系统方案相匹配，车辆段设置有与正线相同的完整 ATC 系统设备，便于全线运营管理及维护。故本工程车辆段采用全自动化车辆段方案。

车辆段设备配置以及列控方式、车辆段 OC 功能与正线完全一致。车辆段内划分为自动化区域和非自动化区域，车辆段内的自动化区纳入 ATC 系统的控制范围，车辆段的自动化区和非自动化区的转换在车辆段的牵出线进行转换。停车列检库线、转换线的长度设置需满足列车自动控制的要求。

系统正常时，自动化区域内信号行车与正线 TACS 系统一致（支持 ATP/ATO 功能），通信列车之间交互资源；列车进入、退出非自动化区域以及在非自动化区域行车时，行车防护由管理员执行，并通过 OC 控制地面设备（系统在自动化区域同时支持调车进路和列车进路）。在非自动化区域仍然由管理员负责该区域行车资源管理和进路控制（调车进路），进路命令由 ATS 或场调人工发布。

列车在车辆段按照车辆段行车计划运行，可实现列车自动入库停车。

为减少维修对自动控制区运行的影响，避免人车冲突，在车辆段停车列检库运转值班室设置人员防护开关（SPKS）及相应表示灯的控制盘，ATS 相关工作站具有 SPKS 相关表示，原则上停车列检库库内区域每 2 条停车列检线设置 1 个 SPKS，车辆段咽喉区自动控制区域设置 1 个 SPKS。停车列检库库门具备自动控制功能，信号系统可根据需要实现与库门的联动控制，向库门发送开关门命令。

（2）车辆段列车位置检测设备选择。

目前国内车辆段使用的列车位置检测设备主要有 50 Hz 单轨条相敏轨道电路和计轴设备。

① 50 Hz 单轨条相敏轨道电路。

50 Hz 单轨条相敏轨道电路是国内轨道交通车辆段最常用的一种轨道电路，与其他制式的轨道电路相比，具有抗干扰性能好、设备简单、维修方便的特点，不足的是，50 Hz 单轨条相敏轨道电路的参数调整受道床电阻的影响较大。即便如此，单轨条相敏轨道电路也在国内各个城市轨道交通的车辆段得到了普遍使用。

② 计轴设备。

国内也有部分城轨线路的车辆段使用计轴设备，如宁波地铁一号线就全部采用了计轴设备。计轴设备作为车辆段列车位置检测设备，能够满足本工程的需要，相较于轨道电路，其具有以下优点：

a. 道床漏泄电阻和钢轨光洁程度对计轴设备没有影响。

b. 轨道区段长度不受限制。

c. 无需设置绝缘节以及与轨道电路相关的道岔跳线、轨道连接线等。

目前国内采用的计轴设备主要有国产 JZ1-H 型计轴设备、泰雷兹的 AZLM 型计轴设备、西门子的 AzS 350 U 型计轴设备等。

综上所述，相较于轨道电路设备，计轴设备具有室内外设备相对简单、不受区段长度限制、维护工作量低等优点，采用计轴设备有利于减少设备调试工作量。若采用与正线相同的计轴设备，还有利于和正线备品备件的资源共享和降低维护成本。综合考虑后，本工程车辆段的列车位置检测设备采用计轴设备。

3.7 试车线方案

在青岛地铁 6 号线抓马山车辆段内设置了 6 号线一期工程的试车线，全长 870 m，钢轨类型为 60 kg/m。试车线包含 ATS 子系统设备、独立目标控制器（OC）、DCS 子系统设备、维护监测设备和其他设备。试车线将配置 EPC 设备及相关地面 LTE 设备实现无线通信覆盖。

（1）试车方案。

为了对车载设备进行动态试验，经试车线控制室提出请求，车辆段信号楼内控制室同意并办理相应的联锁控制，等试验列车进入到位后，将试车线控制权交予试车线控制室。通过试车线控制室设备对车载 ATC 设备开展 ATP、ATO、车-地通信、驾驶模式间的转换等功能试验。试车完毕后，车辆段控制室收回对试车线的控制权。

（2）试车线功能要求。

在新车到线、车载设备维修、更换或必要时，可通过试车工作站或操作盘，在试车线上对车载设备进行测试和试验，测试和试验的主要内容有：

① 驾驶模式及折返模式的建立及转换。

② TACS 各运行等级下的 OC、ATP、ATO、DCS 系统功能测试。

③ 站台门联动、无人自动折返、临时限速功能。

④ 与紧急关闭按钮、站台关门按钮、人员防护开关、站台门开关的模拟测试。

⑤ 系统性能测试。

3.8　全自动运行技术方案

3.8.1　全自动运行模式方案比选

（1）全自动运行模式概述。

自动驾驶功能是指在无司机操作的情况下，系统设备按照给定的列车时刻表要求自动完成对机车的启动、加速、减速、巡航、惰行、停车及折返等功能，在 ATP 功能的安全防护下，将列车从一个停车点移动到另一个停车点，并遵照安全、准时、舒适、节能的原则顺序，系统设备自动控制列车加、减速度率，以最佳方式运行。

根据国际公共交通组织（International Association of Public Transport, UITP）的定义，列车自动运行（GoA）的等级可以分为以下 5 个等级：

① GoA0：司机目视驾驶，类似于有轨电车。

② GoA1：在 ATP 防护下的完全人工驾驶，由司机控制列车的启动、停止、车门的开关以及突发情况的处理。

③ GoA2：半自动驾驶，车辆的启动、停止是自动进行的，但是司机室

仍然会配备一名司机负责开动车辆、控制车门的开关以及应对紧急情况下的驾驶工作。大部分地铁 ATO 系统是这个级别。

④ GoA3：无司机驾驶，列车的启动、停止是自动化的，但列车配备有一名服务人员，负责控制列车车门的开关以及紧急情况下对列车的控制。

⑤ GoA4：完全自动驾驶，列车的启动、停止、车门的开闭以及紧急情况下的列车运行全部为自动驾驶，这个级别不设司乘人员。

自动化等级	列车运行类型	行驶中调整列车	列车停车	关闭车门	干扰事件下运行
GoA 1	带司机的 ATP	司机	司机	司机	司机
GoA 2	STO	自动	自动	司机	司机
GoA 3	DTO	自动	自动	乘务员	乘务员
GoA 4	UTO	自动	自动	自动	自动

ATP-Automatic Train Protection　　ATO-Automatic Train Operation

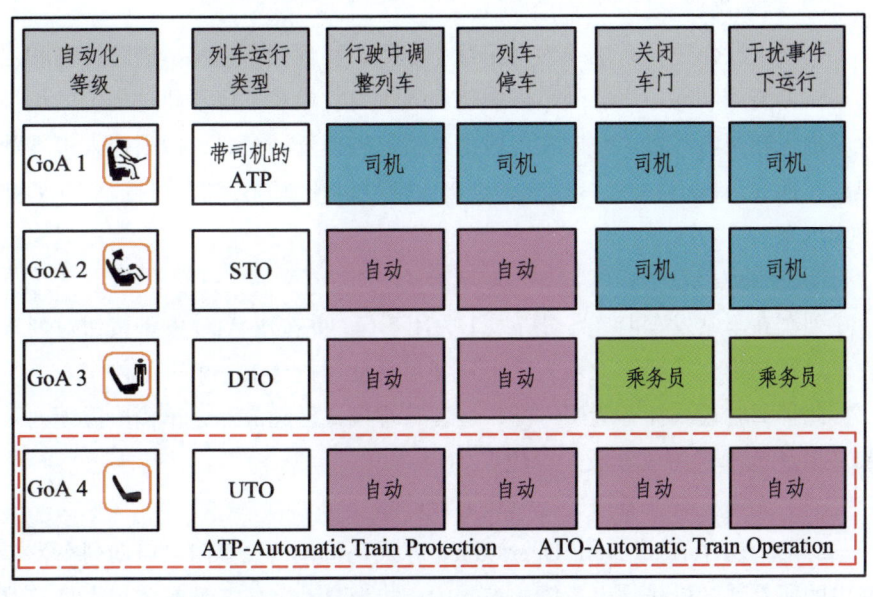

图 3-11　全自动驾驶等级

GoA2 为普通的 ATO 运行等级，GoA3 为 DTO 级别的全自动运行等级，GoA4 为 UTO 级别的全自动运行等级。

（2）司机监控运行模式 STO。

STO（Semi-Automatic Train Operation）方式是指列车按控制中心给定的指令自动运行、到站自动停稳并对准站台门后，自动打开车门，但关闭车门和启动列车发车运行的操作还须由司机人工确认和完成。

STO 是目前国内普遍采用的一种驾驶模式，在北京、上海、广州等城市轨道交通运营线路得到普遍运用，其技术已经相当成熟，并具有完善实用的应用和管理规程，满足当前在建地铁运营的要求。

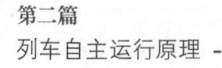

此种驾驶模式中，列车多数功能都是自动的，但在以下几个方面还需要司机介入。

① 列车进段。

列车进入车辆段前，ATC系统向司机和车辆段值班员发出列车回库信息。

列车可以以任意一种驾驶模式从正线进入车辆段转换轨，办理出线"消号"手续，然后切换成ATP限制人工驾驶模式驶入车辆段。

② 列车出段。

列车出段作业，系统须为列车赋予车次，实现列车追踪、进路控制和列车运行调整等功能，出段列车需司机在人工驾驶模式下以不超过规定的运行速度进入转换轨区段，并应在出段信号机前转换驾驶模式，由限速人工驾驶模式转换为ATO自动运行模式，当出段信号机开放时，列车可按ATO驾驶模式出发。

③ 车站发车。

列车在车站发车前，需司机人工关闭车门，并按压ATO发车按钮对列车发车进行初始化。列车无须人工干预便可自动运行至下一个车站停车。

此种驾驶模式拥有应用广泛，运营管理模式已经成熟，车辆段无须列入ATC系统范围内（成本低）等优点。

（3）无司机有人监控运行模式DTO。

DTO（Driverless Train Operation）方式是指包括关车门、启动列车发车在内的所有驾驶操作均由系统按控制中心指令自动完成，列车监视人员只对列车设备状况和列车运行前方环境实施监视，对设备故障和意外情况进行及时处理，不直接参与正常的列车运行控制。

DTO驾驶模式基本实现了全自动化运营模式，节约了人力资源。在正线运营时，车辆完全按运行图行车，无须司机参与，提高了列车运行的准点率，增加了旅客乘坐的舒适度。

采取此种驾驶时，需在车辆段增设与自动驾驶相关的ATP/ATO设备、车地通信设备等轨旁设备，车辆段停车股道与正线全部纳入ATC列车自动控制范围，缺点是设备投资较高。

目前首都机场线和上海十号线是采用DTO自动驾驶模式的线路，配套的运用和管理规程如行车组织规程等已经较为成熟。

（4）完全无人自动运行模式 UTO。

UTO（Unattended Train Operation）真正实现完全无人自动驾驶，实现区间的列车停车后的自动启动及自动运行、车站定点停车、车站自动开关车门、无人驾驶自动折返、车站停车到时自动发车、自动进库休眠、自动按时叫醒、自检发现故障自动上报及按时刻表由车库自动出发等。同时对列车设备状态进行检测，对列车各系统进行自动诊断，将列车设备状况信息及故障报警信息传送到控制中心，针对各种故障和意外情况需要详细分类，并做出对应的处置预案。

此驾驶模式需要把车辆段及全部正线纳入 ATC 列车自动控制范围。需在车辆段增设与自动驾驶相关的 ATP/ATO 设备、车-地通信设备等轨旁设备。列车则需增加具有列车监视、障碍检测、故障自动处理功能的设备等。

UTO 驾驶模式采用的技术先进，可完全实现自动化运营，节约大量人力资源，运营效率高。但国内此驾驶模式的运营经验较少，车载和轨旁设备多、设备构成复杂、系统调试周期长。

（5）列车运行模式比较。

① 技术先进性。

UTO 模式可实现完全意义上的无人驾驶，地面和车载设备技术最为先进。STO 和 DTO 两种驾驶模式设备同样较为先进，也完全可以满足青岛地铁 6 号线对列车运行效率高、准点率高、旅客乘坐舒适、节约能源等技术水平的要求。

② 适用性。

STO 驾驶模式在国内已经有多年的运营经验，设备能够满足线路运营的需要，配套的运营组织规程和规章制度健全，行车指挥人员对系统比较熟悉。UTO 驾驶模式在国内渐渐成熟，行车指挥人员需要时间来学习和适应新的运营模式。DTO 驾驶模式在北京地铁机场线和上海地铁 10 号线投入正式运营已有一段时间，相应的规程和应用经验也日渐成熟。

③ 设备投资。

DTO 驾驶模式和 UTO 驾驶模式要求车辆段纳入 ATC 列车自动控制范围且需要相应的监控设备支持，轨旁设备和车载设备数量相对于 STO 来讲会增加许多，设备投资比较高。而 STO 驾驶模式技术相当成熟，设备构成简单，设备投资相对较少。

④ 调试周期。

相对于 STO 模式，DTO 和 UTO 模式系统设备技术含量高，功能更为强大和复杂，系统设备的调试周期也相对较长。尤其是 UTO 模式系统，由于需要配备更多的用于轨道障碍检测的设备、车载视频监控设备及乘客与中心调度直接通话等设备，所需的设备调试周期更长。

⑤ 设备故障或突发事件处理。

作为城市主要线路的轨道交通系统，承担着巨大的客流运输压力。轨道交通是一个复杂的运输系统，它结合了各专业各种系统来保障正常的客运组织。任何一个系统和一个专业出现问题均可能影响列车的正常运行。设备故障或突发事件影响行车是不可避免的，这种情况下，列车上的人工参与显得尤其重要。由于采取 UTO 模式运行的列车上无人，在此情况下处理问题时将会比较被动，特别是由于设备或线路等故障造成列车在区间发生停车问题时，处理起来是非常困难的。STO 和 DTO 相对来讲在设备故障和突发事件的处理方面要好得多，人工可以直接参与列车控制及运行或指挥乘客采取相应的行动。

（6）青岛地铁 6 号线轨道交通全自动运行模式的选择。

系统中 UTO 设备投资在三种驾驶模式的是最高的，需配置全自动车辆段，和为保证运营安全和便利而需配备的必要车载监控通话等设备，并需各专业配合实现各系统间的联动控制。由于正线 ATC 系统采用的 TACS 系统支持 GoA4 级无人监督的全自动运行（UTO），目前青岛地铁 6 号线抓马山车辆段列控方案为采用全自动化车辆段，UTO 与正线系统方案相匹配，便于全线运营管理及维护。

综上所述，本工程列车运行模式采用 GoA4 级无人值守的全自动运行模式 UTO。

3.8.2 6 号线全自动运行方案设计

本工程列车自主运行系统将采用 GOA4 级无人驾驶的全自动运行模式，实现满足 IEC 62290 规范要求的 GoA4 级全部必选项功能：

（1）列车在车站之间是自动行驶，并可自动折返，以及实现车门的自动开关。

（2）列车在正线与车辆段库线之间可实现全自动化运行，并可实现列车与停车列检库库门联动功能和设置有人员防护开关（SPKS）。

（3）列车上装设障碍物及脱轨检测设备。

（4）车上虽无综合运营人员，但在车辆发生情况紧急或故障情况期间，控制中心能为旅客提供相应的服务，如管理车门，站台门开启、关闭的处理及驾驶操作等。

（5）自动休眠、唤醒。

（6）无人驾驶模式下与其他各系统间联动控制。

3.8.3 6号线全自动运行与其他专业的匹配方案

（1）对车辆专业影响。

列车自主运行系统（TACS）将轨旁联锁及ZC功能在车载系统中集成，将传统的车地两层分布式列车运行控制系统与车载网络控制系统、牵引系统、制动系统等在车载控制平台中进行高度融合，采用实时以太网构建覆盖全车所有智能设备的控制网络，列车控制相关设备作为节点之一纳入该网络管理。并增加GoA4级全自动驾驶要求的列车障碍物探测设备，对列车两端车辆内空间及电气控制设备改动较大。主要为以下两方面的影响。

① 车辆和车载信号一体化。

列车自主运行系统以列车安全与高效运行为核心视角，采用一体化设计思想，通过构建基于实时以太网技术的一体化控制网络，将传统的车载信号系统内部网络及列车控制与管理网络（TCMS）、牵引系统、制动系统、门控制系统、空调系统、火灾报警系统、旅客信息系统等进行高度融合，以达成优化车载网络布局及各子系统间接口，降低系统复杂度，提高系统实时性，提高列车性能和可靠性，利于基于统一平台对列车进行管理、控制和维护的目的。

摒弃传统的信号车载设备与车辆的特殊接口设计，取消传统车载信号系统的内部独立网络，从列车全系统出发，将列车所有功能（含所有安全功能，如列控、牵引、制动、车门等）进行一体化设计，所有列车控制相关设备（如ATP、ATO）均作为节点之一纳入统一网络管理。

② 障碍物及脱轨检测系统。

为缓解人工行车的撞车风险，本项目设计并提供"前后方车载防撞系统+障碍物及脱轨检测系统"，防撞系统及障碍物及脱轨检测系统均纳入TACS

设计及投资范围。障碍物及脱轨检测系统安装在排障器前方，当接触到障碍物时能够触发列车紧急制动。车载防撞系统安装在两端车头前方，能够检测行车前方是否安装了同样设备的列车。

（2）对车辆段工艺专业要求。

① 总体布置要求。

车辆段全自动驾驶区与非自动驾驶区功能相对独立，不宜间隔设置，以防止作业干扰。车辆段自动区和非自动区转换轨的设置应有利于开展自动化作业。

② 对车辆段线路要求。

a. 运用库停车列检库、试车线（届时根据用户需求调整）为自动驾驶区域，检修库、工程车库、镟轮库等为人工驾驶区域，在咽喉区或牵出线上设置一条有效长为160 m的转换轨来实现人工驾驶区与自动化区之间驾驶模式转换。

b. 停车列检库停车线长度为每一列位长度不小于145 m。以下为设置长度参考，列车长度按6B编组120 m计算。

c. 列车停车点至车挡（危险点）距离至少为15 m。

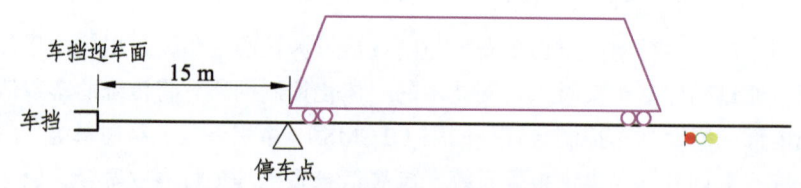

图 3-12　运用库内车与车挡的距离要求

d. 列车停车点至车尾末端距离至少为20 m。

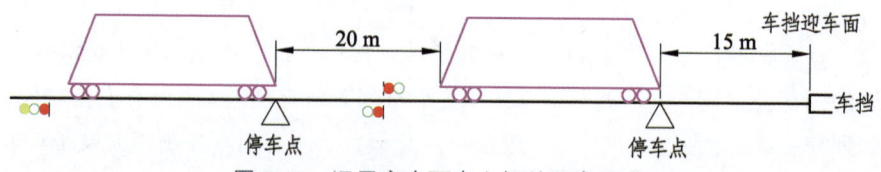

图 3-13　运用库内两车之间的距离要求

③ 对停车列检库要求。

在车辆段停车列检库运转值班室设置人员防护开关 SPKS 及相应表示灯的控制盘。

车辆段/停车场内的自动运行区和非自动运行区设置防护围栏，通道处设置门禁。停车列检库应设在全自动驾驶区域内，列检线设置检查坑。

为方便管理，每两股道设置为一个防护区，设置防护围栏，在入口处设置门禁，工作人员必须通过库内横向地沟才可进入两股道中间的防护区。

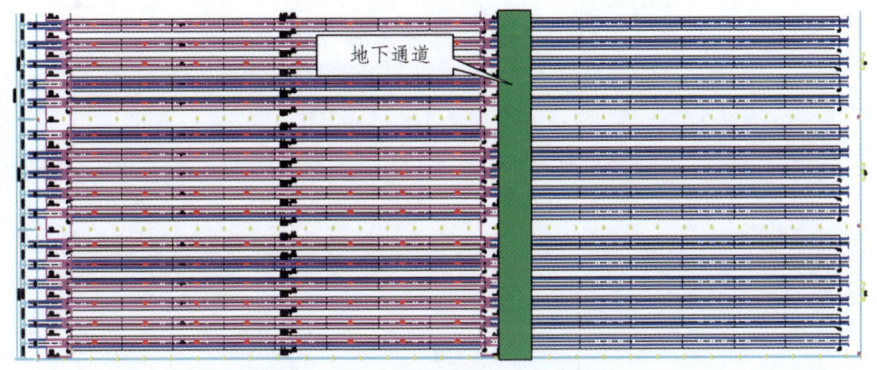

图 3-14　运用库内设置地下通道

为方便维护及保证工作人员作业安全，在出入段线终点附近设置地下通道。

④ 对停车列检库库门要求。

车辆段采用全自动化车辆段方案，并采用无人监控驾驶模式 UTO，信号系统与库门实现联动控制。

a. 信号与停车列检库库门接口实现库门的联锁防护，信号系统采集库门完全开启状态并纳入联锁条件。

b. 与库门接口分界为停车列检库库门控制柜的外线输出端子处。

c. 信号系统可根据需要实现与库门的联动控制，向库门发送开关门命令。停车列检库库门控制设备需能实现与信号联动的功能。

⑤ 对洗车线的要求。

TACS 已明确了在抓马山车辆段内采用自动洗车的功能需求，洗车线的布局应当有利于自动洗车作业的开展，且需设置在自动化区域，严禁洗车作业过程中存在非自动化的线路，从而减少不必要的调车作业，进而提升运行效率。

a. 进库侧外墙面距洗车库前信号机（即对向道岔基本轨轨缝前 3 m 或顺向道岔警冲标后 4 m 处）的距离应不小于一列车长加 20 m（即 140 m），如图 3-15 所示。

图 3-15 洗车库库前长度要求

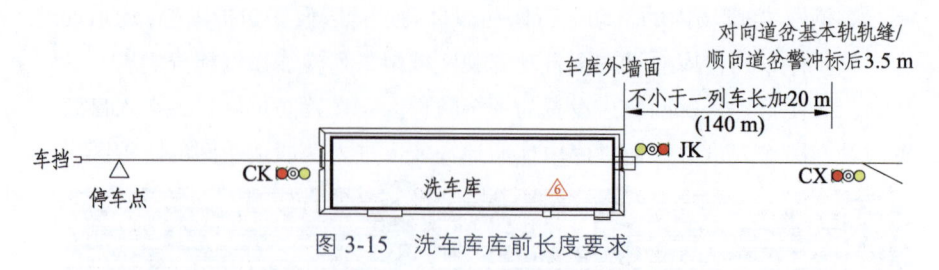

b. 出库侧外墙面距车挡迎车面的距离应不小于一列车长加 35 m（即 155 m），如图 3-16 所示。

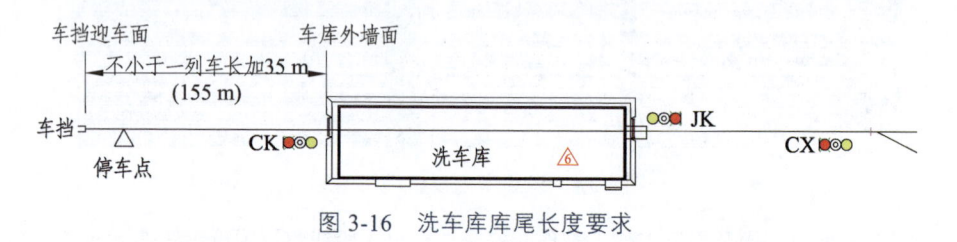

图 3-16 洗车库库尾长度要求

（3）车辆段门禁。

全自动驾驶区在停车列检库地下通道去往地面每两股道中间的防护区的入口处各设置门禁 1 处，在出入段线终点附近地下通道去往地面出入段线自动化驾驶区域的入口处设置门禁 1 处，车辆段门禁专业在车辆段考虑设置门禁点 11 处。

（4）站台门。

全自动运行模式下，站台门除了常规线路具有的功能外，还需增加与车门的对位隔离功能、语音播报功能、与车门间隙的自动防夹功能，与信号系统采用网络接口。

① 对位隔离功能。

全自动无人驾驶系统具有车门/滑动门故障隔离功能，当个别滑动门故障隔离时，站台门系统通过网络接口将故障信息传送至信号系统，信号系统将此信息转发至车辆，列车进站停稳后，发送命令打开车门及站台门，故障滑动门及对应的车门不打开；反之，当个别车门故障隔离时，列车进站停稳后，ATO 发送命令打开车门及站台门，故障车门及对应的滑动门不打开。

② 语音播报功能。

站台门每个滑动门单元设置语音播报装置，当滑动门对位隔离时，触发语音播报，提醒乘客此门故障，选择其他单元门乘车。

③ 与车门间隙的自动防夹功能。

在 GoA4 级全自动驾驶条件下，列车在车站站停时间结束后可实现车门的自动关闭和自动发车，并应设置站台门与车辆轮廓线之间间隙的自动防夹装置，自动防夹装置一旦检测到乘客或物体夹在站台门与车辆轮廓线之间，就会让列车保持在制动状态。避免乘客或物品夹入站台门与车辆轮廓线之间的间隙，以达到安全运营的目的。

自动防夹设备的安全等级不低于 SIL2 级。

④ 再关门控制。

本工程预留了 GOA4 级无人驾驶的站台门再关门控制功能，在站台区域设置了再关门按钮。当站台门连续三次不能关闭后，由站务员按压在站台设置的再关门按钮来关闭站台门。

（5）智慧行车。

① 车辆信息。

智慧行车专业需采集列车及其关键系统实时运行状态及维护数据，智慧行车增加与信号专业接口内容，接口方式与常规线路基本相同，都在控制中心进行接口。

② TACS 已明确了车辆与地面烟火信息联动的 GoA4 级功能需求。本功能旨在列车运行过程中车辆内部发生火灾时，车载设备将车火灾信息推送到地面 OCC，在行调、电调工作站显示 FAS 报警信息，系统按照一定的规则完成相应的处理。

（6）对运营的影响。

青岛地铁 6 号线采用列车自主运行系统（TACS）及 GoA4 级全自动运行（UTO）模式对运营组织变化较大。

青岛地铁 6 号线列车自主运行系统按 UTO 无人值守的全自动运行模式组织运营，车辆段将采用与正线相同的设备配置。根据运营目标，确定运营管理模式和岗位设置，制定正常运营、非正常运营和紧急情况的作业流程。

第二篇 列车自主运行原理

① 控制中心。

控制中心考虑设置车辆段行车调度席位，控制中心可以控制车辆段行车（调车或列车进路）。

TACS 模式下，除了多了一种列车自主 ATS 控制模式外，中央调度员的操作与传统 CBTC 保持一致，需人工为故障列车排列进路入存车线等，让故障列车快速退出运营。

② 车辆段。

车辆段采用全自动化车辆段，系统支持早晨的唤醒作业以及夜间的休眠作业。在车辆段内的作业主要有列车出入车辆段的作业、车辆段内的调车作业、试车线的试车作业、车辆段的洗车作业及其他作业。

车辆段分为自动控制区域及非自动控制区域（即有人区及无人区）。停车例检库、牵出线、试车线、咽喉区域、洗车线及它们之间的行车线路为无人区，需要布置无源应答器、满足车地无线的覆盖要求，遵循无人区的管理原则。其他如检修库、工程车库等股道及线路为有人区。

车辆段综合楼调度员取消或与 DCC 车场调度合并，DCC 设置车辆段行车调度终端，可本地控制车辆段行车。

车辆段调度员通过车辆段的工作站指挥车辆段内的行车作业。车辆段设有派班工作站，派班室工作人员可以根据当日的正线用车需求（时刻表），车辆段的库线的停车情况、用车情况生成派班计划，并将派班计划发给中央 ATS。

车场调度员负责在车场运转库内管理列车、司乘人员，派班，维修。出入库时，车场调度员需要为司乘人员派班，配合司乘人员进行股道 SPKS 保护。出入车时，车场调度员需为司乘人员派班，配合司乘人员进行股道 SPKS 保护。

③ 司机。

司乘人员通过监视或操作车载设备（包括车辆、车载 ATP、ATO），自动或手动驾驶列车行车。

TACS 模式下 FAM 模式时不需任何操作，非 FAM 模式时按照正常的系统操作流程驾车。

④ 车站值班员。

车站调度员通过设备集中站的现地控制工作站实现对列车的正常控制和

特殊控制。站控及紧急情况下 IBP 操作，与传统 CBTC 保持一致。

⑤ 运营场景。

根据 TACS 详细方案设计制定运营场景文件，根据运营场景细化运营规则。

（7）对线路、轨道的影响。

正线存车线、折返线长度已按照全自动运行列车的保护区段预留了长度，对线路（走向、平纵断面、转弯半径）、人防、轨道等无影响。

（8）对机电系统方面的影响。

对自动扶梯与垂直电梯、环控系统、通风、空调、给排水与消防系统等机电系统无影响。

（9）对 FAS、BAS、AFC、安防等其他弱电的影响。

对 FAS、BAS、AFC、安防等其他弱电专业无影响。

（10）对通信专业的影响。

列车自主运行系统（TACS）所需的车地通信 LTE 网络由信号系统自建，故对通信专业无影响。

（11）对车站建筑、结构专业的影响。

列车自主运行系统（TACS）信号生产用房较常规线路有所减少，车站建筑、结构专业按照 TACS 要求进行设计即可，目前暂时对车站建筑、结构专业无影响。

3.8.4　列车驾驶模式

列车运行模式的基本原则是采用无人值守模式，系统正常条件下的自动驾驶模式为 UTO 模式。列车具备以下六种主要驾驶模式：

全自动运行模式——FAM 模式；

列车自动驾驶模式——AM 模式；

列车自动防护下的人工驾驶模式——CM 模式；

蠕动驾驶模式——CAM 模式；

限制人工驾驶模式——RM 模式；

非限制人工驾驶模式——EUM 模式；

（1）全自动运行模式（FAM）。

FAM 模式为在连续式通信控制级别下由 ATP 监控的列车全自动运行模式。在该模式下，ATP 子系统保证列车的运行安全，ATO 子系统实现在正线、车辆段自动控制区域内的列车全自动运行。在 FAM 模式下具备自动进/出站、自动开/关门、自动换端折返、自动唤醒/休眠等功能。

（2）列车自动驾驶模式——AM 模式。

AM 模式为 ATP 监控下的列车自动运行模式。在该模式下，ATP 子系统保证列车的运行安全，ATO 子系统实现列车在区间的自动运行、调整以及定位停车控制等。在 AM 模式下应具备以下三种开关门模式：

① 自动开车门，人工关闭车门；

② 人工开车门，人工关闭车门；

③ 自动开车门，自动关车门。

（3）列车自动防护下的人工驾驶模式——CM 模式。

CM 模式为 ATP 监控下的人工驾驶运行模式。在该模式下，ATP 子系统确定列车运行的最大允许速度，综合运营人员按推荐速度驾驶列车运行，ATP 子系统实现列车自动防护的全部功能。综合运营人员人工控制列车在站台停车。在 CM 模式下可仅具备人工开/关门模式。

（4）蠕动驾驶模式——CAM 模式。

蠕动驾驶模式（CAM）为车辆与列控车载设备通信故障时的应急模式。需在中心人工确认后，列控系统才能启动蠕动模式。列车以蠕动模式运行时，车载 ATP 监控列车以不超过 25 km/h 的速度全自动运行，当列车以蠕动模式进站自动停车后，应施加紧急制动以防止列车移动，并于停站后自动打开对应侧车门，等待人工处理。

（5）限制人工驾驶模式——RM 模式。

在 RM 驾驶模式下，车载 ATP 限制列车在某一固定的低速之下运行，综合运营人员根据调度命令和地面信号显示驾驶列车，列车运行超速时，车载 ATP 设备实施紧急制动，直至停车。RM 驾驶模式下，应对车门状态进行防护，须经过特殊授权手续方可开门。列车运行的安全由 OC 设备、ATP 车载设备、调度人员、综合运营人员共同保证。

（6）非限制人工驾驶模式——EUM 模式。

EUM 驾驶模式下，列控车载设备处于切除状态而不监控列车的运行，综合运营人员根据调度命令和地面信号的显示驾驶列车。列车运行的安全由 OC 设备、调度人员、综合运营人员共同保证。

3.9 大屏幕显示系统配置方案

控制中心中央大屏幕显示信息区主要分为 TACS 列控、智慧行车和闭路电视监视信息，以满足中央调度人员对全线 TACS 列控系统、CCTV 画面、AFC 客流、供电系统、车站环控和隧道通风等系统的运作状况进行监视的功能需求。

考虑到本线控制中心与地铁 1、7、12、13 号线及一条预留线共用，由 1 号线负责控制中心的建设，因此 1 号线控制中心工艺的布置将影响本线大屏幕显示系统配置的方案。目前 1 号线控制中心工艺暂定按各线大屏幕显示系统 4 行 8 列的方案配置。

本次设计大屏幕显示系统配置方案与 1 号线控制中心工艺布置方案一致：中央显示大屏由 32 块高清比例为 16∶9 的 DLP 屏分 4 行 8 列拼接而成。

3.10 备用控制中心屏幕显示系统配置方案

备用控制中心屏幕显示系统由室内全彩小间距 LED 显示屏、管理工作站（含显示器）、LED 控制器、图像拼接处理器、屏幕控制管理软件、配套设备以及电源系统等部分组成。LED 显示系统的显示信息及图画分别由供电系统、列控系统、通信系统和智慧运行系统负责提供。

室内全彩小间距 LED 显示屏尺寸为 1.2 m×6 m，物理像素间距不大于 1.3 mm，LED 寿命不小于 10 万小时，显示屏比例为 16∶9。

3.11 信号机显示及设置方案

3.11.1 信号机显示方案

正常运行模式下，正线室外信号机常态点灯，当 TACS 列车接近时信号机的显示应与列车进路及移动授权保持一致，列车主要凭移动授权行车。降级模式下，当故障列车接近时，信号机按照进路条件开灯，司机以信号灯显示行车；线路终端阻挡信号机常点红色灯光；联络线入口处的道岔防护信号机显示原则点"红、绿、红+黄灯"；其他正线信号机显示原则点"红、绿、红+黄灯"。

连续式通信（TACS）控制级别信号机的显示及含义如下：TACS控制区域信号机显示为点灯，TACS列车按移动授权控制列车运行。

3.11.2 正线信号机设置

（1）原则上正线信号机的设置如下：

① 道岔防护信号机。

② 在每个车站出站方向设出站信号机，若出站信号机内方有道岔，则出站信号机兼作道岔防护信号机。

③ 长区间降级模式下为满足必要的追踪间隔设置区间分界点信号机。

④ 出车辆段（入正线）信号机。

⑤ 折返进路终端设置阻挡信号机。

⑥ 线路尽头设置阻挡信号机。

（2）道岔防护信号机、出站信号机兼作道岔防护信号机，采用黄、绿、红三灯位信号机构，红灯显示为定位，其显示及意义如下：

① 绿色灯光——表示进路开通直向，准许列车按规定的速度越过该信号机。

② 黄色灯光——表示进路开通侧向，准许列车按规定的限制速度越过该信号机。

③ 红色灯光——不准列车越过该信号机。

④ 黄色灯光+红色灯光——表示开放引导信号，准许列车以不大于规定的速度（如25 km/h）越过该信号机并随时准备停车。

（3）出站信号机、区间分界点信号机及折返进路终端设置的阻挡信号机采用黄、绿、红三显示机构，红灯为定位显示，其显示及含义如下：

① 绿色灯光——表示进路开通直向，准许列车按规定的速度越过该信号机。

② 红色灯光——不准列车越过该信号机。

③ 黄色灯光+红色灯光——表示开放引导信号，准许列车以不大于规定的速度（如 25 km/h）越过该信号机并随时准备停车。

④ 线路尽头设阻挡信号机，线路终端的阻挡信号机采用黄、绿、红三显示（封黄、绿灯位）机构，该信号机永远显示红色灯光，不准列车越过。

3.11.3　车辆段信号机设置

（1）车辆段信号机的设置如下：

① 进段信号机。

② 在停车列检库前及咽喉区设置出库、总出库、入库列车兼调车信号机。

③ 在停车列检库内两列位中间起列车阻挡作用的列车兼作调车信号机。

④ 在库外线路尽头设置单红灯阻挡信号机。

⑤ 其他地点根据需要设置调车信号机。

（2）进段信号机采用黄、绿、红三灯位信号机构，绿灯封闭，红灯为定位显示。其显示及意义如下：

① 黄色灯光——准许列车按规定的速度越过该信号机进入段。

② 红色灯光——不准列车、调车越过该信号机。

③ 黄色灯光+红色灯光——表示开放进段引导信号，准许列车以不大于规定的速度越过该信号机并随时准备停车。

（3）出库、总出库、入库及停车列检库前列车兼作调车信号机，采用黄、月白、红三灯位的信号机构，红灯为定位显示。其显示及意义如下：

① 黄色灯光——准许列车按规定的限制速度越过该信号机运行。

② 月白色灯光——准许列车按规定的速度越过该信号机进行调车作业。

③ 红色灯光——不准列车、调车越过该信号机。

（4）列车兼调车信号机，采用黄、月白、红三灯位的信号机构，红灯为定位显示。其显示及意义如下：

① 黄色灯光——准许列车按规定的限制速度越过该信号机运行。

② 月白色灯光——准许列车按规定的速度越过该信号机进行调车作业。

③ 红色灯光——不准列车、调车越过该信号机。

（5）单红灯阻挡信号机，采用红灯单灯位的信号机构，红灯为定位显示。其显示红色灯光——不准列车、调车越过该信号机。

（6）调车信号机。

① 采用月白、蓝两灯位的信号机构，蓝灯为定位显示。其显示及意义如下：

a. 月白色灯光——准许列车按规定的速度越过该信号机进行调车作业。

b. 蓝色灯光——不准越过该信号机进行调车作业。

② 采用红、月白两灯位信号机构，红灯为定位显示。其显示及意义如下：

a. 月白色灯光——准许列车按规定的速度越过该信号机进行调车作业。

b. 红色灯光——不准越过该信号机。

3.12 防雷及接地方案

（1）技术规范。

本工程的防雷接地工程需满足以下规范要求：

①《铁路信号设备雷电及电磁兼容综合防护实施指导意见》铁运〔2006〕26号文；

②《铁道信号设备雷电电磁脉冲防护技术条件》（TB/T 3074—2017）；

③《建筑物电子信息系统防雷技术规范》（GB 50343—2012）。

（2）防雷接地方案。

列车自主运行系统的防雷和接地工程，是确保人身安全，有效降低雷电过电压对TACS及其他专业接口设备带来的侵害的重要手段，是TACS专业的一项重点工作。本工程列车自主运行系统防雷接地方案的实施情况如下：

① 车站、控制中心、备用控制中心、试车线、车辆段列车自主运行系统室内设备接地采用综合接地方式。将建筑物环形接地体、建筑物基础地网及变压器地网相互连通，组成综合接地网。

如站内有多个建筑物时，应使用水平接地体将各建筑物的地网相互连通，形成封闭的环形结构。由动照专业在各信号设备室设接地盘（室外与综合接地网连接），并设置相应数量接地端子，接地端子处的接地电阻值应≤1Ω，室内各种设备的地线均采用星型方式接至该接地端子板。

② 列车自主运行系统为弱电系统，遭遇雷电感应或雷击时信号设备容易

被损坏，因此，全线（包括地下及高架段）列车自主运行系统设备对可能造成损坏的外线接入点均应提供可靠的浪涌保护装置，以保证系统的安全性、可靠运行。列车自主运行系统设备按有关设计规范在电源设备馈线、信号传输线路等设置防雷装置进行相应防护。设信号防雷柜，所有从室外进入设备室的线缆将首先接入防雷分线柜，再在信号配电箱和电源屏之间设置电源引入防雷箱。

③ 全线区间及车站（包括地下及高架）的室外轨旁列车自主运行系统设备的地线接至区间接地体，区间接地体由通信专业设置，并接至站内综合接地网，电缆屏蔽均在车站信号设备室内接地。

④ 车辆段室外列车自主运行系统设备分散，未设贯通地线的区段，无法设置综合接地系统，室外列车自主运行系统设备可采用分散接地的方式，位置较近的信号设备可以做等电位连接并共用接地极，接地电阻应≤4Ω。

⑤ TACS车载设备接地由车辆专业提供。

3.13 工程分期实施方案

本次工程为6号线一期工程（灵山湾站—横云山路站）段，6号线二期工程将从灵山湾站延伸至青西站。考虑6号线分期实施，因此本工程设计应充分考虑二期工程的预留，以减少二期工程实施时对运营的影响，并节省后期工程投资费用，缩短工期。本次工程系统的设计、设备配置、设备集中站的划分等均需考虑二期工程的预留要求。具体方案如下：

（1）本工程一期工程、二期工程采用一个完整的ATS控制系统，采用一套ATS中心设备控制。设备安装可在本工程全部完成，二期工程实施时硬件设备无须增加，仅需对系统软件进行升级替换，将二期工程纳入其监控范围。

（2）本工程一期工程、二期工程的OC设备在设备集中站的划分上需考虑分期开通的要求，二期工程单独设置设备集中站，以减小二期工程实施时对运营线路的影响。

（3）本工程一期工程、二期工程采用一套无线通信网络，本工程一期工程设置轨旁通信控制服务器，容量按控制全线考虑。

3.14 线路运营能力分析

（1）能力分析基础参数。

① 线路条件。

线路条件依据线路专业提供的线路平纵断面图，包括线路的平纵断面图、坡度表、车站表和线路曲线表。

主要技术参数与技术指标参看第 4.3 节的基础参数。

② 车辆条件。

车辆采用标准 B 型车，6 辆编组。能力仿真使用的主要技术参数如表 3-5 所示。

表 3-5 车辆参数

项目	仿真条件	备注
列车长/m	120	6 辆编组
启动加速度/(km/h)	0.95	速度范围 0~36 km 平均值
平均加速度/(km/h)	0.5	速度范围 0~80 km 平均值
最大常用制动减速度/(m/s^2)	1.0	
紧急制动减速度/(m/s^2)	1.2	

③ 与列车运行相关技术参数的取值如表 3-6 所示。

表 3-6 列车运行参数

项目	仿真条件	备注
车载设备响应＋空走时间/s	2	—
信号车载设备测速误差	2%	—
信号车载设备定位误差	2%	—
有道岔转动的进路建立时间/s	13	—
无道岔转动的进路建立时间/s	6	—

列车最高运行速度为 100 km/h，行车、限界和车辆专业明确其设计构造速度的最大瞬时值可达到 110 km/h，本次设计牵引计算考虑 ATO 限速取值 100 km/h。

④ 列车停站时分如表 3-7 所示。

表 3-7 6 号线列车停站时间

序号	车站	停站时分/s	序号	车站	停站时分/s
1	灵山湾站	30	12	奋进路站	35
2	辛屯站	35	13	青大附院西海岸院区站	30
3	华山站	35	14	港头站	35
4	星海滩路站	30	15	薛家泊子站	35
5	赵家庙（影视产业园）站	30	16	马家楼站	30
6	毛家山（黄海学院）站	30	17	抓马山站	30
7	西门外站	30	18	青岛九中（幸福小镇）站	30
8	北门外站	30	19	河洛埠（中德生态园）站	30
9	峨眉山路站	35	20	山王河（福莱社区）站	35
10	九顶山站	30	21	横云山路站	30
11	钱塘江路（青职学院）站	30	合计		665

⑤ 列车运行交路。

初期是灵山湾站至横云山路站的交路。

（2）运营能力分析。

① 行车间隔。

正线车站间设计行车间隔如表 3-8 所示。

表 3-8 正线车站间设计行车间隔

上行区间	运行时分/s	牵引耗电量/(kWh)	下行区间	运行时分/s
灵山湾—辛屯	74	16.8	横云山路-山王河（福莱社区）	84
辛屯—华山	74	38.78	山王河（福莱社区）—河洛埠（中德生态园）	78

续表

上行区间	运行时分/s	牵引耗电量/(kWh)	下行区间	运行时分/s
华山—星海滩路	75	14.08	河洛埠（中德生态园）—青岛九中（幸福小镇）	102
星海滩路—赵家庙（影视产业园）	108	38.97	青岛九中（幸福小镇）—抓马山	84
赵家庙（影视产业园）—毛家山（黄海学院）	75	31.88	抓马山—马家楼	91
毛家山（黄海学院）—西门外	79	26.75	马家楼—薛家泊子	88
西门外—北门外	76	39.29	薛家泊子—港头	97
北门外—峨眉山路	113	26.6	港头—青大附院西海岸院区	118
峨眉山路—九顶山	100	38.02	青大附院西海岸院区—奋进路	65
九顶山—钱塘江路（青职学院）	91	22.98	奋进路—钱塘江路（青职学院）	85
钱塘江路（青职学院）—奋进路	88	47.07	钱塘江路（青职学院）—九顶山	88
奋进路—青大附院西海岸院区	64	27.97	九顶山—峨眉山路	98
青大附院西海岸院区—港头	117	29.84	峨眉山路—北门外	113
港头—薛家泊子	98	30.34	北门外—西门外	75
薛家泊子—马家楼	89	30.43	西门外—毛家山（黄海学院）	80
马家楼—抓马山	93	38.67	毛家山（黄海学院）—赵家庙（影视产业园）	74
抓马山—青岛九中（幸福小镇）	86	49.03	赵家庙（影视产业园）—星海滩路	110
青岛九中（幸福小镇）—河洛埠（中德生态园）	101	28.62	星海滩路—华山	75
河洛埠（中德生态园）—山王河（福莱社区）	80	39.02	华山—辛屯	72
山王河（福莱社区）—横云山路	83	29.06	辛屯—灵山湾	74
总计	1 764	644.20	总计	1 751

从以上仿真计算结果可以看出，6号线线路运行能力可以满足120 s的运营行车间隔的要求。

② 列车旅行速度。

青岛地铁6号线一期工程采用灵山湾站至横云山路站的交路运行。

一期技术指标：

列车旅行速度：上行44.20 km/h，下行44.05 km/h。

③ 折返能力。

a. 灵山湾站。

灵山湾站为6号线一期起点站，其被布置为地下岛式车站，利用站后折返线进行折返作业。车站远期停站时间30 s。

灵山湾站作为折返站使用时，其折返作业过程为：正常情况下，下行到达列车进车站Ⅰ道停车，在Ⅰ道办理完下客作业后，以ATO自动驾驶模式进入Ⅲ道折返，之后进入车站Ⅱ道办理上客作业，并转换车号，变为上行列车，向横云山路站方向发车。

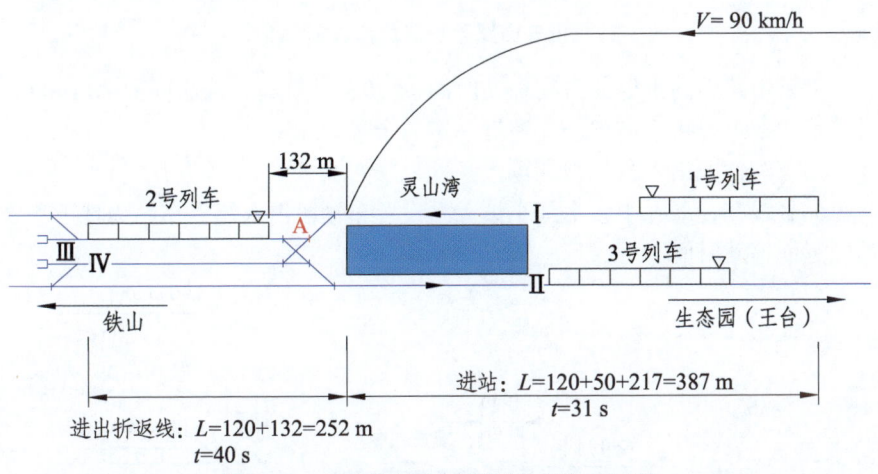

图3-17 灵山湾站折返过程各项作业时间

灵山湾站的折返作业由接车作业、发车作业和列车在站后折返作业三部分组成。在停站时间按30 s计算时，列车在灵山湾站的接车作业时间为103 s，站后咽喉折返时间为108 s，发车作业时间为104 s。车站能力受折返能力制约，最小间隔为108 s，可满足一期工程折返需求，并留有一定的余量。

b. 横云山路站

横云山路站为 6 号线一期工程终点站，其被布置为地下岛式车站，采用站前单侧折返。车站远期停站时间 30 s。

横云山路站作为折返站使用时，其折返作业过程为：正常情况下，上行到达列车进车站Ⅰ道停车，在Ⅰ道办理上客与下客作业，转换车号，变为下行列车，向灵山湾站方向发车。

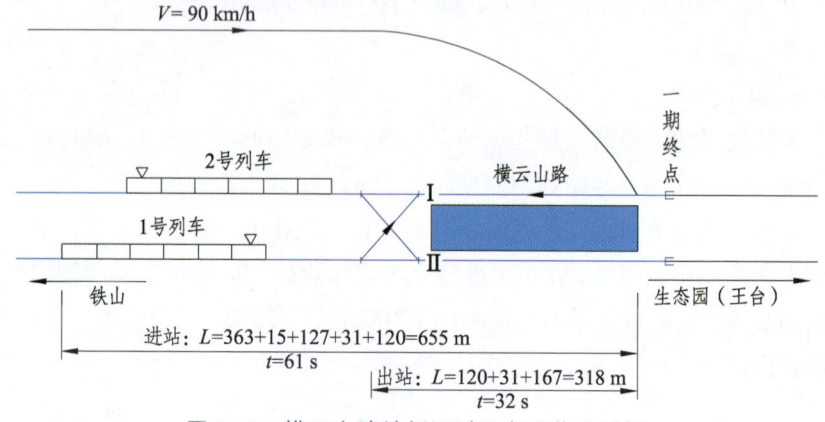

图 3-18　横云山路站折返过程各项作业时间

横云山路站的折返能力在停站时间按 30 s 计算时，最小间隔为 140 s，可满足一期工程折返需求，并留有一定的余量。

（3）车辆段出入段能力计算。

6 号线在青岛九中（幸福小镇）站设置车辆段出入线，车站为地下岛式站，远期停站时间 30 s。

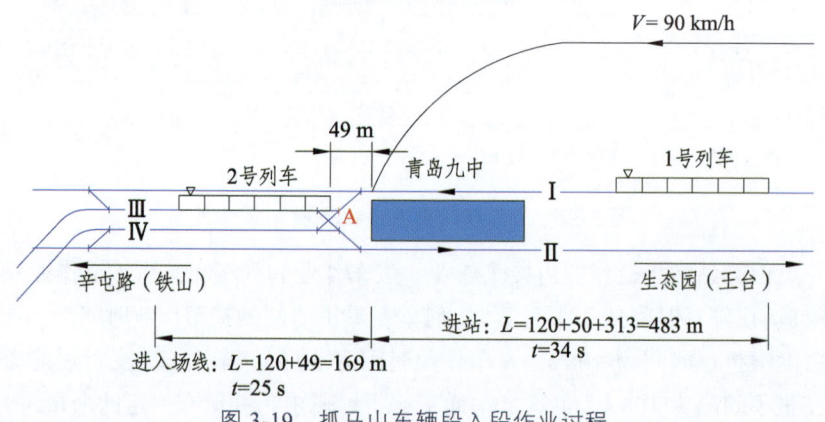

图 3-19　抓马山车辆段入段作业过程

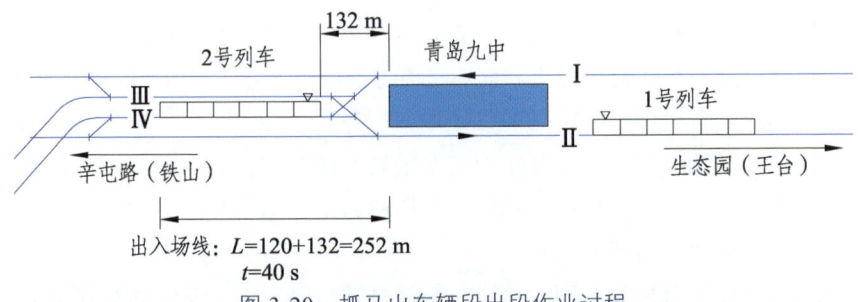

图 3-20 抓马山车辆段出段作业过程

经计算，抓马山车辆段入段、出段间隔时间分别为 106 s 和 104 s，可实现系统最小行车间隔 120 s 的连续收发车作业，满足系统能力要求。

3.15 系统运营控制方式

3.15.1 正常情况下控制模式

（1）列车进路控制。

ATS 子系统对列车进路的控制包括：

① 自动控制。

② 人工控制。

正常情况下，ATS 系统将列车运行图/时刻表信息发给列车，监督列车在线运行。当运营列车发生故障时，中心调度员可人工介入控制，通过办理进路并下发给管理员的方式，实现对故障列车的控制。

中心调度员和车站及车辆段值班员可通过各自的控制工作站实现列车进路的人工控制。主要控制内容包括：

① 变更计划运行图/时刻表。

② 设置和取消进路。

③ 实时发出进路指令。

④ 设置扣车、提前发车、跳停指令。

⑤ 设置道岔单操、单锁/单解、轨道（封锁）关闭/取消等指令。

⑥ 设置和取消临时限速指令。

（2）列车运行调整。

ATS 对列车运行的调整分为自动调整和人工调整。

当列车的实际运行与计划时刻表发生较小偏差时，ATS 自动调整列车运行计划并控制列车运行至正点状态，调整的手段包含：修改车站的停站时间、改变列车的运营等级、等间隔调整计划。

当列车的实际运行与计划时刻表发生较大偏差时，ATS 产生报警，调度员可以下发时刻表重决的命令，由 ATS 自动为同一运行交路上的列车重新匹配班次，恢复列车运营。

ATS 具有运营冲突管理的功能，能够自动检测大、小交路列车在交汇点的运营冲突，通过预先设置的调整策略（包括但不限于：先到先服务、时刻表优先）控制列车顺序通过交汇点。

当因列车发生故障等原因造成运行大规模紊乱时，ATS 子系统能提示调度员进行人工调整。人工调整的内容主要包括：

① 站停时分调整（含扣车和提前发车作业）。

② 增、减列车。

③ 列车始发、终到站变更等。

④ 修改运营等级。

⑤ 提前发车。

⑥ 扣车/取消扣车。

⑦ 跳停/取消跳停。

（3）列车站间运行及车站定点停车。

列车在移动授权终点前方停车。系统判断列车在区间运行时，由 ATP 限制不能打开车门，若车门错误打开，则 ATP 报警并强迫列车停车。ATO 的停车控制功能可保证移动授权的停车点。区间停车后，在 ATP 允许列车运行时，ATO 自动控制列车启动。

列车 ATO 依靠车站精确定位装置控制列车制动，使其准确、平稳地停在设定的停车位置，停车精度误差不大于 ±0.3 m。在 ATC 系统控制列车运行的情况下，列车在站台停稳、并进入规定的停车范围、欲开启车门的方位（左门或右门）正确时，ATP 给出允许开左门或右门的指令，ATO 子系统控制允许相应的车门自动打开或向司机提示应该开启的车门。

无论是区间停车还是进站定点停车，ATO 均应保证控制的舒适度、停车过程的快速性。

为适应区间限速或临时限速运行，ATO 应具有速度调整、惰行、恒速度控制、定时控制、接受 ATS 控制指令，改变列车运行工况等能力，通过经济运行、速度调整和正点行车，列车自动根据跑图的早晚点情况调整 ATO 运行。

列车在车站站台停车误差超过 ±500 mm 时，ATP 子系统将实施保护，不允许打开车门，并给出表示。

（4）车站发车。

车站停车时间结束时，车载设备自动关闭车门，并命令 OC 关闭站台门，车门、站台门全部关闭后，列车根据时刻表自动计算移动授权，ATO 自动发车；若车门或站台门不能关闭，列车产生报警提示调度人员、司机干预。

（5）行车折返。

列车自动折返由 ATO 自动控制，并接受 ATP 监控。

UTO 模式下，列车自动完成折返的资源申请、移动授权、ATO 行驶、换端、对站等一系列操作。

在站停车时间结束，列车自动启动，保证系统安全的情况下，ATO 控制列车以线路允许的最高速度驶入折返线并在预定的停车点停车，停车后由列车自动完成方向切换、控制道岔扳动到位并建立折返后的移动授权，列车自动启动，自动由折返线驶入新站台线并在预定的停车点停车，完成折返作业。

（6）试车线作业控制。

为了对车载设备进行动态试验，经试车线控制室提出请求，车辆段综合楼内控制室同意并办理相应的联锁控制，并在试验列车进入到位后，将试车线控制权交予试车线控制室。通过试车线控制室设备，对车载 ATC 设备进行 ATP、ATO、车-地通信、驾驶模式间的转换等功能试验。试车完毕后，车辆段控制室收回对试车线的控制权。

（7）出入库。

ATS 根据正线计划以天为单位生成在线出入库计划，出库计划通常包括发车时间、派车进路、运营进路（正线时刻表）等。等待上线的列车根据出库计划依次以车控方式出库，对于某列车来说，其出库过程为：发车时间到后，ATS 为其排列到运营进路上第一个服务站台的派车进路，列车运行到第一个服务站台后自动匹配出库计划指定的运营进路（正线时刻表），并开始按照正线的时刻表运营，至此列车完成出库过程。

按照计划需要退出正线运营的列车停靠在清客站台后，ATS 按照入库计划将列车排列到泊位库进路。操作员人工指定的需要退出正线运营的列车停靠在清客站台后，ATS 为列车排列到操作员指定的泊位的进路。列车按照进路（移动授权）移动到指定的泊位后停车，完成列车的入库过程。

（8）车辆段行车。

车辆段自动化区信号控制方式与正线一致，为自动化车辆段，TACS 列控系统对出入库列车进行 ATP 安全防护，并具备所有正线列车运行模式。

车辆段全自动控制区域可自动或人工控制，非自动控制区域仅可人工控制。

车辆段既支持自动调车进路，也支持人工调车进路。ATS 支持车辆段调度员办理调车进路。

3.15.2 故障情况下的控制模式

列控系统具有高的安全性和可靠性，凡涉及行车安全的设备必须满足故障-安全的原则，主要行车设备的计算机系统应采用多重冗余技术。主用设备故障时能够自动切换至备用设备，并给出相应的报警信息；主用设备正常，备用设备故障时，也应给出相应报警信息。主、备设备之间的转换应确保系统的连续性。但在特殊情况下，系统可降级运营，直至设备故障排除。

（1）ATS 子系统故障下的控制方式。

本工程设置中央 ATS 和备用 ATS 服务器，中央 ATS、备用 ATS 各自是双系冗余热备的系统，设备冗余的丧失（包括应用/通信服务器、数据库服务器、通信前置机冗余丧失等）不会影响系统的正常运营服务。

调度工作站都可以根据登录权限执行相关操作，任意一台工作站均能实现运营调度功能。单个调度工作站故障时，调度人员可以使用用户名/密码在其他的调度工作站登录。

主备 ATS 之间数据与状态实时同步，当控制中心由于电源故障或通信网络故障导致中心 ATS 完全瘫痪或应用/通信服务器、数据库服务器、通信前置机等设备完全故障时，将自动转为正线集中站的备用 ATS 服务器控制。在备用服务器调度员接过控制之前，中心自动进路或 OBC 自主进路的列车运行将不受影响，继续以 TACS 模式自主运行；中心人工进路运行的列车将不能办理后续运行进路，在备用服务器值班员接过控制权后，继续为人工进路列车办理进路。

极端情况下，中央 ATS、备用 ATS 全部故障，列车处于列车自主进路模式时，列车运行虽不受影响但调度员无法监控线路状态，短时间内应尽快恢复中央 ATS、备用 ATS 设备。

（2）OC 故障。

OC 及其 I/O 具备冗余，采用 2 乘 2 取 2 架构，单系故障不影响正常运行。

OC 的 I/O 点位或对应的轨旁设备完全故障时，系统无法对其实行监控，此时需尽快恢复故障，人工确保行车所需的安全状态，列车的移动授权可能受其影响，但行车资源交互不受影响。

OC 完全故障或其通信通道完全故障时，车车通信模式下系统将丢失资源登记、地面设备驱动采集功能。管理员及关联通信列车通过检查 OC 的心跳状态并识别该故障后，将持有的资源清空并触发制动停车。此时只能人工确保行车安全。

（3）车载设备故障。

① 资源管理模块故障。

资源管理模块故障时，故障车应清空本车持有资源并施加紧急制动，之后将本车降级到联锁控车模式，由 ATS 通过人工进路命令支持列车行车。

② 通信故障。

列车的通信故障等同于资源管理模块故障。

③ ATP 模块故障。

ATP 模块故障后，自动降级，乘务（司机）人工目视地面信号行车，由 ATS 通过人工进路命令支持列车行车。

④ ATO 模块故障。

车载 ATO 设备发生故障，列车应按 CM 模式运行。

（4）工程车管理。

工程车需要进入线路时，联锁防护由管理员实施，ATS 调度员排列人工进路，工程车需看灯、按调度指挥以联锁防护行车。TACS 列控系统按混合运营的非装备、非通信列车运行原则防护。

（5）列车救援管理。

列车救援遵循地铁电客车救援流程，支持开展以下几种救援方式：

工程车在联锁防护下接近故障区段，并在调度指挥下联挂故障列车。工程车在联锁防护下拖动故障列车完成清客和退出运营。

清客或不清客的临近载客电客车，运行至列车持有的资源边界，在调度指挥下以 RM 模式接近联挂故障列车，调度员对故障列车和救援列车分别排列至同一目的地的人工进路，救援列车拖动故障列车完成清客和退出运营。经过救援列车清扫，使得故障列车的资源重新释放并能够正常移交。

调度人员关闭故障列车所在区间及站台轨道，指挥乘客疏散至就近站台后，由工程车或电客车完成列车救援工作。

（6）降级模式。

列车故障，管理员需要执行非通信列车追踪、非通信车行车资源回收、非通信车进路防护功能。

系统支持对故障列车的防护。管理员对故障列车的进路进行防护，原则等同于正常列车进路，以和正常列车相同的方式与其他列车交互行车资源，区别在于进路解锁时的资源释放是根据计轴占用情况来确定解锁和释放的时机。

中央 ATS 办理故障列车进路：调度员可以在工作站人工或自动办理故障列车进路，进路命令由 ATS 服务器发送给管理员，管理员执行该进路命令，为故障列车提供固定闭塞的进路防护。

本项目中管理员职能由 OC 承担。管理员可以为非通信车提供进路防护功能。

① 系统正常时采用 TACS 级别，正常列车以列车自主进路及防护的方式按移动闭塞方式运行。该级别下，系统支持地面区域性无线故障或单车通信故障下的全系统混合运行，正常列车在通信正常区域仍以正常方式（TACS）行车。故障降级行车又可分为：

区域降级运行（无线网故障导致的区域性无法通信时，包括全线无线故障时全线降级运行）：所有列车在故障区域以固定闭塞原理降级运行，降级列车受管理员防护；

单车降级运行（某一列车无法自主防护并以移动授权行车时）：降级列车以固定闭塞原理运行。

② 当轨旁 OC 故障时采用区域人工调度级别，由 ATS 调度员人工调度，司机在车载防撞系统辅助下人工行车，行车安全由运营管理制度及 ATS 调度员、司机人工保证。

3.16 系统指标评估及分析

青岛地铁 6 号线所采用的列车自主运行系统（TACS）是保障行车安全，实现快速、便捷、舒适运输服务理念的关键设备，必须满足可靠性、可用性、安全性、可扩展性、可维护性的指标要求。

3.16.1 可靠性的评估办法

（1）可靠性的概念及定义。

① 可靠性：指产品在规定的条件下，在一定的时间范围内，完成规定功能的能力。

② 可靠度：指产品在规定的条件下，在一定的时间范围内，完成规定功能的概率。

③ 故障：指产品失去完成规定功能的状态。

④ 失效：指产品失去完成规定功能的能力。

⑤ 平均无故障时间：指平均没有故障发生的间隔时间。

⑥ 平均无服务故障间隔时间：指平均没发生影响列车运行的故障间隔时间。

⑦ 固有可靠性：设计和制造赋予系统（或产品）的内在可靠性，是产品固有的属性。

⑧ 使用可靠性：考虑了使用、环境、维修等综合因素系统（或产品）的可靠性。使用可靠性值的度量包括产品设计、质量、安装、使用、环境、维修的综合影响。

⑨ 任务可靠性：完成规定功能的能力。

⑩ 基本可靠性：指产品在规定的条件下，无故障的时间和概率，它反映产品对维修人力的要求。

⑪ 使用寿命：指产品在规定的条件下，从规定的时刻起，至失效频度不可接受或产品故障不可修复时止的时间区间。

（2）系统可靠性评价指标。

系统的可靠性高低由两个指标来衡量，平均无故障运行时间（MTBF）及平均故障恢复时间（MTTR），系统的高可靠性是系统能长期不间断运行的先决条件。

由可靠性定义可知，可靠性是产品完成正常工作的能力。从时间的角度分析，产品在使用过程中会发生失效，即产生故障，而失效的发生具有概率的性质。作为研究对象的产品，在相同工作环境或使用条件下，同一种类的多数产品经过长时间的工作后，其失效往往具有可被统计的规律性，即可靠性可以通过可靠度进行度量。可靠度是给定产品在规定的工作条件下和预定的时间内持续完成规定功能的概率，然而，由于可靠度是时间的函数，不同的运行时间下的可靠度值会有所不同，故产品运行成功的概率同时取决于其运行条件和运行时间，因此可靠度在实际运用时的效果并不理想。对于用户而言，更多地用产品发生故障的平均间隔时间来度量，即平均故障间隔时间 MTBF。MTBF 以小时表示，产品的 MTBF 是其故障率的倒数，换言之，产品的可靠性的评估结果，可以通过对运行产品的 MTBF 进行实际统计或通过对产品各个组成部件的故障率进行计算等方法得到。但实际 MTBF 的统计要依据具体的系统进行计算，对于用户而言，过程繁琐漫长，不利于系统的比选。影响可靠性的因素和系统本身开发的技术水平、生产的工艺、操作过程、中间管理、系统集成的设计、施工等因素有关。

评价可靠性优劣程度的方法之一，是采用可靠性评价指数，如表 3-9 所示。

表 3-9　可靠性评价指数

项目	可靠性评估指数	内容	备注
1	运行成功率	成功次数÷总次数	目的达到率
2	损失率	失败次数÷总次数	目的未达到率
3	运行时间率	运行时间÷总时间	运行率
4	失效时间率	失效时间÷总时间	—
5	重要度系数	因产品失效而妨碍运用成功率的次数÷产品总失效次数	—
6	维修率	为保证产品运行，单位时间内所必需的维修时数	维护，状态修

产品的工作可靠性由固有可靠性和使用可靠性组成，包括了多种因素，具体的相关因素如表 3-10 所示。

表 3-10 可靠性相关因素

固有可靠性	使用可靠性
电路的选择及适应性、设计方式的选择	操作、维修人员的水平
零部件的适应性	操作、维修的实施方法
元器件工作的选择方法	操作条件的优劣、操作的难易
结构	可维修性
制造技术	辅助及备用设备
操作规则	工作环境
—	保管、储藏、库存的劣化程度
—	运输及使用的影响

从表 3-10 可知，所谓固有可靠性（Inherent Reliability）是指经设计、制造、试验等过程所确定的产品可靠性，是保证工作可靠性的重要因素。产品交付用户时，用户应确定产品的设计、制造的可靠性。定量的可靠性是设计时给定的可靠性计算值或是分析结果所得出的数值，而这一数值，伴随产品的复杂程度、环境的苛刻程度等条件的不同而有很大区别。

而使用可靠性是有损工作可靠性的重要因素，将影响产品的使用。因此，在系统评价过程中，对于以上两个指标，用户均非常关心，但在初期选择产品可靠性时，其固有可靠性显得较为突出，是评估可靠性的重要因素。

（3）列车自主运行系统的可靠性指标。

列车自主运行系统应确保高可靠性，保证连续不间断工作，通常对各系统设备平均无故障时间（MTBF）值的要求如下：

① ATS 设备的平均故障间隔时间：$MTBF \geq 5 \times 10^4 \, h$。

② 计算机外围设备的平均故障间隔时间：$MTBF \geq 5 \times 10^4 \, h$。

③ 电源设备的平均故障间隔时间：$MTBF \geq 10^5 \, h$。

④ ATP 地面设备的平均故障间隔时间：$MTBF \geq 10^5 \, h$。

⑤ ATP 车载设备的平均故障间隔时间：$MTBF \geq 10^5 \, h$。

⑥ OC 设备的平均故障间隔时间：$MTBF \geq 10^5 \, h$。

⑦ 联锁设备的平均故障间隔时间：$MTBF \geq 10^5 \, h$。

⑧ 地面有线网络设备的平均故障间隔时间：$MTBF \geq 10^5 \, h$。

⑨ 车地无线通信设备的平均故障间隔时间：MTBF≥8×10^4 h。

⑩ 计轴设备的可靠性要求：正确的计轴数平均≥1×10^9 轴；无故障工作时间≥1.75×10^5 h。

⑪ 牵引系统平均无故障间隔时间：MTBF≥31 624 h。

⑫ 列车网络控制系统平均无故障间隔时间：MTBF≥54 000 h。

⑬ 制动系统平均无故障间隔时间：MTBF≥45 200 h。

⑭ 防撞系统平均无故障间隔时间：MTBF≥5×10^4 h。

3.16.2　可用性的评估办法

（1）可用性的定义。

可用性是指可修复产品在某一特定瞬间维持其功能的概率或在某一期间内维持其功能的时间比率。可用性是反映产品可靠性、可维修性和维修保证性的综合指标。

通常产品的可用性可用下式计算：

$$可用性 = 能工作时间 / (能工作时间 + 不能工作时间)$$

上式中，能工作时间是指产品功能能够正常运行的时间。

不能工作时间：是指产品故障造成失去全部功能或部分功能至修复产品，恢复失去功能重新投入运行的间隔时间。

（2）可用性评价。

系统可用性评价的原理是：通过设备发生故障时，通过设备冗余、性能降级、故障监测等手段，将设备故障带来的停运和乘客不便缩减到最小，以获得最小故障间隔时间（MTBF）。

该项指标的评估非常繁杂，而且往往不具备可操作性或确切性，其主要原因是作为计算主要因素的 MTBF 的不确切性以及影响可用性因素的多重性。列车自主运行系统在评估可用性时必须剔除：由环境原因造成的干扰，轨道交通控制方面以外原因造成的干扰，由行车调度指挥中心操作人员错误操作或不慎行为造成的故障，由司机错误操作或不慎行为造成的故障，由于损毁、事故、供电系统故障引起的干扰，由于其他系统故障引起的干扰，不可抗力的影响等。

（3）系统可用性考核方法。

通过对造成列车停运的设备故障时间进行统计、分析，计算出其所占的比率。以往在评估列车自主运行系统的可用性时，各城市一般采用如下公式：

$$SA = OP/SP$$

即 $$SA = (1 - SD/SP) \times 100\%$$

式中：系统可用性（SA），是描述系统不影响正常功能或使用的一种能力，是在试验结束时所获得的一个值；

运营时间（OP）：在试验期间内实际运营的总小时数；

计划时间（SP）：测试期间的时刻表所规定的运营总小时数；

系统打扰时间（SD）：列车自主运行系统完全中断工作的总小时数。

上述系统可用性（SA）计算公式虽然符合可用性理论的基本原则，但必须进行如下修正：

① 系统打扰时间（SD）名称宜改为系统不能工作时间或系统修复时间，其定义应修正为列车自主运行系统失去全部或部分功能的总小时数。

② 运营时间（OP）定义为在试验期间内实际运营的总小时数，易存在统计误差，而且涉及了不易定义的系统修复时间。因此，按运营概念评估可用性时应细化至列车、试验次数和系统设备故障可能引发的列车运行晚点，按通常惯例，属于列车自主运行系统的故障造成某列车晚点 10 min 即为可用性不合格。因此，列车自主运行系统的可用性应不小于 99.99%。

③ 可用性的评估应该是综合性评估，建议评估时增加在一定时间（期间）内或一定次数的试验期来确定设备的可用性。

④ 应确定系统或设备的可靠性、确定系统设备修复时间以计算可用性。定义正常运行及晚点范围等需要确定的指标，使之能够定量而不是定性地进行可用性的分析。

⑤ 明确列车自主运行系统之外不能计入可用性计算的因素。

影响系统可用性的很多原因属于列车自主运行系统之外，如下所列：

a. 由环境原因造成的干扰。

b. 非轨道交通控制方面原因造成的干扰。

c. 由行车调度指挥中心操作人员错误操作或不慎行为造成的故障。

d. 由司机错误操作或不慎行为造成的故障。

e. 由于损毁、事故、供电系统故障引起的干扰。

f. 由于其他系统故障引起的干扰。

（4）列车自主运行系统可用性考核标准。

① 设备故障造成列车延误不超过 15 min。

② 列车因列车自主运行系统的原因产生的非期望（不正常）紧急制动发生率须小于 1 次/万列车公里。

③ 列车停车精度：

a. 在 ±0.3 m 范围内时，正确率为 99.998%；

b. 在 ±0.5 m 范围内时，正确率为 99.999 8%。

④ 系统的可用性应不小于 99.99%。

3.16.3 安全性评估方法

（1）安全性定义。

系统的安全性是指系统抵御外界有意或无意破坏的能力，它包括系统安全性及数据安全性。系统安全性多由软件（系统软件及应用软件）和管理来实现。数据的安全性往往是通过系统安全手段（如用户权限分配及管理、使用专用数据传输通道）来实现的。

安全性是保证行车和人身安全的性能。对于信号系统，其特殊性在于：产品（设备、电路、机件、软件等）发生故障时，使设备对行车表现出更大的限制，避免由于误动和错误显示引起行车事故的性能，即故障导向安全性能。

（2）系统安全性考核的依据。

如果一个系统的各层面（管理层、操作层、动作层）均符合下列条件，则该系统被认为是故障导向安全的系统。

① 通过质量管理体系的验证。

② 通过安全管理体系的验证。

③ 使用安全的软件开发工具进行的开发。

④ 合理量化的安全性目标。

（3）安全性评价的基本方法。

安全评价的方法有很多，目前广泛采用的是加法评分法、评价法、检查表法、概率法和综合法五种。

① 加法评分法：将被评价项目的得分依次相加，其和即评价值，其公式如下：

$$S = \sum_{i}^{n} S_i$$

式中：$i = 1 - n$；
　　　S——总评分数；
　　　S_i——项目得分；
　　　n——评价项目数。

② 评价法。以项目分组求和再求积的方法，其公式如下：

$$S = \prod^{m} \sum^{n} S_{ij}$$

式中：$i = 1 - n$；
　　　S——总评分数；
　　　S_i——项目得分；
　　　m——评价组数；
　　　n——评价组内项目数。

③ 检查表法。

本法根据经验及系统分析的结果，集中评价项目及环境的潜在危险，并列成检查项目清单逐项检查评定。

④ 概率法。

本方法将事故后果的分析与运行事故所发生概率分析相结合，并根据系统各组成要素的故障率和失效率，确定系统的安全度指标。概率法主要通过对事故树分析（FTA）或事件树分析（ETA）并建立数学模型，确定目标函数并求解。

⑤ 综合评价法。

本方法不是单一方法，是多种评价方法的归纳综合，包括危险度等级评定的多级综合、总分定级评价法，多级综合模糊评价法。

以上内容简单说明了目前常用的几种安全评价方法，通过上述方法可以求解安全度，但较为繁杂。鉴于可靠性是安全性的基础，因此可以将安全性分成两部分，其一为系统或设备的可靠性，其二为系统或设备的故障-安全失效间隔时间，求其积即可得到相应的安全性评估值，本算法需待信号系统选定后展开进一步研究。

（4）安全性计算量化目标。

列车自主运行系统应具有高的安全性，系统中凡涉及行车安全的设备，必须满足故障-安全的原则。主要行车设备的计算机系统必须采用多重冗余技术，所有安全系统设备必须具备权威机构的安全认证。列车自主运行系统设备须达到以下安全完整性等级指标。

表 3-11　安全完整性等级要求

子系统		安全完整性水平
列车自动防护（ATP）子系统		4级
计算机联锁（CI）子系统		4级
目标控制器（OC）设备		4级
计轴设备		4级
列车自动监控（ATS）子系统		2级
列车自动运行（ATO）子系统		2级
牵引系统		2级
列车网络控制系统		2级
制动系统	紧急制动功能（列车级）	4级
	紧急制动功能（转向架级）	3级
	车辆防滑保护功能（电子设备）	3级
	常用制动功能	2级
防撞系统		2级

（5）列车自主运行控制系统（TACS）示范工程的系统安全评估。

对本工程进行独立第三方安全评估的范围应覆盖本工程的全部工程范围。

① 安全评估的独立第三方应对 TACS 全系统进行安全评估，包括信号、牵引、制动、防撞及列车网络控制系统。

② 独立第三方安全评估机构应对本工程列车自主运行系统的 SIL2 级、

SIL3 级、SIL4 级安全系统进行独立安全评估工作，要求对列车自主运行系统供货商的质量管理体系进行审查，评估列车自主运行系统供货商安全管理组织和程序，评估项目组成员的能力和资质，评估列车自主运行系统供货商的设计变更和配置管理过程，确保文档和软、硬件成果版本可控，同时要求对列车自主运行系统软件升级版本进行控制。

③ 评估本工程列车自主运行系统集成商在系统生命周期内的安全相关工作是否符合欧洲 EN 5012x 系列标准的适用要求，以及在每个阶段所采用的方式、方法是否能达到预期目的。

④ 评估本工程列车自主运行系统集成商的危险源辨识、分级、记录、追踪和关闭过程。

⑤ 评估本工程列车自主运行系统集成商的测试计划、测试案例、测试通过准则、测试过程以及应急措施等。

⑥ 对于已经取得独立第三方安全认证的产品，需要补充对系统特定应用功能需求、安全需求和危害影响分析的评估，必要时需要重新进行通用产品/应用安全认证或是通用产品/应用认证证书的更新。

⑦ 在项目初始阶段对本项目列车自主运行系统集成商的质量管理体系进行审查，并在相应的安全审查报告中对质量管理情况进行评价、指出不足。

⑧ 在列车自主运行系统联调前完成对集成商提交的动车调试技术方案和实施方案的审核，并出具审核要求，提交动车调试见证方案及计划。

⑨ 评估本项目列车自主运行系统集成商的设计变更和配置管理过程，确保文档和软硬件成果物版本可控。

⑩ 评估列车自主运行系统集成商验证与确认过程，对验证与确认管理进行评价。

⑪ 应对列车自主运行系统工程中的安全管理工作进行评估和审核，确认所有的安全隐患已经得到了控制。

⑫ 应检查工程安全管理的所采用的流程的充分性，确认其是否遵照安全计划的要求执行。

⑬ 应检查系统相关风险是否已经或将要降低到适当的等级。

⑭ 检查本项目列车自主运行系统集成商安全管理组织和程序，评估项目组成员的能力和资质。

⑮ 检查本项目列车自主运行系统工程相关人员的资质。

⑯ 在项目启动阶段制定合理的独立安全评估工作计划。

⑰ 在每项安全审查工作或安全评估工作结束后,编写安全审查报告和安全评估报告。

⑱ 应发布各阶段安全授权,以及新建线、既有线软件升级时,进行现场见证。在见证中,安全评估机构应针对系统的安全功能提出针对性的测试场景,进行测试验证,并提交见证报告。

⑲ 编写季度报告,明确已经完成的安全评估工作,以及独立安全审查和评估工作中发现的须改进或注意的问题,并提出有建设性的意见和建议。

⑳ 评估本项目列车自主运行系统集成商在买方规定的里程碑工程节点之前的准备工作是否充分,TACS 列控系统是否达到了相应的安全要求,并编制工程安全报告。确定在上述条件满足后,提供结论性、负责任的安全评估报告和安全授权书。

㉑ 如对已获得安全授权证书的系统进行软件现场升级,须在经过安全评估后,方能进行现场升级。

3.16.4 可扩展性分析

青岛地铁 6 号线工程所采用的列车自主运行系统,其软件、硬件应是标准的模块化设计,易于功能和范围的扩展。

(1) 可扩展性评价。

系统的可扩展性评价是通过增加控制对象、扩大系统使用范围时,在不改变系统主体结构及其系统软件的前提下,通过增加局部设备和子系统软件,能够对接、控制、调试试验,扩大原系统能力和功能。

(2) 提高系统可扩展性措施。

① 合理的硬件结构和容量预留。

要想实现系统可扩展性功能,首先须考虑系统硬件结构物理参数,整体系统应具有开放性、模块化结构设计,便于系统功能的扩展和升级换代。系统主体框架必须有足够容量足以容纳系统扩展后的能力需求。对于系统主服务器内存容量、I/O 接口容量、系统计算能力、运行速度、网络信息流量等的预留,在进行工程设计时必须充分予以考虑,以便之后的系统功能扩展。

② 合理的软件配置。

系统软件设计应充分考虑系统可扩展性要求,采用标准平台和操作系统,开放性、模块化结构设计，便于系统扩展和子系统对接。在系统各相对独立的软件应用程序中设立调度模块，完成各任务的协调和交互信息的分发。各功能模块通过调度模块进行数据交换，模块之间不再直接交换数据而是通过各模块的调度模块实现交互作用。模块的更新、替换与增加对其他模块不造成任何影响，便于系统的升级改造、扩展和维护。

③ 标准接口设计。

系统预留通用接口，采用标准数据格式，信息传输协议应遵循 ITU-T 建议的通信协议确定系统的通信方式。

④ 系统设计统筹考虑。

系统设计统筹考虑，按远期计划预留系统能力，为系统扩展预留物理空间。

3.16.5 可维护性分析

（1）可维护性评价。

系统的可维护性评价是通过系统设备发生故障时，可以快速、简便地更换故障模块、系统的冗余配置、测试点的可接入性和明显直观的故障指示等手段，以获得最小化的平均恢复时间（MTTR）。

（2）提高系统可维护性的措施。

① 合理的维修体制。

为适合青岛地铁 6 号线列车自主运行系统维修管理的需要，列车自主运行系统的维护工作分为由本地维护人员进行的一、二级维护以及需外部支持的三级维护。一级维护由维修工区进行，二级维护由综合检修中心或地铁运营公司进行，三级维护由设备供货商提供。

a. 一级维护。

一级维护工作指在满足各项安全要求的前提下，采取各种措施以维护设备正常运行。通常情况下执行设备的巡视、测试和定期检修，当设备发生故障时，通过更换设备和模块来恢复系统功能。

b. 二级维护。

一级维护更换下来的设备和模块，由综合检修中心或地铁运营公司的专业技术人员按照维护手册的要求对其进行检修。

c. 三级维护。

超出本地维修人员能力的范围的，由供货商、原制造商或授权的代理商进行维护工作。

② 维修技术支持。

维修技术支持系统具有故障远程诊断和维修管理功能，可帮助维修人员迅速判断故障点并提供技术支持。当有故障发生时，通过维修支持系统可将故障告警信息送至各维修工区终端，告之维修人员进行查询和维修。由于故障可以定位到板级，因此可以有效缩短故障的处理时间。

维修技术支持系统可根据设备的使用周期，在维修工区终端产生告警提示，提醒维修人员对信号设备进行预防性检修，防止系统故障的发生。

a. 结构设计合理。

由于系统采用标准化设计，模块、器件插拔灵活，当设备发生故障时，可以快速，简便地更换故障模块，缩短故障的处理时间。

b. 方便的故障判断手段。

系统各设备均具有故障自诊断和故障告警功能，通过告警信息和告警指示灯，为迅速判断故障提供依据。

（3）可维护性的考核标准。

列车自主运行系统可维护性指标要求如下：

① 车载设备的平均故障修复时间：MTTR≤30 min。

② 控制中心设备的平均故障修复时间：MTTR≤45 min。

③ 车站设备的平均故障修复时间：MTTR≤45 min。

④ 轨旁设备的平均故障修复时间：MTTR≤4 h。

⑤ 车地通信设备的平均故障修复时间：MTTR<30 min。

（4）可维护性的考核方法。

定期对一段时间内的故障时间进行统计，分析计算出平均值。

3.16.6　信息安全设计

（1）概述。

伴随着信息系统的快速发展，信息系统所面临的安全威胁日益复杂，对信息安全系统的需求与日俱增。从外部环境来看，信息安全已经成为近几年信息化建设的热点话题，如何保障信息系统的安全已经成为国家关注的焦点，从中办〔2003〕27号文件（关于转发《国家信息化领导小组关于加强信息安全保障工作的意见》的通知）开始，国家陆续出台了一系列的安全政策和标准，提出了以"适度安全、分级保护"为核心的等级保护建设思路，要求国内重要的信息系统应按照等级保护的办法和要求，进行相关安全防护系统的建设，并于2007年启动了等级保护的定级备案工作。等级保护针对信息安全系统建设的过程，提出了具体的管理办法和实施指南，并对信息安全系统提出了技术和管理方面的建设要求。

城市轨道交通通信信号系统的建设，应根据国家信息安全等级保护制度要求，进行系统定级、安全规划与设计、等级测评、备案等工作。在系统建设的前期定级和规划设计阶段，主要依据《信息系统安全等级保护定级指南》《信息系统安全等级保护基本要求》（以下简称《基本要求》）等管理规范和标准，同步建设符合相应等级要求的信息安全设施。

（2）设计原则。

等级保护是国家信息安全建设的重要政策，其核心是对信息系统分等级、按标准进行建设、管理和监督。对于城市轨道交通通信信号系统信息安全建设，应当以适度风险为核心，以重点保护为原则，从业务的角度出发，重点保护重要的业务、研发类信息系统，在方案设计中应当遵循以下的原则：

① 适度安全原则。

任何信息系统都不能做到绝对的安全，在进行信息安全等级保护设计规划时，要在安全需求、安全风险和安全成本之间进行平衡和折中，过多的安全要求必将造成安全成本的迅速增加和运行的复杂性提升。适度安全也是等级保护建设的初衷，因此在进行等级保护设计的过程中，一方面要严格遵循基本要求，从网络、主机、应用、数据等层面加强防护措施，保障信息系统的机密性、完整性和可用性，另外也要站在综合成本的角度，针对城市轨道交通通信信号系统的实际风险，提出对应的保护强度，并按照保护强度进行安全防护系统的设计和建设，从而有效控制成本。

② 重点保护原则。

根据信息系统的重要程度、业务特点，通过划分不同安全保护等级的信息系统，实现不同强度的安全保护，集中资源优先保护涉及核心业务或关键信息资产的信息系统。

③ 技术管理并重原则。

信息安全问题从来就不是单纯的技术问题，凡是把防范黑客入侵和病毒感染理解为信息安全问题的都是片面的，仅仅通过部署安全产品很难完全覆盖所有的信息安全问题，因此必须要把技术措施和管理措施结合起来，更有效地保障信息系统的整体安全性，形成技术和管理两个部分的建设方案。

④ 分区分域建设原则。

对信息系统进行安全保护的其中一种有效方法就是分区分域，由于信息系统中各个信息资产的重要性是不同的，且访问特点也不尽相同，因此需要把具有相似特点的信息资产集合起来，进行总体防护，从而可更好地保障安全策略的有效性和一致性，比如把服务器集中起来单独隔离，然后根据各业务的访问需求进行隔离和访问控制；另外分区分域还有助于对网络系统进行集中管理，一旦在其中某些安全区域内发生安全事件，可通过严格的边界安全防护限制事件在整网蔓延。

⑤ 标准性原则。

信息安全保护体系应当同时考虑与其他标准的符合性，使建成后的等级保护体系具有更广泛的实用性。

⑥ 动态调整原则。

信息安全问题不是静态的，它总是随着管理相关的组织策略、组织架构、信息系统和操作流程的改变而改变，因此在系统建设过程中必须要跟踪系统的需求变化情况，调整安全保护措施。

⑦ 标准性原则。

信息安全建设是非常复杂的过程，在设计信息安全系统，进行安全体系规划时仅单纯依赖经验，是无法对抗未知的威胁和攻击的，因此需要遵循相应的安全标准，从更全面的角度进行差异性分析，这也是本方案重点强调的设计原则。

⑧ 成熟性原则。

在系统设计过程中采取的安全措施和产品，在技术上应是成熟的，是得到检验确实能够解决安全问题并在很多项目中有成功应用的。

⑨ 科学性原则。

信息安全设计是建立在对该系统安全评估基础上的，在威胁分析、弱点分析和风险分析方面，是建立在客观评价的基础上展开分析的结果，因此方案设计的措施和策略一方面应符合国家等级保护的相关要求，另一方面也应很好地解决信息网络中存在的安全问题，满足特性需求。

（3）主要标准及要求。

涉及信息系统安全等级保护的主要标准如下。

① 基础类。

《计算机信息系统　安全保护等级划分准则》（GB 17859—1999）。

《信息安全技术　网络安全等级保护实施指南》（GB/T 25058—2019）。

② 应用类。

定级：

《信息安全技术　网络安全等级保护定级指南》（GB/T 22240—2020）。

建设：

《信息安全技术　网络安全等级保护基本要求》（GB/T 22239—2019）。

《信息安全技术　信息系统通用安全技术要求》（GB/T 20271—2006）。

《信息安全技术　网络安全等级保护安全设计要求》（GB/T 25070—2019）。

测评：

《信息安全技术　网络安全等级保护测评要求》（GB/T 28448—2019）。

《信息安全技术　网络安全等级保护测评过程指南》（GB/T 28449—2018）。

管理：

《信息安全技术　信息系统安全管理要求》（GB/T 20269—2006）。

《信息安全技术　信息系统安全工程管理要求》（GB/T20282—2006）。

（4）等级保护定级方法及要求。

① 等级保护分级。

信息系统的安全保护等级分为以下五级：

第一级：信息系统受到破坏后，会对公民、法人和其他组织的合法权益造成损害，但不损害国家安全、社会秩序和公共利益。

第二级：信息系统受到破坏后，会对公民、法人和其他组织的合法权益产生严重损害，或者对社会秩序和公共利益造成损害，但不损害国家安全。

第三级，信息系统受到破坏后，会对社会秩序和公共利益造成严重损害，或者对国家安全造成损害。

第四级，信息系统受到破坏后，会对社会秩序和公共利益造成特别严重损害，或者对国家安全造成严重损害。

第五级，信息系统受到破坏后，会对国家安全造成特别严重损害。

② 等级保护体系分层对应内容及安全手段。

表 3-12 等级保护体系分层对应内容及安全手段

分层	涵盖内容	安全手段
物理层	硬件、网络拓扑、传输介质、环境	防硬件损坏、尘、雷、火、盗、抗扰等
系统层	操作系统（WINDOWS、LINUX、UNIX 等）	补丁、访问控制、信息加密等
网络层	逻辑拓扑、通信协议	防火墙、IPS、VLAN、VPN 等
应用层	邮件、FTP、通用程序、开发程序等	漏洞扫描、杀毒、Web 应用安全产品等
管理层	管理制度、人员技术、素质	网络资源管理、培训、制度、考核等

③ 系统定级方法。

系统定级方法如图 3-21 所示。

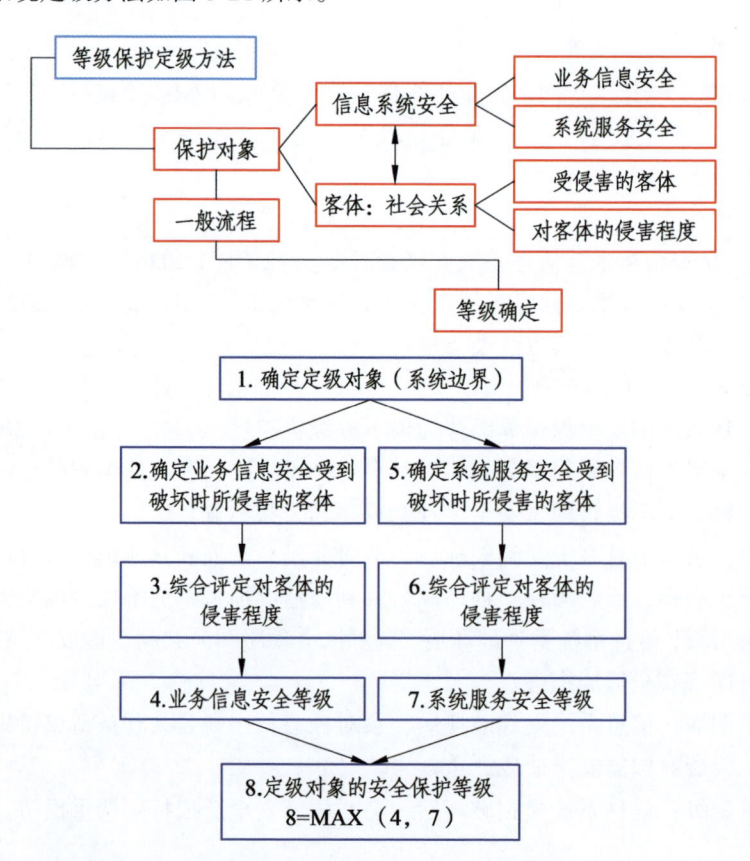

```
等级保护定级方法
    │
    ├── 保护对象 ──┬── 信息系统安全 ──┬── 业务信息安全
    │              │                    └── 系统服务安全
    │              └── 客体：社会关系 ──┬── 受侵害的客体
    │                                    └── 对客体的侵害程度
    └── 一般流程 ────────── 等级确定
```

1. 确定定级对象（系统边界）

2. 确定业务信息安全受到破坏时所侵害的客体　　5. 确定系统服务安全受到破坏时所侵害的客体

3. 综合评定对客体的侵害程度　　6. 综合评定对客体的侵害程度

4. 业务信息安全等级　　7. 系统服务安全等级

8. 定级对象的安全保护等级
8 = MAX（4，7）

保护对象受到破坏时受侵害的客体	对客体的侵害程度		
	一般损害	严重损害	特别严重损害
公民、法人和其他组织的合法权益	第一级	第二级	第二级
社会秩序、公共利益	第二级	第三级	第四级
国家安全	第三级	第四级	第五级

图 3-21 等级保护定级方法

④ 系统定级要求。

系统定级要求如图 3-22 所示。

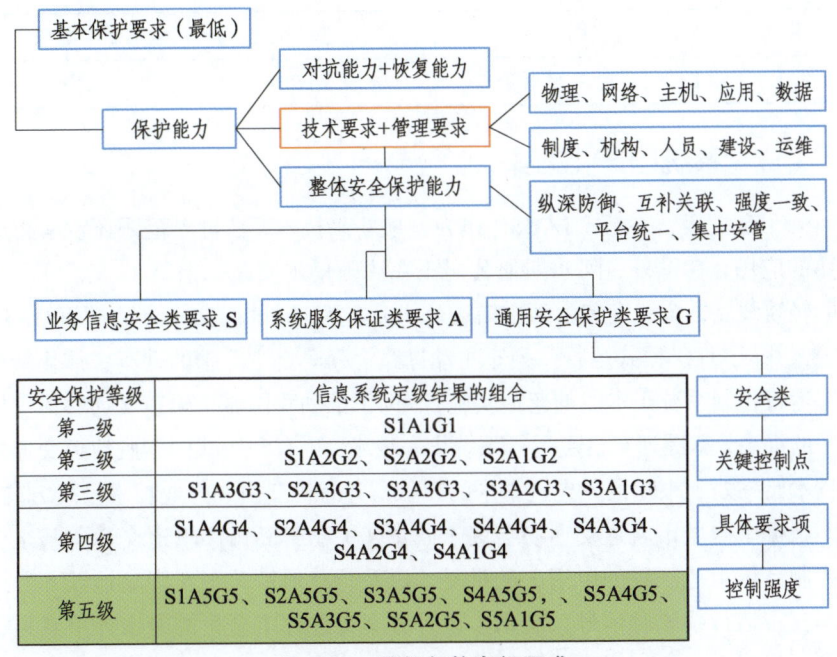

安全保护等级	信息系统定级结果的组合
第一级	S1A1G1
第二级	S1A2G2、S2A2G2、S2A1G2
第三级	S1A3G3、S2A3G3、S3A3G3、S3A2G3、S3A1G3
第四级	S1A4G4、S2A4G4、S3A4G4、S4A4G4、S4A3G4、S4A2G4、S4A1G4
第五级	S1A5G5、S2A5G5、S3A5G5、S4A5G5、S5A4G5、S5A3G5、S5A2G5、S5A1G5

图 3-22 等级保护定级要求

（5）系统定级建议。

信息系统定级是进行等级保护设计的首要环节，根据国家信息安全等级保护实施指南，信息系统定级阶段的目标是信息系统运营、使用单位按照国家有关管理规范确定信息系统的安全保护等级，信息系统运营、使用单位中包含主管部门的，应当经主管部门审核批准。

信息安全设计在设计之初需要了解安全现状、安全需求，对系统基本情况和业务特点进行分析。安全现状包括是否有可依托的基础安全措施、整体安全规划、存在问题等，了解信息系统保护等级或定级倾向；系统分析内容包括系统边界、网络结构、网络处理能力、系统组成及设备部署、系统的管理框架等；业务分析内容包括用户范围和类型、业务应用种类和特性、安全关注点等。通过以上分析可得出系统面临的安全风险和安全需求，同时结合建设方需求（建设范围和内容、建设期、投资、额外/特殊安全需求等），确定系统的安全方案。

青岛市地铁6号线一期工程列车自主运行系统定级建议如表3-13所示。

表3-13　信号系统定级建议

序号	系统名称	缩写	评定等级
1	列车自主运行系统	TACS	三级

3.17　系统国产化方案

列车自主运行系统（TACS）作为一项新兴技术，在世界范围还没有得到成熟的应用，在国外，阿尔斯通公司正在法国里尔实施一条基于"车-车"通信的轻轨线路，全线安装由阿尔斯通公司命名为Urbalis Fluence的精简CBTC系统，并以UTO模式运行。列车主动进路、列车自主防护的列车主体化新型列车运行控制系统于本线的落地实施，有助于推动我国城市轨道交通整体发展水平的提高，掌握列车自主运行系统核心技术，也有利于我国摆脱轨道交通关键技术始终处于跟随世界先进水平的现状，并有机会引领行业技术发展方向。

根据中国城市轨道交通协会关于同意《关于青岛市（轨道交通）基于车载控制系统示范工程的申请》的批复，以及青岛地铁关于《青岛地铁6号线列车自主运行系统暨信号系统初步设计方案专题评审会》的专家评审意见，青岛6号线可以应用完全由我国自主研发的列车自主运行系统（TACS）。列车自主运行系统国产化应包括：系统硬件国产化、系统软件国产化、技术服务国产化。

其中系统硬件国产化包括：国内提供部分配套设备，在国内生产部分设备，在国内组装部分设备等。软件国产化包括卖方在国内的联合单位或实体参与系统应用软件的二次开发和工程数据的编译等。技术服务国产化包括卖方在国内成立联合单位或实体参与项目计划和管理、测试、试验、调试、验收、质量保证等。

根据中华人民共和国国务院办公厅转发国家计划委员会《关于城市轨道交通设备国产化实施意见》（国办发〔1999〕20 号文）和《关于城市轨道交通设备国产化实施方案》（计产业〔1999〕428 号文和计产业〔2001〕564 号文）的规定，本工程机电设备和车辆的综合国产率必须达到 70%。

本次设计方案是列车自主运行系统（TACS），为国内自主原创性技术，由于其设备构成主要为车载子系统设备、列车定位设备（如应答器）和车-地通信设备，列车自主运行系统（TACS）的研发与试验均可由国内厂家实施，从目前列车自主运行系统的设备构成及国内供货情况分析，国产化率达到 100%是可以实现的。

3.18　列车自主运行系统接口设计

3.18.1　与相关系统的接口设计要求

3.18.1.1　与土建专业接口

与土建专业设计配合与协调，确定信号用房面积、布置需求及站台设备安装位置及线缆通道。

3.18.1.2　与线路专业接口

与线路专业设计配合与协调，落实、核实有关道床和轨道预留信号系统轨旁设备的安装条件。

3.18.1.3　与通信专业接口

（1）为统一全线时钟管理，信号系统时钟由通信系统统一提供时钟校准信号，接口界面在控制中心通信设备配线架外侧，接口示意图如图 3-23 所示。

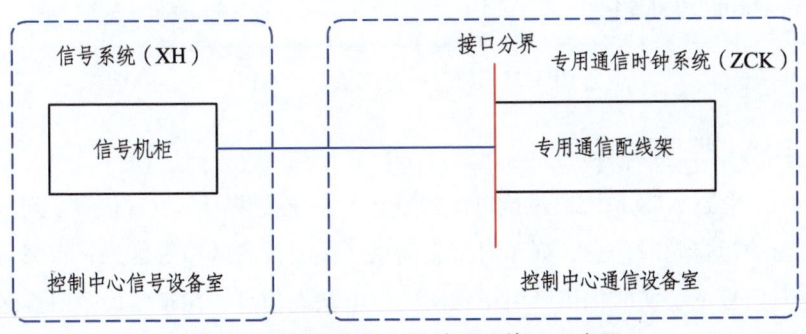

图 3-23　与通信专业时钟系统接口示意图

（2）信号 ATS 系统向无线通信系统传送实时变化的列车信息，以便调度人员呼叫列车。接口界面在控制中心信号系统配线柜，接口示意图如图 3-24 所示。

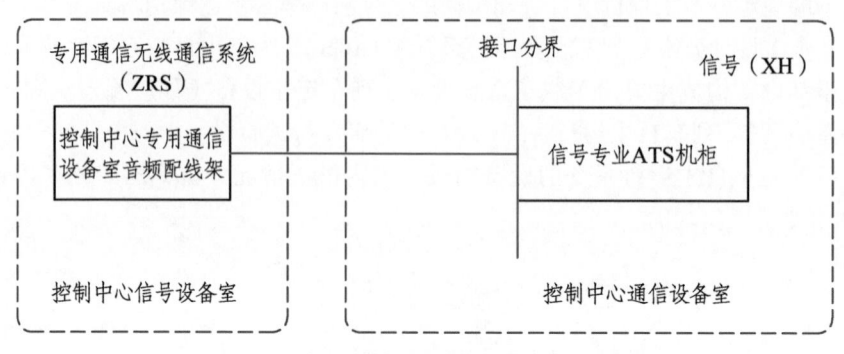

图 3-24　与通信专业无线系统接口示意图

（3）信号系统向车站广播系统提供列车在车站运行的旅客服务信息，主要信息内容为列车接近、列车到达、列车目的地、列车到站时间预报等。其接口界面为通信系统配线柜接口端子外侧，接口示意图如图 3-25 所示。

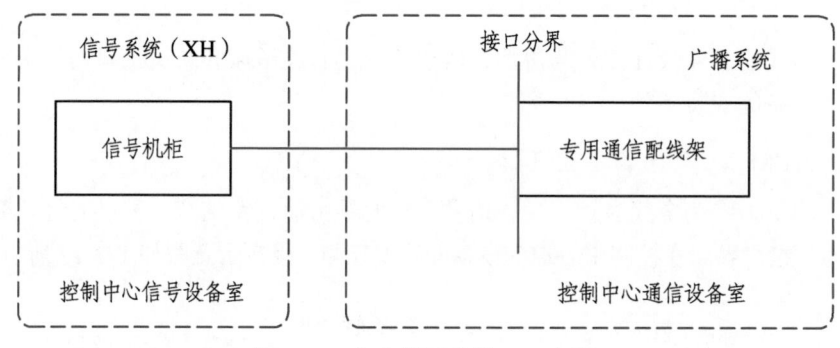

图 3-25　与广播系统接口示意图

3.18.1.4　智慧运行系统

（1）中心 ATS 系统通过接口向智慧运行系统提供列车位置信息、列车在隧道内的运行超时信息、列车时刻表信息、主要设备故障等信息；智慧运行系统向信号系统实时提供牵引接触网的带电状态信息，用于实现牵引接触网状态显示的功能。智慧运行系统向信号系统实时提供 FAS 的相关信息，用于实现显示功能。其接口界面为指挥控制中心信号设备柜引出端子。接口示意图如图 3-26 所示。

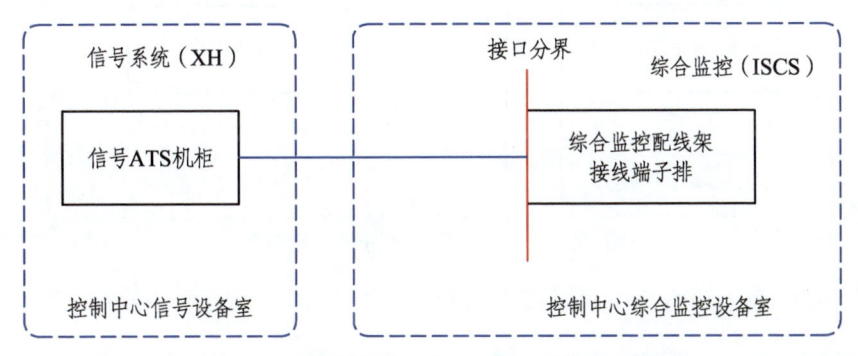

图 3-26 与智慧运行专业 ISCS 系统接口示意图

（2）信号系统在车站与智慧运行的 IBP 盘接口，提供信号的紧急关闭、人员防护开关（SPKS）等功能。其接口位置在车站 IBP 盘的入口端子，接口示意图如图 3-27 所示。

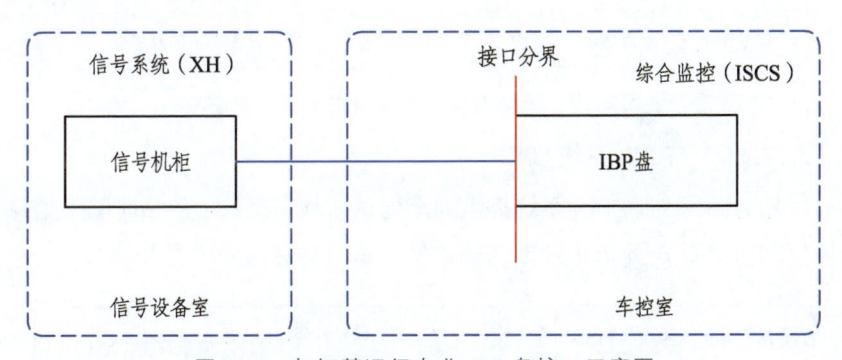

图 3-27 与智慧运行专业 IBP 盘接口示意图

3.18.1.5 动力照明专业

（1）本工程信号系统要求低压动力照明专业提供两路独立的交流 380 V/220 V 50 Hz 的一级负荷电源，其供电质量符合国家有关标准。接口分界点设于控制中心电源室、车站、车辆段、试车线、培训维修中心等处的信号设备室（电源室）的配电箱下口，接口示意图如图 3-28 所示。

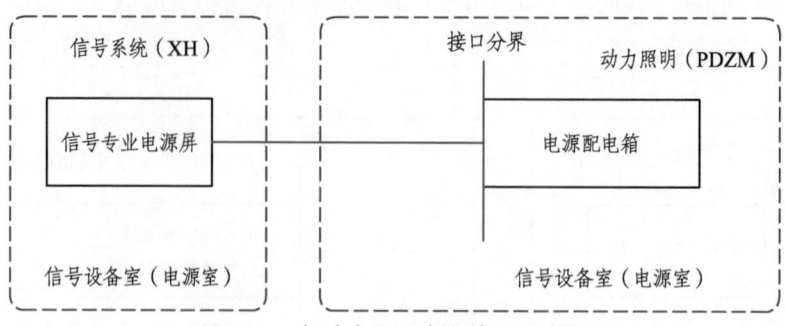

```
┌─────────────────────────┐  ┌─────────────────────────┐
│   信号系统（XH）          │  接口   动力照明（PDZM）    │
│   ┌───────────┐          │  分界   ┌───────────┐      │
│   │ 信号专业电源屏 │──────┼────────│  电源配电箱  │     │
│   └───────────┘          │        └───────────┘      │
│   信号设备室（电源室）     │        信号设备室（电源室） │
└─────────────────────────┘  └─────────────────────────┘
```

图 3-28　与动力照明专业接口示意图

（2）动力照明专业为信号系统提供接地端子，接口示意图如图 3-29 所示。

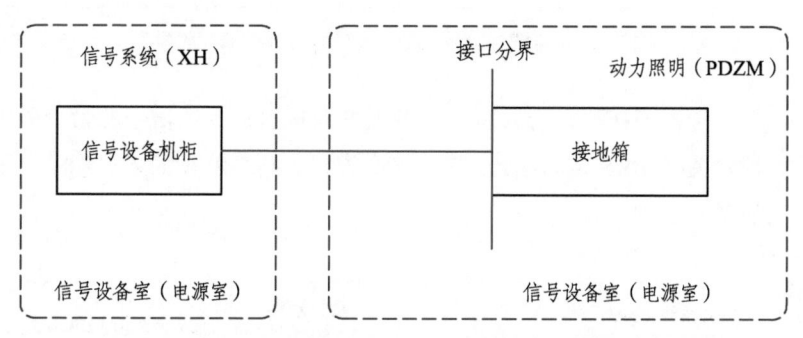

```
┌─────────────────────────┐  ┌─────────────────────────┐
│   信号系统（XH）          │  接口   动力照明（PDZM）    │
│   ┌───────────┐          │  分界   ┌───────────┐      │
│   │  信号设备机柜 │──────┼────────│   接地箱    │      │
│   └───────────┘          │        └───────────┘      │
│   信号设备室（电源室）     │        信号设备室（电源室） │
└─────────────────────────┘  └─────────────────────────┘
```

图 3-29　与动力照明专业接地接口示意图

3.18.1.6　与 PIS 系统接口

信号 ATS 系统向 PIS 系统提供列车到达、列车跳停、停站时间等信息。接口位置在中心 ATS 机柜外配线端子处，接口示意图如图 3-30 所示。

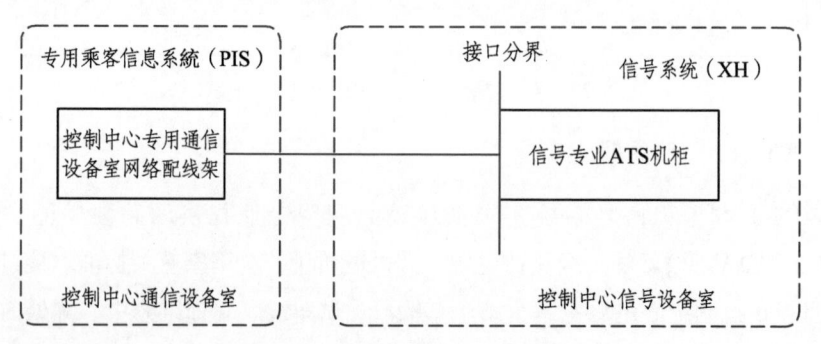

```
┌───────────────────────────┐  ┌─────────────────────────┐
│ 专用乘客信息系统（PIS）      │  接口   信号系统（XH）      │
│   ┌─────────────────┐      │  分界   ┌───────────┐      │
│   │ 控制中心专用通信    │────┼────────│ 信号专业ATS机柜 │  │
│   │ 设备室网络配线架    │     │        └───────────┘     │
│   └─────────────────┘      │                          │
│   控制中心通信设备室         │         控制中心信号设备室 │
└───────────────────────────┘  └─────────────────────────┘
```

图 3-30　与 PIS 系统接口示意图

信号系统向乘客信息系统提供数据信息，乘客向导显示牌由乘客信息系统专业设置，信号系统向乘客信息系统提供必要的列车运行信息，如列车终到站、列车到站时间、列车离站时间、列车通过等信息，乘客信息系统负责在接收到该信息后，组织播出并以分钟为单位，以倒计时的方式显示下列车到站时间。

信号系统向乘客信息系统提供的信息的主要内容包括：列车终到站，列车到、离站时间及下次列车到、离站时间，列车通过等信息等。

3.18.1.7 与线网指挥中心接口

控制中心 ATS 系统与线网指挥中心系统的接口，信号向线网指挥系统提供列车运行描述信息和列车时刻表信息，接口方式为冗余 100 M 以太网，接口界面在控制中心信号设备室接口设备接入端口。接口示意图如图 3-31 所示。

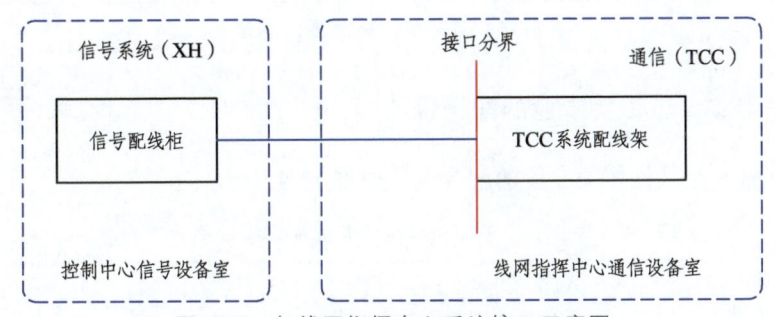

图 3-31　与线网指挥中心系统接口示意图

3.18.1.8 与车辆的接口

信号与车辆接口涉及机械、电气及通信等多个方面，具体的接口会根据不同的车辆及信号产品而有所不同。接口遵循如下原则：

物理接口：车辆专业提供所有信号设备的安装空间，并按照信号专业要求提供车载信号所需的控制电缆和插接件，并统一安装。

接口功能：满足 UTO 运营需求。

TACS 车载设备供电及接地由车辆提供。

3.18.1.9 与站台门系统接口

TACS 的信号系统向站台门提供开、关站台门的控制信号，站台门系统向信号系统提供站台门状态信息即站台门关闭且锁紧状态信息和门人工旁路信息等，并向信号系统提供控制信号接收确认信息。所有的接口均采用继电接口方式，接口分界点设在站台门控制柜外线端子处。信号系统与站台门互传个别故障车门/站台门信息，用于实现车门与站台门故障对位隔离功能。

接口示意图如图 3-32 所示。

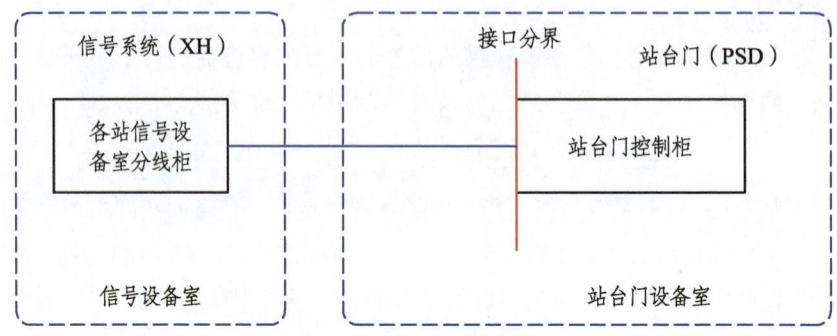

图 3-32 与站台门系统接口示意图

3.18.2 与相关专业的配合设计

TACS 与其他相关专业的配合设计如表 3-14 所示。

表 3-14 TACS 与相关专业配合设计表

序号	接口专业	相关设计专业设计输出	信号专业设计输出
1	线路	全线线路平纵面图； 车站分布表和线路曲线表； 有岔车站的平面布置图及作业性质； 线路竖曲线的土建结构限速值； 线路平直地段（无平面曲线和竖曲线地段）的土建结构限速值	对车站配线图的意见； 对折返线、存车线等线路设置长度的意见
2	轨道	正线和车辆段道岔采用的专线号，道岔平面布置图； 线路平面曲线的轨道外轨超高量及结构限速表； 轨道梁结构图（包括平、剖、断、侧面图）； 道床层内预埋信号过轨管线资料	信号设备在道床层需预埋管件和轨旁设备需预留安装空间的要求

续表

序号	接口专业	相关设计专业设计输出	信号专业设计输出
3	桥涵	高架桥梁墩帽的结构图； 高架桥梁墩帽上预留信号轨旁设备安装位置资料	在高架桥梁墩帽上预留信号轨旁设备安装坑、槽、管的要求； 在高架桥梁上信号专用标志的设置要求； 在高架桥梁墩帽上信号轨旁设备的负荷要求
4	建筑	车站、车辆段和控制中心的建筑平、断面图； 车辆段房屋、车站和控制中心的电缆管廊及预留孔洞位置资料； 车站范围预留转辙机等轨旁信号设备安装空间资料	车站、车辆段和控制中心信号生产房屋设置要求； 车站、车辆段和控制中心室内信号设备对环境条件的要求； 车辆段房屋、车站和控制中心信号电缆管线的布置及沟槽管洞要求； 车辆段房屋、车站和控制中心预埋件及预留孔洞尺寸图； 车站范围内转辙机等轨旁信号设备安装空间的预留要求
5	结构	区间结构层内预埋信号过轨管线资料	在区间结构层内预埋信号过轨管线的要求
6	隧道	地下上、下行隧道间的通道位置资料； 区间预留转辙机等轨旁信号设备安装空间资料	地下区间转辙机安装空间的预留要求； 地下区间其他轨旁信号设备的安装要求
7	人防	全线人防门的设置里程表； 穿越人防门区域的信号管线预留资料	穿越人防门区域预埋信号管线的要求
8	工程投资	概算编制依据、采用标准及编制办法	信号初设概算综合概算、个别概算及编制说明； 信号初步设计工程数量表及设备材料表
9	行车运营	客流量及系统输送能力分析； 车站配线及说明； 列车运行管理模式（包括列车驾驶方式、列车的调度指挥、驾驶员的管理等）； 正常及非正常情况下行车组织方式和列车交路； 线路的列车最高运行限速值，通过站台限速及其他临时限速要求； 列车区间运行时间和车站停站时间表，列车运行间隔分分析计算； 行车牵引计算资料； 进路设置要求	进路设置等信号相关子系统和设备的控制和表示的反映延迟时间参数等行车运营评价所需资料； 信号机的设置及轨道区段划分要求； 信号制式、信号维护管理机构及生产定员的设置

续表

序号	接口专业	相关设计专业设计输出	信号专业设计输出
10	车辆	车辆的配车数量； 车辆的主要技术参数及编组资料； 车辆与信号系统间的设备输入/输出接口、安装接口	车辆系统与信号系统各种详细的接口技术条件、接口方式、接口协议和接口功能的实现； 车门、司机门的监控及对列车广播的控制要求； 车辆与信号车载设备连接后的静态和动态试验
11	限界	全线各种建筑限界图	全线道岔转辙机的安装位置表； 转辙机等轨旁信号设备安装空间的预留要求； 全线信号机布置及安装图
12	车辆段	包括出/入段线、洗车线和试车线等在内的车辆段作业及检修流程和作业方式； 车辆段总平面布置图； 车辆段室外管线综合布置资料； 车辆段牵引供电范围	信号对车辆段作业方式的意见； 信号维护管理机构及生产定员的设置； 车辆段信号平面图及室外电缆径路图； 车辆段站场及硬化地面区域预埋管线和预留沟槽的要求
13	控制中心	控制中心的规模和功能定位； 控制中心中控室的设备工艺要求； 控制中心建筑平面布置图及中控室设备布置图	控制中心工艺布置要求，管线资料及信号控制模式
14	牵引供电	正线和车辆段的相关牵引供电资料及牵引供电状况显示	提供室外信号设备平面布置图
15	动力照明	提供接地系统原理图、布置图及接地电阻值	车站、控制中心、车辆段信号设备接地要求； 车站、控制中心、车辆段信号设备用电要求； 车站、控制中心、车辆段信号设备房屋照明要求； 车站、控制中心、车辆段信号房屋插座设置要求
16	通信	提供给信号系统的通信信道及信道接口资料； 提供给信号系统的主时钟要求； 需信号系统提供用于无线呼叫的实时变化列车识别号及列车位置资料的要求	信号系统所需通信通道和通道接口类型及数量要求； 信号系统与主时钟同步信息的接口要求； 与无线系统的接口方式及接口划分

续表

序号	接口专业	相关设计专业设计输出	信号专业设计输出
17	智慧行车	智慧行车各个系统的方式和接口界面的划分； 智慧行车系统与信号系统交换接口信息内容和方式； 与信号系统的接口位置和接口要求	按智慧行车系统的要求提出信号系统的接口内容、接口位置、接口原则和接口界面的划分
18	通风空调	在车站、控制中心及车辆段信号设备房屋内通风空调设备的布置情况	车站、车辆段和控制中心室内信号设备对环境条件的要求； 车站、车辆段和控制中心信号设备房屋设置通风空调设备的要求
19	站台门	全线各车站、区间的站台门的控制要求及与信号专业的接口原则； 穿越站台门区域的信号管线预埋资料	根据站台门系统的要求提出站台门的控制及与信号专业的接口原则； 穿越站台门区域信号管线的预埋要求
20	消防	全线车站、控制中心、车辆段信号设备房屋内采取的消防措施及消防设备的设置情况	提供有关信号房屋的面积、设备布置等资料
21	站场	车辆段站场平面布置图	—

3.18.3 与规划线路、在建线路及后期工程的接口

3.18.3.1 联络线接口

根据 6 号线线路设计配线，6 号线线路在辛屯站西北象限设置与 13 号线的联络线，长度 329.378 m（由 6 号线实施 249.378 m）；在港头站西北象限设置与 21 号线的联络线，长度 351.858 m（由 6 号线实施 58 m）；在薛家泊子站东南象限设置与 2 号线的联络线，长度 342.578 m（由 6 号线实施 80 m），在王家港站与 1 号线同台换乘有联络线，为保证行车安全，接口方式采用继电电路接口，信号系统将与 1 号线、2 号线、13 号线、21 号线信号系统共同处理接口问题，保证线路间联锁条件正确，并满足运营要求。

3.18.3.2 与二期工程的接口

与二期工程的接口中列车自主运行系统将在相关车站进行接口及功能预留，具体如下：

（1）目标控制器的预留。

① 6号线一期工程灵山湾站和横云山路站目标控制器机柜内预留控制模块等。

② 6号线一期工程灵山湾站和横云山路站预留与相邻目标控制器设备的总线，计轴站间电缆等。

③ 二期工程实施时，连接相应总线，增加控制模块，修改联锁表和相应的软件，即可实现联通的联锁功能。

（2）车载控制子系统的预留。

① 无线总线。

② 车载计算机需要具备装载全线的线路电子地图的能力。

③ 6号线一期工程范围内的车站编号、设备编号等考虑预留二期工程的容量。

④ 车载计算机主机具备远期全线高峰时段运行的数据处理能力。

⑤ 无线主机的控制容量需要包括二期工程范围内的无线接入点。

⑥ 车载软件的接口预留等。

（3）ATS系统的预留。

① 中央ATS系统：

a. 控制中心大屏幕显示系统，预留二期工程大屏幕显示系统的位置。

b. 维护检测子系统预留二期工程设备维护网络的接入。

c. 识别号的预留。

② 车站级ATS系统：

a. 灵山湾站和横云山路站站级ATS预留二期工程站级ATS的接口条件。

b. 预留车站级维修子系统网络接入条件。

c. 预留车站级ATS网络通道接口等。

3.19 相关工程事宜

3.19.1 列车自主运行系统生产用房

TACS列控系统生产用房包括信号设备用房和信号维修管理用房，分别设置在控制中心、沿线车站、车辆段、试车线、维修及培训中心。

3.19.1.1 TACS 列控系统生产用房面积需求

（1）正线车站用房面积需求如表 3-15 所示。

表 3-15　TACS 列控系统正线车站用房需求表

项目	站　名	信号设备室/m²	信号电源室/m²	值班室/m²	通号电缆引入间/m²
设备集中站	灵山湾站、石山站、北门外站、王家港站、青大附院西海岸院区站、青岛九中（幸福小镇）站、横云山路站	65	30	20	2×15
非设备集中站	辛屯站、华山站、星海滩路站、毛家山（黄海学院）站、西门外站、九顶山站、钱塘江路（青职学院）站、奋进路站、港头站、薛家泊子站、抓马山站、马家楼站、河洛埠（中德生态园）站、山王河（福莱社区）站	35	—	—	2×15

（2）控制中心用房面积需求如表 3-16 所示。

表 3-16　TACS 列控系统控制中心用房需求表

序号	房间分类	房间名称	面积/m²	备注
1	设备用房	信号设备室	60	宜靠近中央控制大厅
2		信号电源室	30	随设备室走
3	辅助用房	计划运行图室	20	紧邻中央控制大厅
4		信号打印室	20	紧邻中央控制大厅
5		培训演示室	60	透过玻璃幕墙观察到大厅
6		电缆引入室	15	一层，与其他弱电系统合设

续表

序号	房间分类	房间名称	面积/m²	备注
7	辅助用房（ATS 工区）	软件开发室	30	超静音
8	辅助用房（ATS 工区）	材料测试室	20	—
9	辅助用房（ATS 工区）	信号工区	30	—
10	管理用房（ATS 工区）	值班室	25	—
11	设备用房	大屏控制室	25	紧邻大屏幕

（3）车辆段用房面积需求如表 3-17 所示。

表 3-17 车辆段正线 TACS 列控系统的生产用房及工艺要求

房间要求	房间类别									
	培训中心（综合楼）（80 m²）			试车线（130 m²）			综合维护监测（综合楼）（40 m²）		运用库（45 m²）		运用库车载设备测试工区（70 m²）	
	设备室	电源室	操作室	设备室	电源室	控制室	监测室	设备室	派车室	日检室	测试室	存放室
使用面积/m²	40	20	20	60	30	40	20	20	25	20	40	30

表 3-18 车辆段正线 TACS 列控系统的生产用房及工艺要求

房间要求	房间类别										
	正线工区一（70 m²）				正线工区二（70 m²）				电子设备检修工区（140 m²）			
	线路工区	工区工作室	工区仓库	值班室	线路工区	工区工作室	工区仓库	值班室	检修测试室	仪表材料室	备品室	工区
房屋面积/m²	15	20	20	15	15	20	20	15	50	40	35	15

表3-19 车辆段正线TACS列控系统的生产用房及工艺要求

房间要求	房间类别											
	综合检修工区（260 m²）							转辙机检修工区（145 m²）			信号主任室
	继电器检修	变压器检修	电源检修	灯调老化	计量仪表室	综合备品室	机具材料室	信号实验室	电机修理间	电器库	综合间	工区	
使用面积/m²	40	40	40	30	20	40	30	20	40	30	60	15	15

表3-20 车辆段正线TACS列控系统的生产用房及工艺要求

房间要求	房间类别				
	车间调度室	车间技术室	车间办公室	车间会议室	车间主任室
房屋面积/m²	20	30	15	40	15

表3-21 车辆段内自身TACS列控系统的生产用房及工艺要求

房屋名称	面积/m²
信号设备室	100
电源室	30
信号微机室	30
行车控制室	40
电缆引入间	20
男女休息室	20×2
工区（车辆段信号工区）	80
材料库（车辆段信号工区）	25
值班室（车辆段信号工区）	25

3.19.1.2 TACS 列控系统房间位置设置及要求

（1）信号设备室与通信设备室、车站控制室均设置在车站的一端，与变电所、环控机房异端。

（2）信号设备室与信号电源室相邻，信号设备室应靠近车站控制室。

（3）通信、信号用房应尽量邻近，通号电缆引入间通信与信号专业合用，应尽量位于通信、信号机房的中间部位。

（4）弱电井尽量靠近通信、信号设备室。

（5）预留弱电井至各弱电专业机房走线槽的路由；预留信号设备室与信号电源室间的走线路由（防静电地板下），具体的孔洞预留应待车站建筑图纸确认后提出。

（6）设备集中站信号设备室、信号电源室长度、宽度不宜小于 5.2 m，非集中站宽度不小于 3.9 m。

（7）控制中心信号设备室应设置在中央控制厅相邻的楼层，楼层之间应设置贯通楼层的弱电电缆井。

（8）控制中心计划员室、培训室应与中控室设在同一层。

（9）车辆段试车线用房应设置在试车线附近。

（10）信号设备室、信号电源室均需设置防静电地板及吊顶。

3.19.2 列车自主运行系统供电

信号电源均要求一级负荷，采取两路三相五线制交流电源（380 V ± 5%，50 Hz）。在车站信号电源室、控制中心信号电源室、试车线设备室、车辆段信号设备室由供电专业引入信号专用配电盘。

各车站设备、控制中心、车辆段等的用电量如表 3-22 所示。

3.19.3 电缆及敷设

3.19.3.1 电　缆

用于控制中心及正线地下区段的室内外电缆采用无卤、低烟、阻燃的型号。

根据 TACS 列控系统设备对线缆型号、规格、技术参数的要求，选择有能力的生产厂家供货，并对有特殊要求的线缆做必要的型式试验和检验试验。

表 3-22　正线车站 TACS 列控系统供电要求表

序号	车站名称	集中站设置	容量	电压	频率范围 电压范围	地线及备注
1	灵山湾站	集中站	45 kVA	AC 380 V	50 Hz±0.5 Hz 380 V±10%	两路地线母线，接地电阻≤1 Ω。 两路独立电源，一级负荷，供电品质符合国家有关标准
2	辛屯站	非集中站	15 kVA			
3	华山站	非集中站	15 kVA			
4	星海滩路站	非集中站	15 kVA			
5	赵家庙（影视产业园）站	集中站	45 kVA			
6	毛家山（黄海学院）站	非集中站	15 kVA			
7	西门外站	非集中站	15 kVA			
8	北门外站	集中站	45 kVA			
9	王家港站	集中站	45 kVA			
10	九顶山站	非集中站	15 kVA			
11	钱塘江路（青职学院）站	非集中站	15 kVA			
12	奋进路站	非集中站	15 kVA			
13	青大附院西海岸院区站	集中站	45 kVA			
14	港头站	非集中站	15 kVA			
15	薛家泊子站	非集中站	15 kVA			
16	马家楼站	非集中站	15 kVA			
17	抓马山站	非集中站	15 kVA			
18	青岛九中（幸福小镇）站	集中站	45 kVA			
19	河洛埠（中德生态园）站	非集中站	15 kVA			
20	山王河（福莱社区）站	非集中站	15 kVA			
21	横云山路站	集中站	45 kVA			

表 3-23 控制中心、车辆段 TACS 列控系统供电要求表

序号	项目	用电量/kVA	说明
1	控制中心	40	指挥中心
2	车辆段	50	抓马山车辆段
3	试车线	20	
4	维修中心	10	
5	培训中心	30	

3.19.3.2 电缆的敷设

区间信号光、电缆挂设在弱电电缆支架，与电力电缆分开敷设。高架段宜采用隐蔽方式敷设光、电缆，可设于左右线路中间的疏散平台下；地下车站设于行车方向右侧隧道壁上，上下行光、电缆应分开敷设。

对于岛式车站，线缆原则上从站台层的区间弱电电缆架引出，沿通号电缆间直至贯通到站厅层，进入站厅层信号设备室，然后经由弱电井进入站台层，与站台设备连接。

对于侧式站台，线缆原则上从站台层两隧道侧壁弱电电缆架引出，进入两侧站台板下，经通号电缆间直接向上进入站厅层，然后直接进入站厅层的设备室。

设备室、电源室及控制室之间的线缆经由架空地板、穿越隔墙或走廊吊顶上方的走线槽贯通。采用吊顶上方综合吊架走线槽方式时，信号专业负责提供线槽路径及大小，最终交由管线综合专业统一考虑，合理走线。

3.19.4 列车自主运行系统云平台预留

列车自主运行系统（TACS）是城市轨道交通中保证列车运行安全，实现行车指挥和列车运行现代化、智能化，提高运行效率的关键系统设备。由于本线为国内首次进行列车自主运行系统（TACS）工程实施的示范应用，列车自主运行系统（TACS）的 ATS 系统尚未有成熟应用的经验，故本次设计的列车自主运行系统（TACS）的 ATS 系统暂不考虑云化方案，列车自主运行系统（TACS）的 ATS 系统的资源需求（硬件及接入条件）可在云平台预留，待时机成熟后再迁移上云，部署于安全生产网中。

第 4 章　列控系统及工程设计

列车自主运行系统（TACS）示范工程的示范项目是青岛市地铁 6 号线，本章将从 6 号线的设计依据、设计基础条件、列控系统总体架构、列控系统网络架构、列控系统接口、运行模式、列控系统功能及 6 号线工程设计特点和图纸等方面入手，详细说明青岛市地铁 6 号线列控系统的设计。

4.1　青岛地铁 6 号线概况

青岛地铁 6 号线是一条呈反"C"形的线路，是贯穿了西海岸新区中心城区的大运量骨干线，串联了西海岸交通商务区、海洋高新区、灵山湾影视文化产业区、经济技术开发区、国际经济合作区，缩短沿线各功能区之间的时空距离，提升新区公共交通服务品质。与轨道交通线网中的 1、2、12、13、21、22、23 号线换乘，满足外围区域快速进入中心区的客流需求，实现西海岸新区内部各功能区及与东岸、北岸城区间的快速联系，并与青连铁路进行有效衔接，提升对外交通枢纽集散能力。

青岛地铁 6 号线西起交通商务区铁山街道的铁山站，沿菊花山路—青西站东广场绿带—东岳路—珠山路—双珠路—滨海大道—海岸大道—开城路—长江路—江山路—奋进路—团结路敷设，终点为国际经济合作区王台镇的王台站。线路全长 57.557 km，其中地下线长度为 48.806 km，过渡段长度为 0.160 km，高架线长度为 8.591 km。全线设 38 座车站，其中地下站 33 座，高架站 5 座，平均站间距 1.54 km。设 1 段 2 场，分别为抓马山车辆基地、铁山停车场、王台停车场；设开闭所 2 处，分别位于双珠路站、北门外站，设主变电站 1 处，位于疏港高速北侧与团结路东侧夹角范围。控制中心与 1、

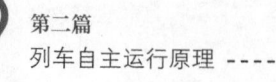

7、12、13号线及一条预留线共享合建于1号线王家港站附近，由1号线建设。采用B型车6辆编组，最高运行速度100 km/h。

一期工程起点为灵山湾站，终点为横云山路站，线路全长30.492 km，其中地下线30.427 km，过渡段0.065 km，共设21座车站，全部为地下站，平均站间距1.496 km，设换乘站7座，分别与1、2、12（滨海学院站、中德工业园站）、13、21、22号线换乘。在辛屯站西北象限设置与13号线的联络线，长度329.378 m（由6号线实施249.378 m）；在港头站西北象限设置与21号线的联络线，长度351.858 m（由6号线实施58 m）；在薛家泊子站东南象限设置与2号线的联络线，长度342.578 m（由6号线实施80 m）。设抓马山车辆基地一处，由青岛九中（幸福小镇）站南端接轨，出入线长0.850 km。设开闭所1处，位于北门外站，设主变电站1处，位于疏港高速北侧与团结路东侧夹角范围。控制中心与1、7、12、13号线及一条预留线共享合建于1号线王家港站附近，由1号线建设。

二期工程分南北两段，南段起点为铁山站，终点为灵山湾站，线路全长18.379 km，全部为地下线，设地下车站12座，换乘站3座，与13、22、23号线换乘，设铁山停车场1处。北段起点为横云山路站，终点为王台站，线路全长8.686 km，高架线长度为8.591 km，过渡段长度为0.095 km，设高架车站5座，设王台停车场1处。沿用一期工程控制中心，沿用青岛九中（幸福小镇）主变电站和北门外站开闭所，新设双珠路站开闭所。

青岛市地铁6号线线路走向示意图如图4-1所示。

4.2 设计依据和设计范围

4.2.1 设计依据

（1）《青岛地铁6号线一期工程可行性研究报告》及青岛市发展和改革委员会的批复。

（2）《青岛市城市轨道交通建设规划调整（2013—2021年）》。

（3）中国城市轨道交通协会关于同意《关于青岛市（轨道交通）基于车载控制系统示范工程的申请》的批复。

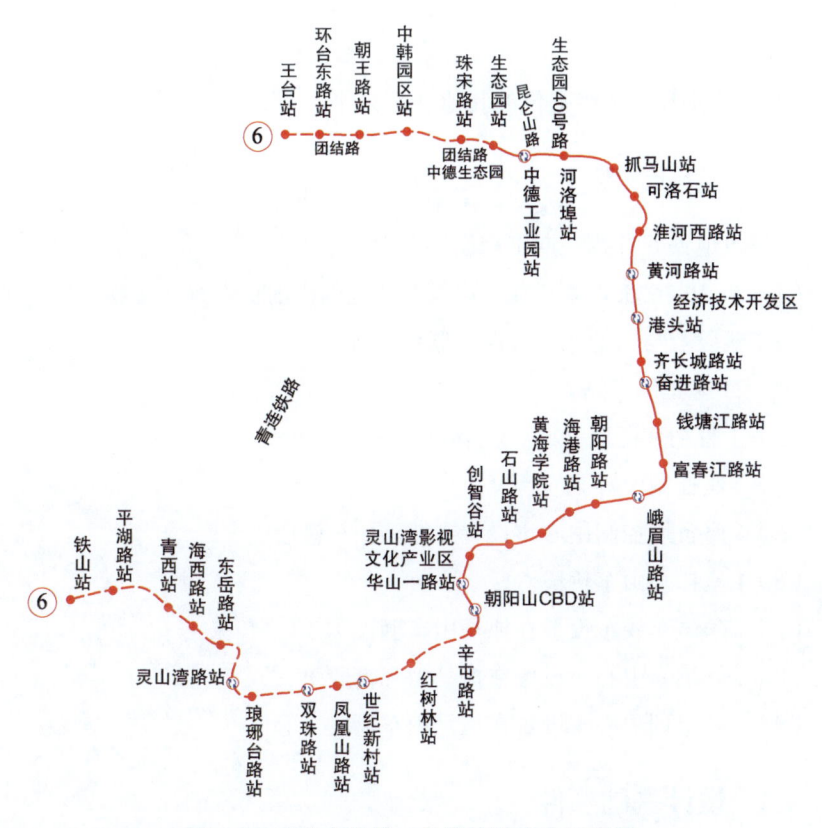

图 4-1　青岛市地铁 6 号线线路走向示意图

（4）《青岛地铁 6 号线列车自主运行系统暨信号系统初步设计方案专题评审会》的专家审查意见。

（5）国家发展改革委办公厅关于印发《增强制造业核心竞争力三年行动计划（2018—2020 年）》重点领域关键技术产业化实施方案的通知（发改办产业〔2017〕2063 号文）。

（6）《青岛市发展和改革委员会关于转发下达增强制造业核心竞争力专项 2018 年中央预算内投资计划的通知》（青发改投资〔2018〕42 号文）。

（7）《青岛市地铁 6 号线一期工程（灵山湾—横云山路）总体设计》。

（8）青岛市地铁 6 号线一期工程初步设计技术要求。

（9）山东省、青岛市有关地方法规、标准等。

（10）有关会议纪要、公文及政府部门提供的基础资料。

（11）业主和总体组提供的其他有关文件。

4.2.2 设计范围

青岛市地铁 6 号线一期工程设计范围：

（1）约 30.762 km 双正线，以及正线范围内的折返线、渡线、停车线、正线与车辆段及与其他相关线路的联络线等。

（2）21 座正线车站。

（3）工程初期配属 29 列 6 辆编组列车。

（4）1 座控制中心。

（5）1 座备用控制中心（设置在抓马山车辆段）。

（6）1 座抓马山车辆段。

（7）1 条试车线（设置在抓马山车辆段）。

（8）1 处维修中心（设置在抓马山车辆段）。

（9）1 处培训中心（设置在抓马山车辆段）等。

4.3 设计基础条件

4.3.1 设计年限

青岛市地铁 6 号线一期工程设计年限：初期为 2027 年、近期为 2034 年、远期为 2049 年。

4.3.2 线　路

正线采用双线右侧行车制。

线路平面最小曲线半径：区间正线一般情况下为 700 m。

车站正线：一般应为直线，困难情况下曲线半径不小于 1 000 m。

区间正线线路的最大坡度：地下线为 30‰。

圆曲线最小长度：在正线、联络线及车辆基地出入线上，一般不宜小于 20 m，在困难情况下，不得小于一节车辆的全轴距。

曲线间的夹直线：

（1）正线、联络线及车辆基地出入线上，两相邻曲线间，无超高的夹直线最小长度一般不宜小于 0.5 m，在困难情况下不得小于 20 m。

（2）道岔缩短渡线，其曲线间夹直线可缩短为 10 m。

4.3.3 轨 道

（1）钢轨。

正线、辅助线、出入线及试车线采用 60 kg/m 钢轨，车场线采用 50 kg/m 钢轨。

（2）道岔。

正线、辅助线及试车线采用 60 kg/m 钢轨 9 号道岔，道岔直向容许通过速度 120 km/h，侧向容许通过速度 35 km/h。车场线采用 50 kg/m 钢轨 7 号道岔，道岔直向允许通过速度 60 km/h，侧向允许通过速度 35 km/h。

4.3.4 车 站

青岛地铁 6 号线一期工程共设 21 座车站，均为地下站，详见表 4-1。

车站站台有效长度为 118 m。

靠近站台的对向道岔岔心（两条线路中心线交汇处）至车站有效站台边缘的距离≥22 m。

表 4-1 青岛地铁 6 号线一期车站表

序号	车站名称	车站形式	中心里程	站间距	换乘形式	道岔数
—	起点	—	DK22+762.575	—	—	—
1	灵山湾站	岛式	DK23+195.693		一期起点站	10
2	辛屯站	岛式	DK24+418.423	1 222.73	换乘站（在建13号线）	3

续表

序号	车站名称	车站形式	中心里程	站间距	换乘形式	道岔数
3	华山站	岛式	DK25+603.791	1 185.368	换乘站（22号线）	—
4	星海滩路站	岛式	DK26+613.061	1 009.269	—	—
5	赵家庙（影视产业园）站	岛式	DK28+716.428	2 103.368	—	2
6	毛家山（黄海学院）站	岛式	DK29+876.849	1 160.421	—	—
7	西门外站	岛式	DK31+072.443	1 195.594	—	5
8	北门外站	岛式	DK32+181.183	1 108.739	—	—
9	峨眉山路站	双岛式	DK34+542.856	2 361.674	换乘站（在建1号线）	2
10	九顶山站	岛式	DK36+167.525	1 624.669	—	2
11	钱塘江路（青职学院）站	岛式	DK37+731.762	1 564.237	—	—
12	扒山（滨海学院）站	岛式	DK39+165.690	1 433.928	换乘站（12号线）	—
13	青大附院西海岸院区站	岛式	DK40+051.974	886.284	—	10
14	港头站	岛式	DK42+351.404	2 350.937	换乘站（21号线）	1
15	薛家泊子站	岛式	DK44+141.867	1 790.463	换乘站（在建2号线）	3
16	马家楼	岛式	DK45+726.078	1 584.211	—	—

续表

序号	车站名称	车站形式	中心里程	站间距	换乘形式	道岔数
17	抓马山站	岛式	DK47+429.439	1 703.462	—	—
18	青岛九中（幸福小镇）站	岛式	DK48+762.078	1 332.64	—	10
19	河洛埠（中德生态园）站	岛式	DK50+667.359	1 905.281	—	—
20	山王河（福莱社区）站	岛式	DK51+722.730	1 055.371	换乘站（12号线）	—
21	横云山路站	岛式	DK53+338.173	1 615.443	一期终点站	4
—	终点	—	DK53+472.873	1 111.439	—	—

4.3.5 车辆段

设有1座抓马山车辆段，内设运用库、检修库、镟轮库、洗车机库、试车线等。

4.3.6 试车线

试车线设在抓马山车辆段内，全长870 m，钢轨类型为60 kg/m。

4.3.7 车　辆

（1）车辆配置。

采用国家标准B型车，列车6辆编组，6号线一期初期配置29列车。

（2）列车编组方式。

本线车辆编组初、近、远期均采用B型车6辆编组，4动2拖方案，编组形式如下：

$$+Tc*M*M = M*M*Tc+$$

式中：M——不带司机室的动车；

　　　Tc——带司机室的拖车；

*——半永久牵引杆；

=——半自动车钩；

+——带气动解钩的半自动车钩。

列车长度（列车两端车钩连接面之间）：6辆编组120 m。

（3）车辆牵引和制动特性。

表 4-2　车辆牵引和制动特性表

车辆构造速度	110 km/h
列车最高运行速度	100 km/h
启动平均加速度（0~40 km/h）	≥0.95 m/s^2
平均加速度	≥0.5 m/s^2
制动减速度（常用）	≥1.0 m/s^2
制动减速度（紧急）	≥1.2 m/s^2

4.3.8　行车组织与运营管理

（1）采用双线运营线路，右侧行车制。

（2）采用全封闭的运营线路。

（3）行车方向：灵山湾站到横云山路站方向为上行方向，横云山路站到灵山湾站方向为下行方向。

（4）列车初、近、远期运行交路如图 4-2 所示。

4.3.9　供电工程

（1）牵引网供电方式采用 DC 1 500 V 接触轨供电方式。

（2）动力照明系统采用 220 V/380 V 三相四线制配电方式，并采用 TN-S 系统接地型式。

4.3.10　站台门

在地下车站安装站台门上部设置可控风口的全封闭站台门。站台门纵向组合的总长度约为 114.5 m，站台门的主要技术参数：

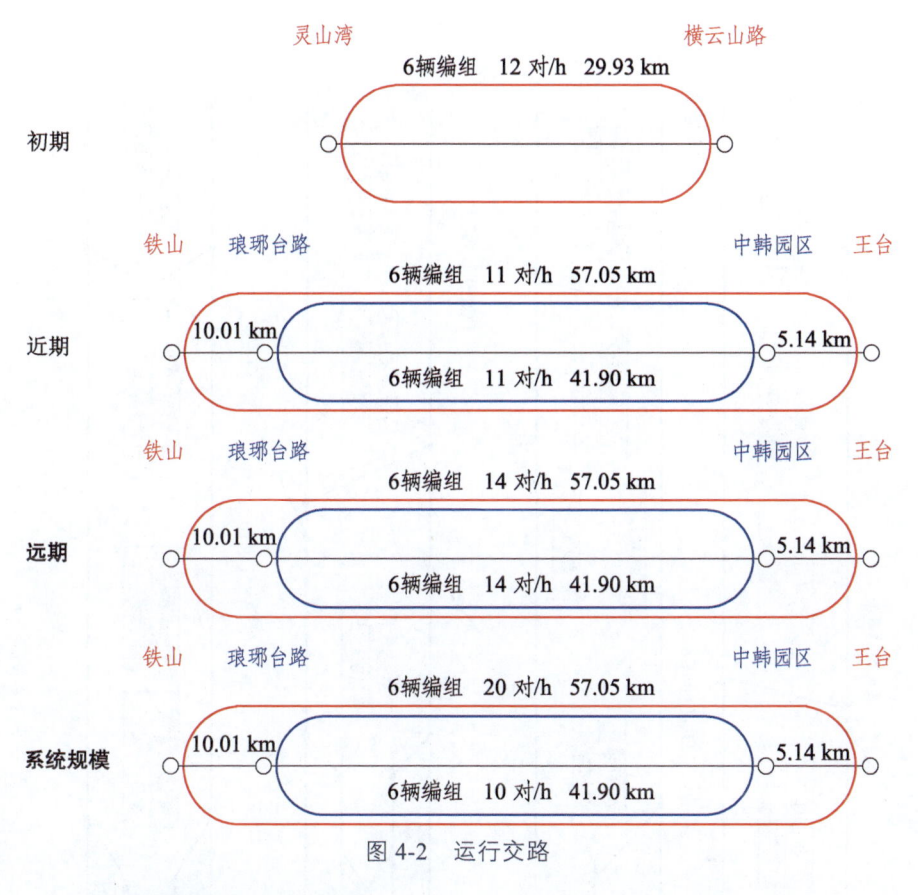

初期　灵山湾　横云山路
6辆编组　12 对/h　29.93 km

近期　铁山　琅琊台路　中韩园区　王台
6辆编组　11 对/h　57.05 km
10.01 km　5.14 km
6辆编组　11 对/h　41.90 km

远期　铁山　琅琊台路　中韩园区　王台
6辆编组　14 对/h　57.05 km
10.01 km　5.14 km
6辆编组　14 对/h　41.90 km

系统规模　铁山　琅琊台路　中韩园区　王台
6辆编组　20 对/h　57.05 km
10.01 km　5.14 km
6辆编组　10 对/h　41.90 km

图 4-2　运行交路

（1）滑动门净高度：2.05 m。

（2）滑动门标准净开度：1.9 m。

（3）列车停车精度：±0.3 m。

（4）开门行程完成时间 2.5 ± 0.1 s ~ 3.5 ± 0.1 s（范围内可调）。

（5）关门门行程完成时间 3.0 ± 0.1 s ~ 4.0 ± 0.1 s（范围内可调）。

4.3.11　车站配线设置

青岛地铁 6 号线全线车站配线图如图 4-3 所示。

4.4　列控系统总体架构

青岛市地铁 6 号线列车自主运行列控系统的总体构成如图 4-4 所示。

图 4-3 车站配线

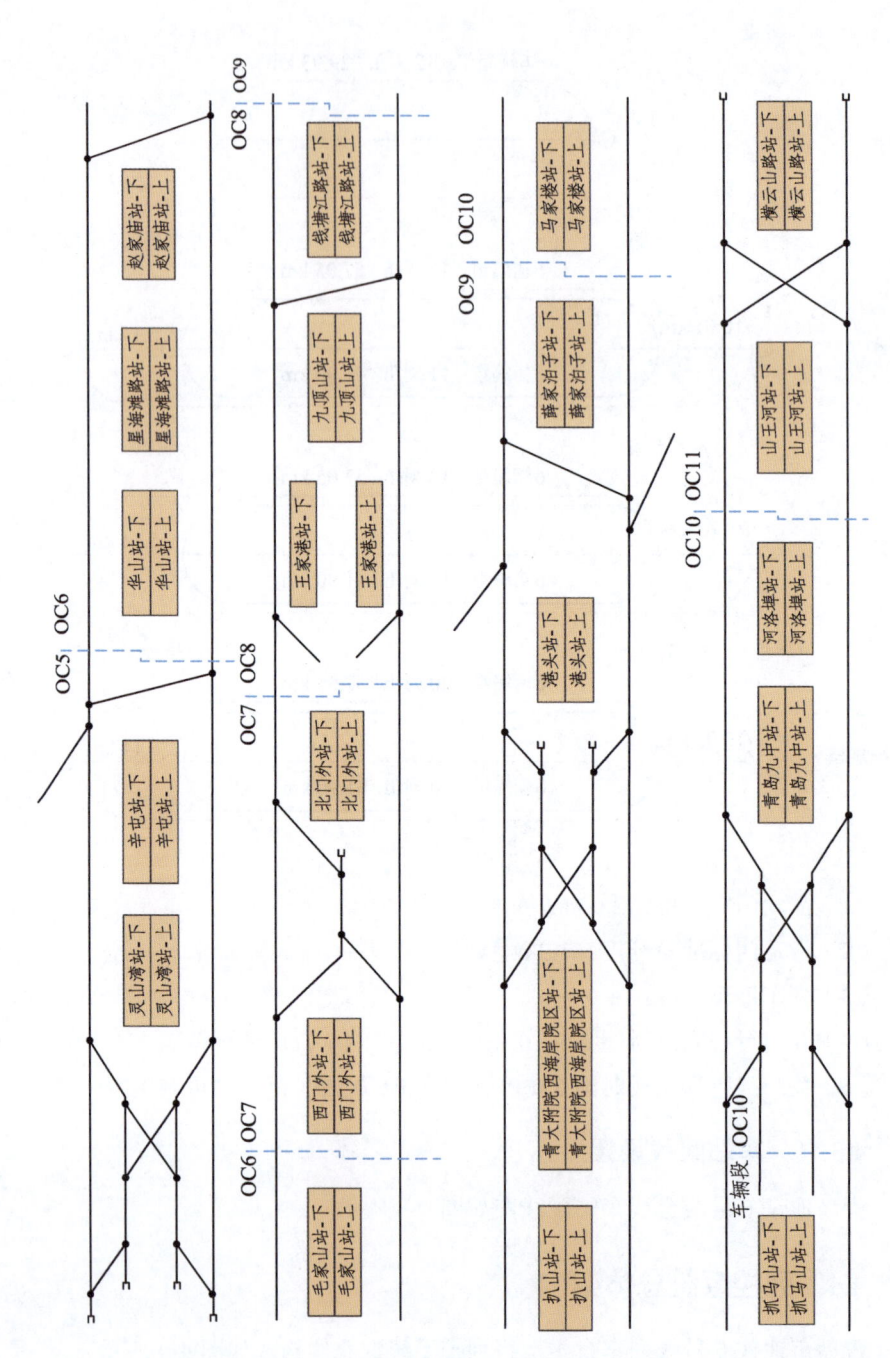

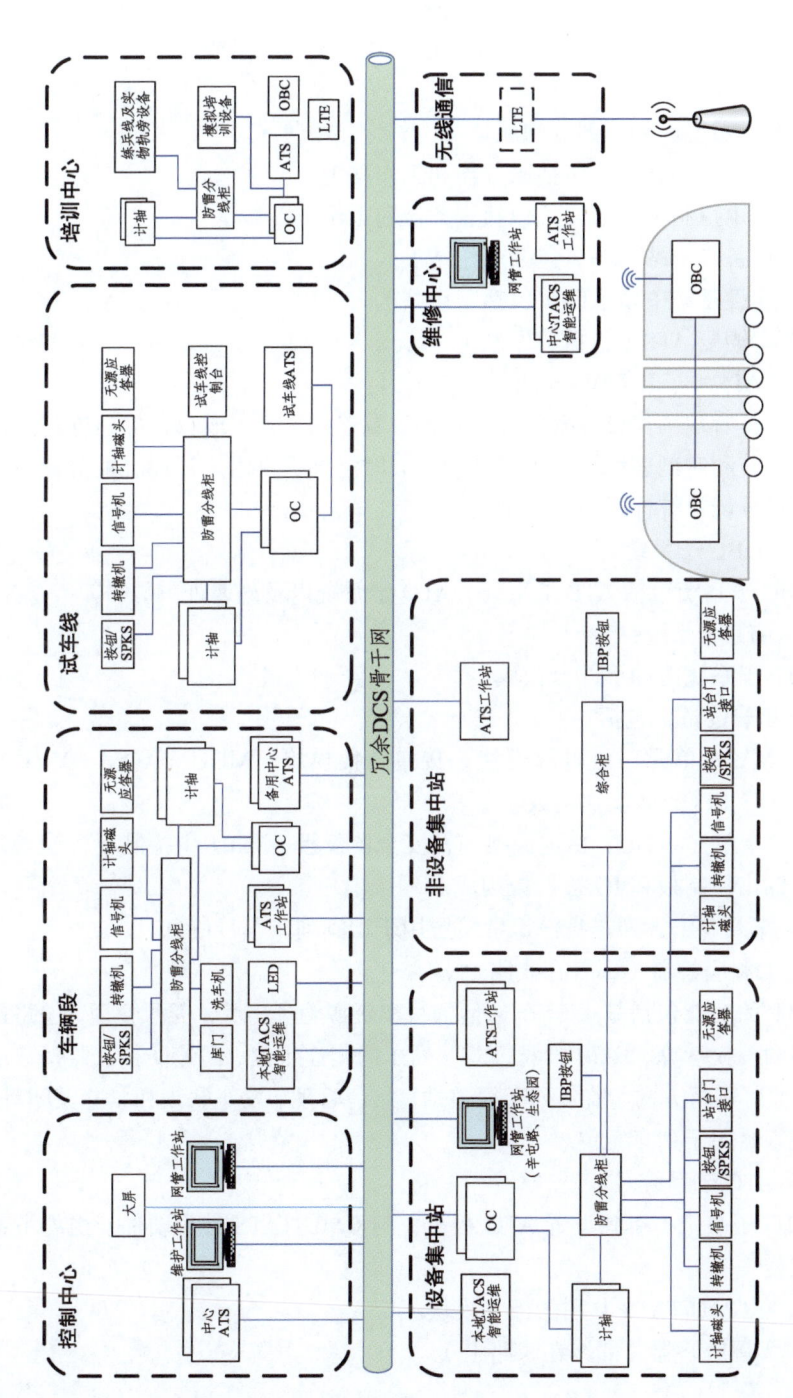

图 4-4 列车自主运行系统列控系统总体架构图

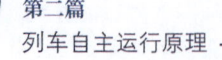

列车自主运行系统的列控系统由以下几个子系统组成。

（1）ATS 子系统。

ATS 子系统由如下部分构成：

① 控制中心 ATS（包括服务器和工作站）。

② 备用控制中心 ATS（包括服务器和工作站）。

③ 设备集中站 ATS（包括工作站）。

④ 非设备集中站 ATS（包括工作站）。

⑤ 车辆段 ATS（包括工作站）。

⑥ TATS（车载 OBC 模块）。

ATS 具有现场信号设备监控、列车位置追踪、人工或自动排列进路、自动列车调整和时刻表编辑等主要功能，同时能够提供用户管理、报警管理、服务质量分析及统计报表等辅助功能。

（2）OBC 子系统。

OBC 子系统包括 ATP 子系统、ATO 子系统以及附属外围设备。

① ATP 子系统：

ATP 子系统由如下部分构成：

a. 车载设备，包括：

• MVU 单元：由电源模块、接口转换模块、MDU、AOM、VCU、CMU/TATS 和 ODM 模块构成。

• IO 单元 VDU：由电源接口及安全监督板、VDU 主控制板、输入采集板、输出控制板和 IO 接口板构成。

• 车载 VID：列车身份识别装置用于识别列车车号信息。

b. 无源应答器（部署在线路上）。

ATP 的功能包括基于车-车通信的行车资源管理、附属资源管理、进路预留及移动授权计算、FAM 驾驶模式、列车的测速定位、超速防护、监督移动授权、监督运行方向、监督列车完整性、站台管理、发车联锁和紧急关闭等，无源应答器用于列车定位。

② ATO 子系统。

ATO 子系统不单独设置 ATO 板卡，与 CMU/TATS 共用硬件。由如下部分构成：

a. 与 CMU/TATS 共用的板卡模块。

b. 无源应答器（部署在线路上）。

ATP、ATO 子系统共同提供全自动运行的 ATO 功能，包括休眠唤醒、自动洗车、列车的自动驾驶、站台门和车门控制、跳停和扣车等。无源应答器用于列车定位和站台精确停车。

③ 附属外围设备。

附属外围设备包括车载 DMI、速度计和加速度计、应答器查询主机和应答器天线。

（3）OC 子系统。

OC 子系统由如下部分构成：

① 设备集中站 OC。

② 车辆段 OC。

OC 具有处理资源登记控制权、点位驱采、储存临时限速、储存扣车跳停等功能，并能为降级列车提供列车防护功能。

（4）DCS 子系统。

DCS 子系统由如下部分构成：

① DCS 有线网络。

② 基于 LTE 的无线网络。

DCS 子系统提供端到端的实时宽带数据通信，为列控系统的中央、轨旁各个控制子系统之间构筑安全、可靠、实时透明的信息传输平台。

（5）TACS 列控智能运维子系统。

TACS 列控智能运维子系统由如下部分构成：

① 维修中心（包括服务器和工作站）。

② 控制中心/备用控制中心（包括工作站）。

③ 设备集中站（包括服务器和工作站、信号集中监测设备和道岔监测设备等）。

④ 车辆段（包括服务器和工作站、信号集中监测设备和道岔监测设备等）。

TACS 列控智能运维子系统具有信号设备状态检测、报警与统计、故障诊断与处理和辅助维护管理功能。此外系统具备智能数据分析功能，基于监测采集的基础数据及智能化的专家诊断和分析方法，不仅满足了对信号系统设备的监测报警和统计报表的功能需求，还能对信号系统的各设备进行维护信息分析，提供维护支持。信号设备故障时，在相关的工作站上显示相关的维护引导指令，以帮助维护人员迅速排除故障。

（6）试车线设备。

试车线设备由如下部分构成：

① 试车线 ATS。

② 无源应答器。

③ 试车线全电子 OC。

④ 试车线 DCS（包括有线网络）。

⑤ 开关按钮，包括：SPKS、再开门按钮、再关门按钮、紧急关闭、站台自动发车控制按钮、站台发车模式选择开关等。

⑥ 试车线控制台。

试车线设备具有完成车载设备的所有 ATP/ATO 的静、动态功能测试及其与地面列控系统设备结合的测试，并给出测试分析结果的功能。

（7）培训中心设备。

培训中心信号设备由如下部分构成：

① 模拟 ATC 系统的培训软件（包括仿真 ATC 子系统软件、环境仿真系统软件）。

② 模拟仿真培训设备（包括服务器和工作站）。

③ 实物仿真培训设备（包括 ATS/ATP/ATO/OC/DCS 等的实物设备）。

培训中心设备具备：模拟 ATC 系统的设备运营情况，演示 ATC 系统的工作原理的能力，并能模拟 ATC 系统不常见的故障；能对运营过程中出现的故障进行重现并提供故障处理方法、依据；能对信号维护人员的技能进行鉴定；能实现与正线最大设备集中站管辖区一致情况下的培训模拟。

培训中心部分轨旁列控设备设于车辆段练兵线上，用于运营人员模拟正线轨旁设备安装。

（8）电源。

在控制中心、备用控制中心、全线各车站、试车线、停车列检库、维修中心、培训中心的列控设备室或电源室、各维修工区配置列控电源设备。

（9）车辆段 DCC 及备用控制中心调度室 LED 显示系统。

青岛市地铁 6 号线车辆段 DCC 及备用控制中心调度室 LED 显示系统由室内全彩小间距 LED 显示屏、管理工作站（含显示器）、LED 控制器、图像拼接处理器、屏幕控制管理软件、配套设备以及电源系统等部分组成。

（10）控制中心大屏幕系统。

青岛市地铁 6 号线控制中心设置的大屏幕系统由大屏幕显示墙体（含显示单元、底座及支架等）、大屏拼接控制器、控制管理工作站、大屏幕控制管理软件、配套设备以及电源系统（包括 UPS、蓄电池、配电柜以及电源防雷箱）等部分组成。

（11）其他设备。

其他信号设备主要由如下部分构成：

① 计轴设备。

② 道岔缺口监测设备。

③ 转辙机设备、信号机设备。

④ 室内外光电缆。

⑤ 漏泄电缆及射频电缆。

4.5 列控系统网络架构

列控系统网络架构如图 4-5 所示，具体包括：

（1）骨干网络：冗余的骨干网络实现将所有物理位置分散的列车自主运行系统连接成一个连通的网络。

（2）本地网络：指控制中心、备用控制中心、设备集中站/车辆段、非集中站等地的列控设备各自组成的网络，实现列控设备在本地连通。

（3）无线网络：通过无线方式，实现移动列车与列车、列车与轨旁设备之间的双向实时通信。本工程采用 LTE 方案。

（4）安全网络：安全网络实现对所有通信数据在进入有线网络（骨干网络、本地网络的统称）、无线网络前，将数据进行加密鉴权，当通信数据到达目的端后，经过解密认证后，还原数据。安全网络同时对于各种外来入侵、威胁进行防御，在各本地网络边界建立一个安全屏障，为本地网络提供安全防护。安全网络的主要设备是安全网关（Security Gateway，SG），安全网关的防火墙功能、入侵检查防护系统（Intrusion Detection Prevention System，IDPS）、病毒隔离等功能可实现抵御外部威胁的作用，同时虚拟专网（VPN）功能可实现保证通信安全的作用。安全网关布置在与外部系统的接口处，包括控制中心、车辆段和车辆。在控制中心和车辆段布置安全网关。在车辆的车头和车尾各布置一台安全网关。

图 4-5 网络架构示意图

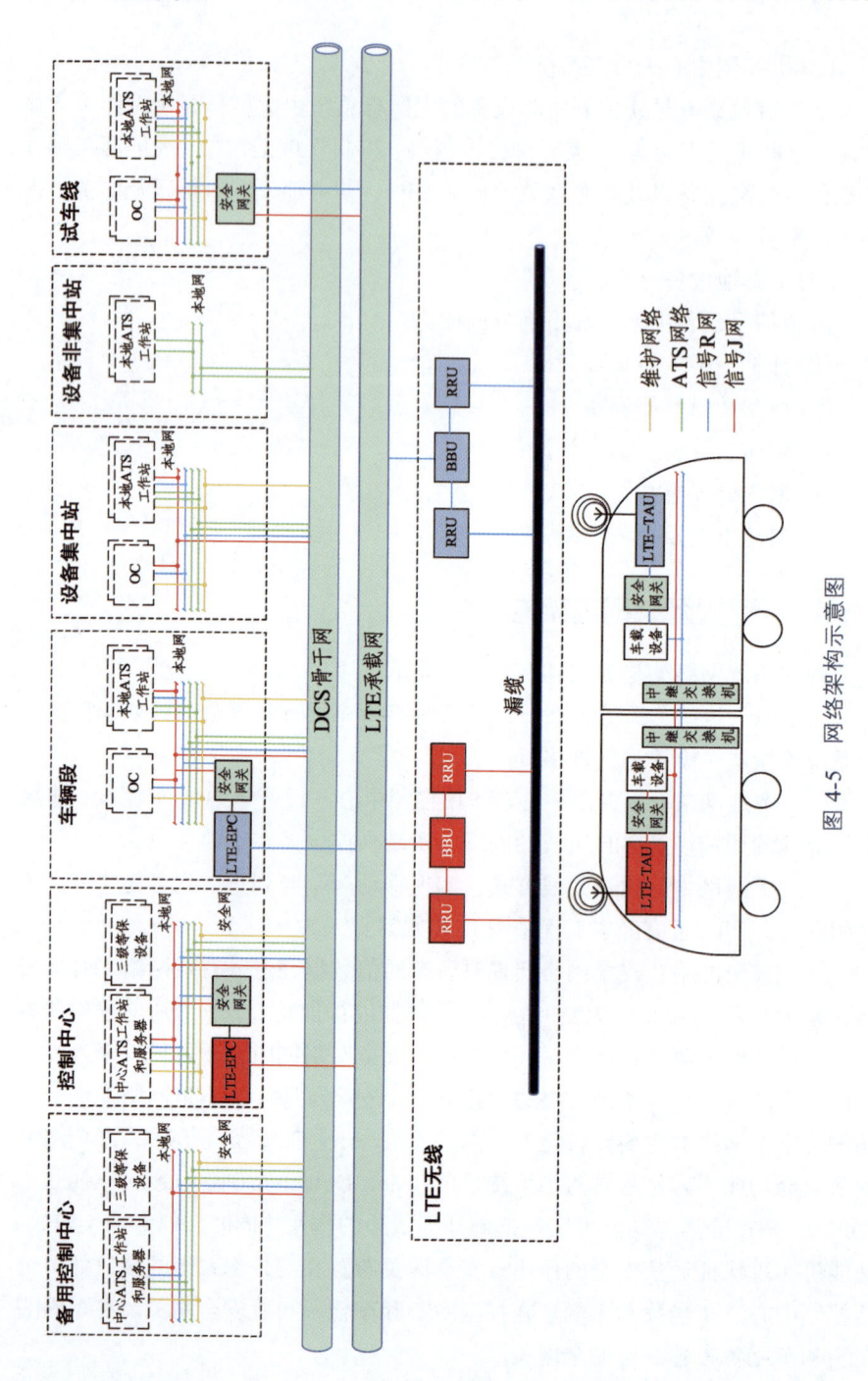

4.6 列控系统接口

系统主要的信息流如图 4-6 所示。系统运行过程中各内部子系统交互如图 4-7 所示。

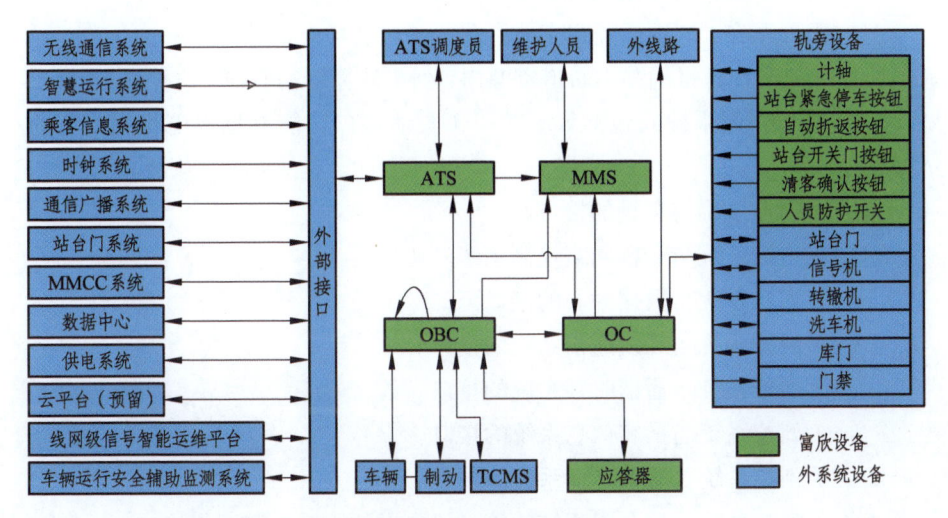

图 4-6 系统交互信息图

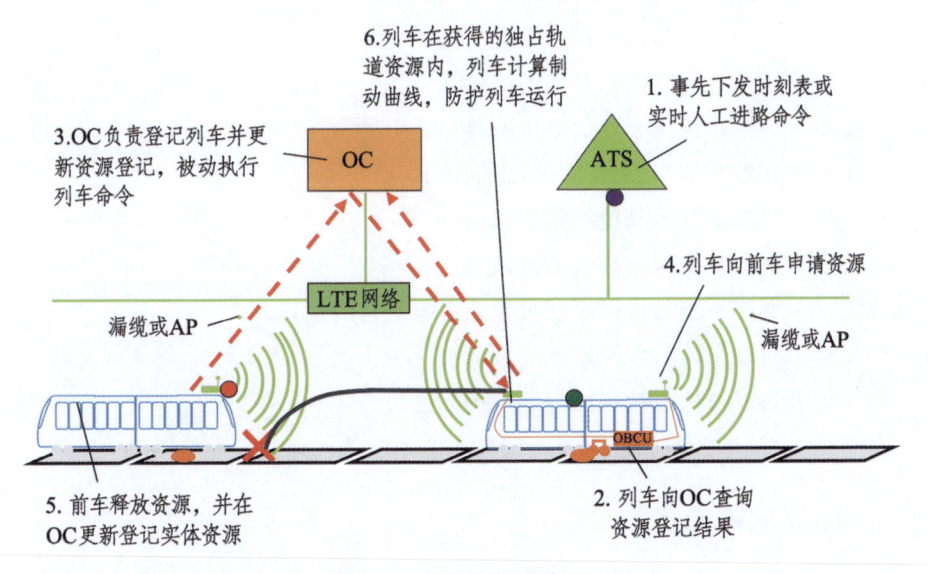

图 4-7 系统交互信息图

（1）ATS事先将时刻表或ATS将自动进路、实时人工进路命令下发给列车。

（2）OC负责登记列车并更新资源登记，被动执行列车命令，列车根据进路需求向OC登记并查询资源登记结果。

（3）列车向前车申请资源，前车释放资源。

（4）列车在OC更新登记实体资源，并对现场设备进行驱采。

（5）列车在获得的独占轨道资源内，列车计算制动曲线，防护列车运行。

列控与外部系统间包括如下接口（具体接口功能参见本篇相关章节的内容）。

（1）列控系统与车辆的接口。

（2）列控系统与车辆网络控制系统的接口。

（3）列控系统与数据中心的接口。

（4）列控系统与无线通信系统的接口。

（5）列控系统与通信时钟系统的接口。

（6）列控系统与乘客信息系统的接口。

（7）列控系统与通信广播系统的接口。

（8）列控系统与站台门系统的接口（包括硬线接口和网络接口）。

（9）列控系统与洗车机的接口。

（10）列控系统与智慧运行系统的接口。

（11）列控系统与供电系统的接口。

（12）列控系统与车库门系统的接口。

（13）列控系统与MMCC系统的接口。

（14）列控系统与其他线路的接口。

（15）列控系统与云平台的接口。

（16）列控系统与线网级信号智能运维平台的接口。

（17）列控系统与大屏系统的接口。

（18）列控系统与轨行区门禁系统的接口。

（19）TACS列控智能运维与辅助监测系统的接口。

4.7 运行模式

TACS列控系统的列车控制等级分为以下两种：

（1）自主运行的列车控制级别（TACS）：列车自主防护运行路径的一种移动闭塞行车方式。

（2）单车降级控制级别（TACS）：列车受管理员防护行车路径的一种固定闭塞行车方式。

自主运行的列车控制级别为列控系统的正常控制方式，单车降级控制级别为自主运行控制级别中的降级控制方式，系统中不同列车可同时分别处于不同列车控制级别（混合运行）。

本工程所有正线、折返线、渡线、停车线、出入段线、车辆段自动化区域、试车线均具备自主运行的列车控制级别功能。

自主运行的列车控制级别（TACS）系统的工作过程如下：

（1）车载 OBC 与前车的车载设备通信。

（2）车载 OBC 设备以行车资源为基础向前车的车载设备申请轨道资源。

（3）收到后车的车载 OBC 设备的行车资源申请请求后，车载 OBC 设备将不需要的行车资源移交给后车。

（4）车载 OBC 在行车资源范围内向轨旁 OC 预留道岔、站台门等轨旁设备获取控制权和状态。

（5）车载 OBC 向轨旁 OC 发送命令控制其已预留的物理设备，如移动道岔，开关站台门等。

（6）车载 OBC 在行车资源范围内为当前列车计算移动授权，移动授权障碍物包括但不限于未预留的物理设备、未预留的行车资源、关闭的轨道、前行列车。

（7）车载 OBC 控制当前列车接近的信号机开放。

单车降级控制级别用于车载设备故障、车地无线通信丢失、列车丢失定位等故障场景。单车降级控制级别（TACS）时，地面管理员为故障的列车、非装备列车计算移动授权，并控制信号机开放，综合运营人员按照轨旁的信号机的指示驾驶列车，实现健康列车和故障列车的混合运营。

混跑时，健康列车的运行按照自主运行的列车控制级别（TACS）运行，运行过程参考上面的描述；故障列车的运行过程及信息流如下：

（1）ATS 自动或人工为故障列车办理进路。

（2）OC 管理员收到 ATS 进路命令后，预留进路范围内的行车资源。

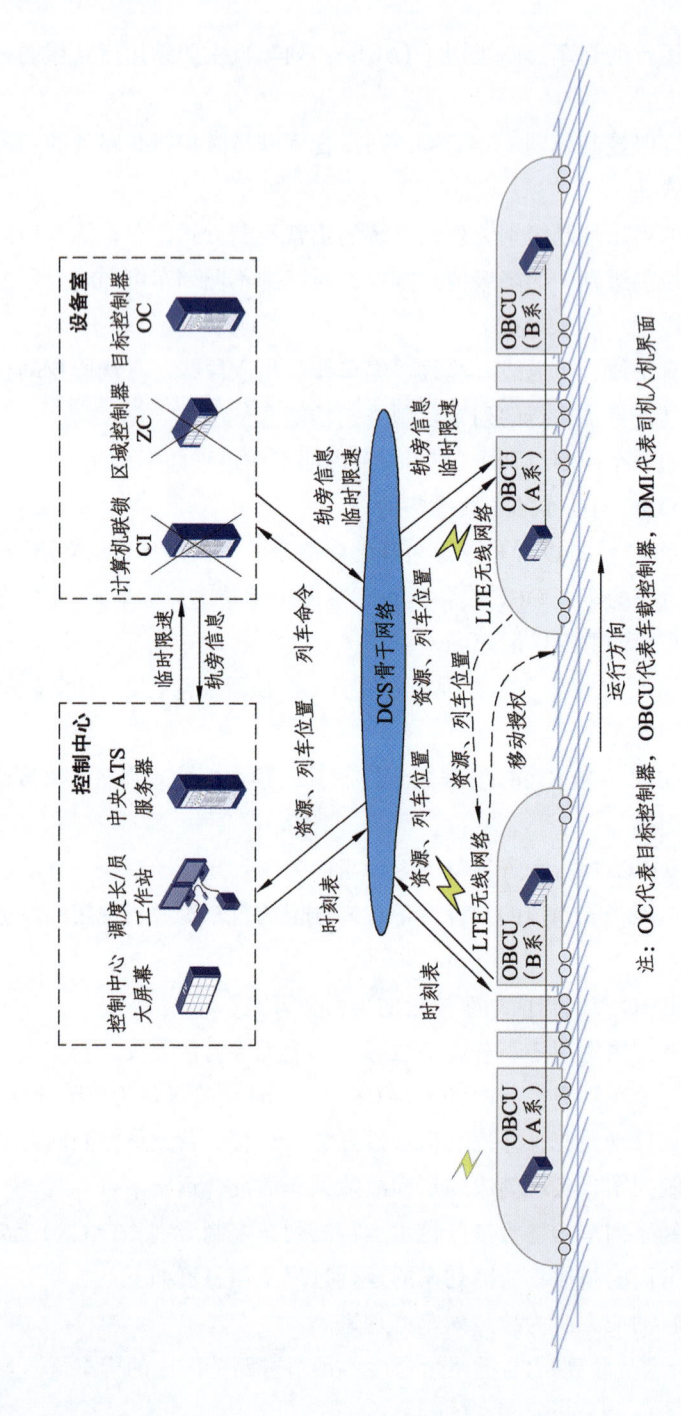

图 4-8 自主运行的列车控制级别（TACS）工作原理

注：OC代表目标控制器，OBCU代表车载控制器，DMI代表司机人机界面

（3）OC 管理员在行车资源范围内向 OC 预留道岔、站台门等轨旁设备获取控制权和状态。

（4）OC 管理员向 OC 发送命令控制其已预留的物理设备，如移动道岔，开关站台门等。

（5）OC 管理员控制当前列车接近的信号机开放。

（6）OC 管理员根据计轴出清占用序列，解锁进路及释放相关资源。

4.8 列控系统功能

4.8.1 中央设备功能

中央 ATS 自动实现行车指挥控制、列车运行监视和管理。

中央 ATS 列车进路的控制包括自动控制和人工控制两种方式，自动控制依据列车任务自动触发相关进路，人工控制由工作人员手动设置进路。系统可以办理以列车或信号机为起点、以站台或信号机为终点的列车进路。

中央 ATS 子系统在列控系统监视范围内自动跟踪列车位置。当列车占用检测设备故障时，中央 ATS 子系统可办理引导方式行车。

中央 ATS 子系统实现对车辆段/停车场站场情况的监控。

中央 ATS 子系统具备复杂线路的运行管理功能，满足"Y"型交叉线路的运营需求。

中央 ATS 子系统检测列车计划冲突，并提示调度员采取列车计划冲突干预方案。

设置车载 ATS 子系统时，中央 ATS 子系统具有将列车计划数据（包含运行线数据和时刻表数据）发送给列车的功能，计划变更后，中央 ATS 子系统将变更后的计划数据发送给列车。

中央 ATS 子系统具有全线或单站线路布局、列控设备状态、列车运行状态、移动授权状态、设备通信状态等显示功能，线路布局的显示画面统一显示方向及方位。

中央 ATS 子系统具有列车运行信息的显示功能，显示的信息至少包含列车运行模式、列车识别号、早晚点信息等。

中央 ATS 子系统根据列车实际运行情况自动完成列车识别号的匹配、移除与跟踪，调度员可通过界面进行列车识别号的增加、删除、修改等。

列车运行图包含基本运行图、计划运行图和实际运行图。运行图能显示列车在车站的到达、出发或通过时刻。

计划运行图和实际运行图采用不同的底色和线条同时显示在运行图显示工作站显示器的同一画面上，以现时时刻为分界线，随着时间的推移，运行图按当前时间居中显示。

中央 ATS 子系统根据当天的计划运行图/时刻表，在人工的参与下形成当日车辆运用计划和配车计划。

车辆段/停车场值班员根据当日车辆运用计划和配车计划组织车辆段/停车场的列车运行作业，自动或人工设置出入车辆段/停车场内的进路。

车辆段/停车场的配车计划生成后，直接生成司机的派班计划并传至司机派班室。车辆段/停车场的派班计划由中央 ATS 子系统直接生成。

中央 ATS 子系统对车辆段/停车场值班员 ATS 终端进行出库列车自动预先通知，到达规定时间尚无列车在车辆段/停车场转换轨时自动进行报警。

中央 ATS 子系统自动或人工调整列车运行，具备列车运行自动调整策略和多种人工调整手段。

中央 ATS 子系统查询某列车的计划运行时刻表、某站的计划运行列车时刻表、在线列车的实际运行信息等。

具有运营记录和报表统计功能，需记录和统计列车运行信息、设备状态信息、司机出乘信息等。

中央 ATS 子系统具备与乘客信息系统、中心显示大屏、乘客广播系统、时钟系统、无线通信系统接口的功能，具备与智慧运行系统、防灾报警、线网控制中心等系统接口的功能。

模拟演示及培训系统具有离线工作状态的模拟培训设施，培训系统的运行不影响在线 ATS 系统的运行。

中央 ATS 子系统将报警信息（包括车载和轨旁设备的报警信息）传至控制中心维护工作站、车站维护工作站、综合维修中心的维护工作站。

中央 ATS 子系统对列车运营的高峰和非高峰时段实施不同的能源优化方案，非高峰运营时段在不降低服务质量的前提下，采用节能运行曲线控制列车运行。

中央 ATS 子系统实现功能及控制范围的职责授权，在工作站上输入职责授权分类的系统操作人员登录口令，实现操作人员的登记进入确认。

中央 ATS 子系统保证控制命令输出的正确性和唯一性，不会出现多个控制工作站在同一时间内对同一目标实施控制。

中央 ATS 子系统对各种操作信息、设备运行状态信息及运行数据进行记录和备份，并具有根据记录数据对任何时间、任何信息点进行过程回放的功能。

中央 ATS 子系统具备不同速率的在线回放功能，回放记录的保存时间不少于 30 天。

中央 ATS 子系统具有完善的自诊断、设备运行状态监视及故障报警等功能。报警根据其危害程度和对运营的影响进行分类，并根据其严重性、确认和处理的状态不同，显示为不同的颜色，并给出提示信息。

4.8.2 地面设备功能

4.8.2.1 地面 ATS 功能

一个车站或车辆段/停车场 ATS 设备发生故障，不影响整个 ATS 子系统的工作。地面 ATS 工作站的主要功能是操作和显示，与中央工作站功能相同。也可通过配置，实现对地面 ATS 工作站功能的定制化部署。

4.8.2.2 地面 ATP 功能

地面 ATP 子系统具备通过区段占用检测列车位置的能力，采用计轴设备作为列车占用检测设备。

地面 ATP 子系统连续、自动地对轨道占用/空闲状态及列车位置进行安全可靠处理。

地面 ATP 子系统实现故障列车（ATP 车载子系统故障或与地面失去通信）、未装备 TACS 列车的位置管理。

地面 ATP 子系统具备判断列车占用检测设备故障的功能。

地面 ATP 子系统对资源实现登记申请、注销申请以及登记管理。

地面 ATP 子系统响应资源登记申请和资源注销申请。

地面 ATP 子系统具备管理资源独占控制权限的能力，确保任一时刻同一资源不被多于一个设备获取控制权，且仅执行获得控制权的设备下发的控制命令。

地面 ATP 子系统具备管理资源共享使用权限的能力。

地面 ATP 子系统不控制未获取独占控制权的资源。

地面 ATP 子系统办理列车进路和调车进路，列车进路根据需要设置相应的防护进路。

地面 ATP 子系统具备引导进路功能，通过引导进路或在已有的列车进路上叠加引导信号的方式实现引导进路功能，确保允许信号关闭后才能开放引导信号。

地面 ATP 子系统在得到资源的独占控制权或共享使用权之前，不会判定资源可用条件满足。

地面 ATP 子系统根据列车位置、资源可用状态、道岔位置等条件按照固定闭塞原则计算行车许可，仅在安全条件满足时才能开放信号。

地面 ATP 子系统随着列车的正常运行分段自动解锁列车驶过区域的进路。

地面 ATP 根据单独操纵命令控制道岔转换。

地面 ATP 子系统根据进路命令控制道岔转换。

地面 ATP 子系统通过进路锁闭、占用锁闭或其他锁闭的方式对道岔进行锁闭。道岔一旦被锁闭，将不能操纵。

地面 ATP 子系统具备管理临时限速的功能，设备重启后临时限速区域范围内的速度不会超过已设置的临时限速值。

地面 ATP 子系统具备区段封锁功能。

地面 ATP 子系统具备道岔封锁和解除封锁功能。

地面 ATP 子系统具备扣车、跳停、站停时间等站台状态管理功能。

地面 ATP 子系统具备故障报警、运行重要数据的记录功能。

4.8.2.3 OC 功能

OC 与列车占用检测设备、道岔转辙机、信号机、站台门、站台紧急关闭按钮、人员防护开关、库门、门禁等通过安全电子接口，实现对区段、道岔、信号机、站台门、紧急关闭按钮、人员防护开关、库门、门禁等设备的安全可靠的控制和状态采集。

对轨旁设备的控制电路的设计符合故障-安全原则。电路连接不能因线路发生短路、馈电失效或者外部电路接地，而影响系统的安全性。

OC 对继电器的采集与驱动符合标准 TB/T 3027 的相关要求。

当采用电子执行单元时，电子执行单元冗余配置，电子执行单元与 OC 之间采用安全冗余通信通道。

与列车占用检测设备通过网络接口时，OC 与列车占用检测设备之间采用安全冗余通信通道。

信号机不会出现乱显示即不符合规定的信号机显示，在组合灯光开放和关闭时，避免因灯丝故障导致信号机显示升级。

OC 实现与车辆段/停车场以及与其他轨道交通线路联络线的接口。

OC 具有自检、自诊断和对信号机、转辙机等基础信号设备的监测报警功能，并在车站的维护工作站上显示。

4.8.2.4 DCS 功能

DCS 是实现系统信息交换的传输通道，完成透明通道传输。

DCS 无线系统采用 LTE 技术，采用 A/B 双网冗余的网络结构，支持车-车、车-地之间的数据传输。

DCS 终端切换时不会干扰列控系统正常工作，不会导致任何通信中断或信息丢失。

DCS 受 SNMP 标准协议管理，网络管理系统（NMS）支持网络设备层和无线电设备层的管理功能，包括：故障管理、性能管理、配置管理、安全管理、通信管理、拓扑管理、系统管理。

车载无线单元与轨旁无线单元之间在传递数据前建立授权，同时提高无线网络的安全性，采用的方法包括：无线设备对传输的信息提供 128 位（或更高位）的加密，并且密钥是动态变化的。把不同类型的数据经由不同的物理或逻辑通道进行传输。

车-地无线系统部署了轨旁分布式核心网，降低了对中央核心网设备的依赖。

车-地无线系统提供以列车为监控对象的车载接入单元的在线状态和无线信号强度的监控。

DCS 有线网络具备避免广播风暴的功能，且具有自诊断能力。

4.8.2.5 列控智能运维

TACS 列控系统具有完善的自检和自诊断功能，行车安全控制子系统具备独立的自诊断模块，并能够将故障和异常定位到板级，同时将诊断信息发送给 TACS 智能运维。TACS 智能运维主要包括以下功能。

（1）系统总体架构图实时状态监测。

系统总体架构图反映出全线所有系统之间的通信连接状态及重要运行参数，可以根据报警信息对应到该架构图上，实现报警在各个子系统上的统一监测，快速定位出各子系统报警信息。

系统架构通信图的实时监测，主要分为三层显示：

第一层显示综合的状态数据，包括报警信息的提示、各子系统的逻辑连接关系、通信状态实时监测。包括中央 ATS、OC、OBC、IOM 系统的主要运行状态数据、各子系统之间的通信情况，两系统间的通信状态用链接线表示，状态分别为通信正常/通信中断/通信不一致；用户可以通过第一层点击系统图标来查看第二层的详细运行状态信息。

第二层显示具体系统的运行状态，可在第二层查看 ATS、OBC、OC、IOM 主要运行状态数据显示。ATS 和 IOM 监测信息包括冗余状态、CPU/内存/磁盘利用率，与各子系统的通信状态，信号设备的状态等；OBC 监测信息包括主备状态，车载 DMI、驾驶台按钮及车辆位置信息等；OC 监测信息包括主备工作状态、OC 与其他设备的通信状态、现地控制工作站工作状态、OC 输入与输出继电器状态、信号设备状态等。第二层的监测信息主要是系统运行状态及与各子系统的通信状态。用户可点击设备图标查看详细的机柜板卡状态。

第三层监测信息显示具体到板卡的 I/O 状态，根据机柜板卡现场布置图进行页面仿真展示，采集 I/O 信息反映到页面图形元素上，真实快速定位出板卡级的实时状态，实现所有机柜板卡的统一管理和监测。

（2）系统状态监测。

系统状态监测包括了对车载系统、OC 系统、ATS 系统的监测。各系统将设备状态及报警信息发送至列控智能运维，列控智能运维接收后，将其存储并显示在用户终端界面。

车载系统提供的监测信息包括但不限于车载设备状态及列车运行信息。设备状态信息包含车载通信单元、计算单元、控制单元、电源单元等设备状态及报警信息；列车运行信息包含列车运行模式、列车定位及位置不确定数值信息、列车速度信息、列车轮径值及校验情况、列车测速设备运行状态、与 ATS、OC 及车辆 TCMS 通信状态、安全门及车门状态、输入输出模块状态、列车对标偏差值等。

OC 系统提供的监测信息包括但不限于站场表示信息、设备状态信息以及报警信息。站场表示信息包括信号机状态、道岔状态、区段状态、其他表示灯状态等；设备状态信息包括 OC 主/备用状态、OC 板级（采集板、驱动板等）故障状态、控制信息、驱动信息、采集信息、按钮状态、节点通信状态、硬件设备信息、OC 参数追踪、OC 版本校验等；OC 报警信息包括全电子单元报警、通信接口等报警信息。

ATS 提供的监测信息包括但不限于列车位置信息、报警信息、ATS 设备状态信息、与外部接口连接状态、与轨旁设备连接状态、与数据库连接状态以及与 ATS 工作站连接状态。

（3）信号设备监测。

系统能监测信号设备的主要电气特性。通过采集车站的设备状态（包括开关量和模拟量），并以图形化的方式，把每个车站的所有设备的工作状态显示在用户界面上。此外还能够根据采集的设备的数据，判断设备是否工作正常，来决定是否产生报警。

常用的模拟量监测包括：

① 外电网线电压、相电压、电流、频率、相位角、功率、有功功率、无功功率等。

② 电源屏各输入电压、电流、频率、相位角，各电源屏每路输出电压、电流、频率、相位角、漏流检测。

③ UPS 输入相电压、电流、频率，UPS 电池组电压、旁路相电压，UPS 后备时间或后备容量，UPS 输出电压、电流、频率、功率、负载率。

④ 蓄电池的总电压、总充放电电流，每一个电池的电压、内阻、温度、电流、SOC 状态、电池放电/充电状态、蓄电池组在线均衡装置状态等。

⑤ 计轴状态监测，故障定位到室内外板卡、室外磁头。

⑥ 对交流转辙机的监测，包括对动作曲线的监测、对道岔表示电压的监测、对断相保护器输出直流电压的监测。

⑦ 信号机点灯回路电流、灯位电压、LED 损坏率等状态监测，故障报警定位到灯位。

⑧ 电缆绝缘测试。

⑨ 站台门开门前端/后端电压、关门前端/后端电压、锁紧电压、切除电压及联络线等接口电路电压。

⑩ 库门开关门电压信号。
⑪ 防雷分线柜报警器状态。
⑫ 设备房及设备的温度、湿度等。

常用的开关量监测包括：

① 基础列控设备的运行状态。
② 站台紧急关闭按钮的状态。
③ IBP 盘上与列控有关的按钮和表示灯状态。
④ 信号机。
⑤ 挤岔。
⑥ 转辙机动作。
⑦ 道岔状态。
⑧ 电源设备的工作状态。
⑨ 其他主要设备的工作状态和故障报警等。

（4）报警管理。

系统能够对控制子系统、信号设备产生的报警进行分级管理、分级显示，并能对报警进行统计查询，生成报表。报警分为以下三类报警：

① 涉及行车安全的报警信息为 A 级报警，采用弹出式声光报警的形式，须经人工确认后才能停止报警，除了会在维护工作站进行报警外，还会在相应的行车调度人员工作站进行报警。

② 影响列车运行和设备正常工作的报警信息为 B 级报警，采用声光报警的形式，须经人工确认后才能停止报警，除了会在维护工作站进行报警外，还会在相应的行车调度人员工作站进行报警。

③ 一般报警情况为 C 级报警，采用红色显示报警信息的形式，仅在维护工作站上显示和报警。故障恢复后，自动停止报警。一般报警情况出现时不影响列车运行和设备的正常工作。

维护工作站能显示中心维护服务器发送的所有报警，这些报警可根据维护人员请求进行定制并过滤。维护人员既可设置显示报警历史，也可根据自己的意愿对报警进行过滤和检索。报警信息显示包含：

① 年/月/日/时/分/秒。
② 报警名称。
③ 报警内容。

④ 报警类型。

系统具备设备故障报警的统计功能，并能按要求生成所有信号设备的报警和各单项设备的日表、月表、季表和年表。系统默认包含如下报表形式：

① 按时间段故障报警统计。

② 按设备类型故障报警统计。

③ 按系统类型故障报警统计。

④ 按地点故障报警统计。

⑤ 故障报警检索。

系统支持按照用户需求定制报表形式。故障报警报表支持打印，且可以人工选择和排版，但不可改变事件及报警的内容，对于全部故障事件及报警，可通过安全存储设备及时进行实时保存。

系统支持对系统设备故障原因的实时统计、分析和定位，并给出处理建议。

（5）数据统计分析。

针对行车子系统，统计分析的数据包括但不限于：ATS 子系统、OC 子系统、OBC 子系统和计轴系统的工作状态和主备机状态，提供日报表、月报表和年报表。

针对采集的模拟量数据，系统提供日曲线、月曲线和年曲线统计。日曲线以每个小时为一个采集点进行平均，月曲线中的每个点为每天的均值，年曲线中的每个点为每月的均值。通过对被监测设备状态数据变化趋势的长期分析建模，分析状态变化趋势，给出设备维护预警信息。

针对采集的每种开关量，系统提供日报表、月报表和年报表，分别统计了开关量的状态变化次数。基于继电器状态、道岔动作次数、设备运行时间，根据维护策略或使用寿命，结合设备失效模式影响分析（FMEA），给出设备维护预警信息。

（6）Web 服务。

系统提供基于 web 的访问方式，能让用户可以在任何地方接入网络查看车站或者全线路的设备运行状态和报警信息。

（7）用户管理。

提供的用户分级管理功能如下：

① 可以增加、删除、修改用户信息。

② 用户需得到授权之后才能访问。

③ 用户分组管理，每个用户都属于一个用户组，同一个用户组的用户具有相同的权限。每个用户组都属于一个角色。

用户角色分三种：系统管理员、中心维护员和普通维护人员，他们分别具有不同的权限。系统管理员具有最大权限，可以访问线路级智能运维子系统的所有功能，添加删除用户的操作只能由系统管理员完成；中心维护人员可以查看全线路所有的设备状态；普通维护人员只能查看授权的车站的设备状态。

（8）配置管理。

列控智能运维提供的系统管理功能，包括系统报警参数设定、系统报警过滤设定、系统数据存储时间设定以及采集数据和日志存放时间等。

（9）回放管理。

列控智能运维提供回放功能。系统根据用户输入的回放文件、回放时间和回放参数设置，并在读取历史数据进入内存后，便可以进行三层架构通信状态历史回放和设备状态的历史回放。

（10）数据存储。

能够按照设置的存储时间参数设置，对采集的模拟量、开关量、报警和其他信息进行存储。支持对控制子系统的原始监测数据进行存储，存储时间不小于一年；支持对信号设备监测的原始数据（包括但不限于道岔缺口、计轴系统报警数据）进行存储，存储时间不小于一年；支持对故障报警信息进行存储，存储时间不小于一年。

（11）系统日志。

系统能够记录自身的工作状态和用户的操作，实时记录到数据库。

（12）专家系统。

列控智能运维系统依据一定的诊断规则，在进行综合判断后精确定位到具体的物理设备和接口，并依据一些历史健康状态数据，预警可能会出现问题的物理设备和接口。因此，故障信息的专家系统和设备状态的大数据分析是实现信号产品的故障/状态智能分析决策管理的关键技术。其中，专家系统智能分析诊断规则可以用一种特定的表达式来描述每种故障对应的一系列设备 ID 和报警 ID 组合而成的逻辑关系，表示某种故障在一定时间内产生的所有报警之间的关联关系，该表达式由深刻理解了故障和设备报警之间的映射关系的技术人员负责维护。健康状态大数据智能分析可以针对特定的设备数据拟合健康状态模型，并对不符合状态模型的采集数据进行预警。

专家系统通过故障的精确定位给出相关的诊断意见和处理意见，为系统维护提供有价值的指导意见。

4.8.3 车载设备功能

4.8.3.1 车载 ATP 功能

车载 ATP 子系统根据安全制动模型和限制速度（包括临时限速）计算速度-距离曲线，实现列车速度控制，防止列车超速，确保追踪列车之间的安全行车间隔。

车载 ATP 子系统能办理列车进路，根据需要设置相应的防护进路。

进路采用基于列车的进路方式，即进路覆盖车身位置。

车载 ATP 子系统在得到资源的独占控制权或共享使用权之前，不会判定资源可用条件满足。

车载 ATP 子系统根据列车位置、线路数据、资源可用状态、道岔位置等条件，按照移动闭塞的原则计算移动授权，信号机设备故障（如灯丝断丝）不会影响移动授权。

车载 ATP 子系统根据资源可用状态、前车位置等信息，以列车或信号机为起点，沿进路方向由近及远连续延伸安全行车路径。

车载 ATP 子系统对资源的使用遵循使用前申请、使用后释放的原则。

车载 ATP 子系统仅能控制已获取控制权的设备，如道岔、信号机、站台门等。

车载 ATP 子系统根据进路命令请求地面 ATP 子系统控制道岔转换。

车载 ATP 子系统通过进路锁闭、占用锁闭或其他锁闭的方式对道岔进行锁闭。道岔一旦被锁闭，将不能操纵。

对于 TACS 级别列车，车载 ATP 子系统具备临时限速防护功能。

对于 TACS 级别列车，根据列车的位置自动解锁列车驶过区域的资源，车载 ATP 子系统确认列车到达目的地并停稳后解锁车身位置以外区域的资源。

车载 ATP 子系统仅在安全条件得到满足时才能开放信号。

车载 ATP 子系统对站台紧急关闭按钮状态、站台门状态、SPKS 状态进行监督和防护。在检测到站台紧急关闭按钮按下或站台门未关闭并锁闭或

SPKS 激活时，车载 ATP 子系统禁止列车进入站台、在站台内移动和驶出站台，必要时实施紧急制动。

车载 ATP 子系统具有列车位置检测功能。

正线运行列车故障时（ATP 车载子系统故障或与地面失去通信），救援列车的车载 ATP 子系统允许列车以 RM 模式接近故障列车实施救援。

车载 ATP 子系统具有对侧向防护区域进行防护的功能，以防止列车发生侧向冲撞。

车载 ATP 子系统实现与车辆制动装置的可靠接口，以保证安全和对列车实施连续有效的控制。

车载 ATP 子系统采用冗余的测速系统，保证测速功能的安全性与可用性。测速设备的测速精度参数满足列车对于控制精度的要求。

车载 ATP 子系统具备对列车空转、打滑的检测功能。

车载 ATP 子系统能够判断列车是否发生溜车、退行，并进行安全防护。

车载 ATP 子系统支持人工或自动轮径磨损补偿。

车载 ATP 子系统具有列车零速检测及安全停稳检测功能。

车载 ATP 子系统只有在输出门使能的条件下，才允许打开车门和站台门。

车载 ATP 子系统持续监督车门是否处于关闭且锁闭状态。

车载 ATP 子系统实现车门与站台门的联动控制。

车载 ATP 子系统判定发车授权条件并发送给车载 ATO 子系统。

车载 ATP 子系统开机后具备完整的静态全功能自检功能。

车载 ATP 子系统监督列车完整性，在列车完整性丢失时立即施加紧急制动。

车载 ATP 子系统在 FAM、AM 模式下支持在任意区域完成列车的折返运行。

车载 ATP 子系统在检测到非安全情况或人工施加的紧急制动命令时，立即施加紧急制动至列车停车。

车载 ATP 子系统具有根据紧急制动原因采取不同紧急制动缓解方式的功能，在紧急制动缓解方式方面，包括自动缓解和司机人工缓解。

车载 ATP 子系统具备自诊断、故障报警及对列车运行重要数据进行记录等功能，并可通过离线设备进行打印。记录的内容包括事件的时间和日期。

车载设备记录的数据至少保存 7 天，记录的内容包括：设备运行状况、行车里程、控制情况、驾驶模式、速度、列车日检数据。

自车辆段/停车场进入正线运行的列车在出库之前应具备对 ATP 车载设

备的测试检查功能（包括车载软硬件、系统内部接口、所采用的车-地通信设备等），并能将测试检查的数据及结果进行上传。

4.8.3.2 车载 ATO 功能

车载 ATO 子系统在车载 ATP 的保护下自动驾驶列车。根据 ATS 子系统的命令，实现列车在区间运行的自动调整，并实现列车的节能运行控制。

车载 ATO 子系统控制列车按运行图规定的区间走行时分行车，自动完成对列车的启动、加速、巡航、惰行、减速和制动的合理控制。

在 AM 模式下，车载 ATO 子系统根据 ATS 的调整指令控制区间走行时分，达到列车运行自动调整的目的。

车载 ATO 子系统向中央 ATS 发送列车运行信息，以便中央 ATS 能对在线列车进行监控。

车载 ATO 子系统实现在车站站台定点停车的功能。

列车停车后，如发车条件不满足，车载 ATO 子系统输出制动，避免溜车。

列车在车站规定位置停稳后，车载 ATO 子系统向列车发送开车门命令，并由车载 ATP 子系统向 OC 发送开启与车门对应站台门的命令。

在正常运行时，车载 ATO 子系统保证列车在曲线上运行的未被平衡的离心加速度不超过 0.4 m/s^2。

在列车停车时，车载 ATO 子系统采用一次性连续制动模式。

AM 模式下，列车在区间停车后，满足发车条件时，车载 ATO 子系统自动启动列车运行。

车载 ATO 具有自诊断功能，发生故障时，向司机报警，记录和分析故障报警信息，并将报警信息传至中央 ATS 和 MSS。

因车载 ATO 故障，列车停车后，列车可转换为 CM 或 RM 模式运行。

车载 ATO 子系统向 TCMS 提供有关车载旅客信息的数据。

车载 ATO 子系统记录和统计的内容包括事件的时间和日期。

车载 ATO 子系统具备雨雪模式，能在雨雪模式下控制列车减速，并减小制动率。

4.8.3.3 车载 ATS 功能

车载 ATS 子系统存储从中央 ATS 下载的计划数据。计划数据包含运行线数据和时刻表数据。

车载 ATS 子系统存储新的计划数据时，不影响到当前正在执行的计划。

车载 ATS 子系统根据中央 ATS 发送的人工或自动进路命令触发进路。

车载 ATS 子系统根据列车计划和列车位置自动触发进路，并正确选择进路的保护区段。

车载 ATS 子系统执行列车时刻表计划时，自动调整列车的停站时间和列车运营等级。

车载 ATS 子系统支持扣车、跳停、停站时间设置、运营等级调整和催发车等人工调整命令。

车载 ATS 子系统执行运行线计划或时刻表计划时，若收到人工进路命令，优先执行人工进路命令。

车载 ATS 子系统具备自检、自诊断功能。

4.8.3.4　车载无线接入单元功能

车载无线接入单元支持远程在线管理，支持向控制中心车地无线设备网管实时上报场强信息。

车载无线接入单元支持本地存储转发的列控数据，存储时长不低于 30 天。

车载无线接入单元支持远程查询检索本地存储的日志信息。

车载无线接入单元具有断电保护功能，保护车载无线接入单元的文件系统免受下电操作损坏。

4.9　青岛地铁 6 号线工程设计特点及图纸

4.9.6.1　工程设计特点

TACS 列车自主运行系统从工程设计的角度来看，与传统 CBTC 系统项目相比，在系统配置上实现了从地面集中控制到列车分布式控制：

（1）将传统 CBTC 系统中的联锁和区域控制功能集成到列车车载控制平台，将列车控制主体转移至车载控制平台。地面仅设置目标控制器（OC），用于实现列车登记、资源的登记与释放、轨旁实体设备的驱采等功能。

（2）采用列控的车载控制系统和列车控制系统的深度融合，采用实时以太网构建覆盖全车主要控制设备的控制网络，列控的列车控制设备作为节点之一被纳入该网络，与列车原有的控制系统如牵引、制动控制功能并行管理，并将传统的车载列控数据采集和输出设备与车辆设备进行融合。

（3）车辆段正线化：支持车辆段自动化区的全自动运行，非自动化区按照调车进路的方式运行。列车在正线与车辆段库线之间实现全自动化运行，具备列车与停车列检库库门联动功能，并设置人员防护开关。

此外，本工程针对全自动线路实际运行过程中遇到的一些问题，对部分接口及功能进行了改进，具体如下：

（1）发车模式选择开关与发车控制按钮联动：为避免无人驾驶线路出现夹人夹物后列车自动发车造成的安全事故，在每侧站台头部、中部、尾部各设置一个站台自动发车控制按钮和站台发车模式选择开关。当发车模式选择开关置为自动模式时，列车进站停车后，自动完成开关门操作，然后自动发车；当置为手动模式时，列车进站停车后，列车停留在站台不自动发车，只有当运营人员按下自动发车控制按钮后，列车才能自动发车。

（2）新增站台门自动发车信号与发车控制按钮联动：站台门接口增加硬线自动发车信号，在站台门无滑动门处于非自动模式或间隙探测器旁路时，站台门输出"自动发车"高电平信号，否则输出"自动发车"低电平信号。当列控系统收到"自动发车"高电平信号时，列车可自动发车；当列控系统收到"自动发车"低电平信号时，列车不可自动发车，只有当运营人员按下自动发车控制按钮后，列车才能自动发车。

（3）人员防护开关与门禁实现联动：人员防护开关与门禁具备单向互锁功能，只有当人员防护开关置于防护位时，门禁才可正常刷卡进出。也就是说，当某检修分区 SPKS 打在"防护"位置时，该检修分区管控系统门禁就地控制器进入正常工作模式，实现该检修分区门禁的正常刷卡进出；当某检修分区 SPKS 打在"常态"位置时，该检修分区管控系统门禁就地控制器锁闭，该检修分区门禁刷卡无效。该信息仅由列控系统提供给门禁系统，轨行区门禁的开闭状态不需提供给列控系统。

4.9.6.2 线路平面图

6 号线线路平面图请扫描二维码后观看。

第 5 章　车辆设计

紧扣青岛地铁集团实际需求，适应城市轨道交通全自动、自主运行、"车辆+"、系统融合、智能化等技术发展方向，利用"车-车通信技术"地面设备少、统一制式的特点，将车载信号设备纳入车辆整体设计开发范畴，创造具有自主运行功能性能的"全新车辆"。不论采用哪家信号产品，"全新车辆"均能自适应，有利于用户的灵活建设与升级。

车辆集中设计、制造、试验资源，重点突破了 TACS 自主运行列车控制匹配、多级控制策略、集成化控制技术、车载设备多元耦合及兼容集成、智能感知及主动防护技术、单车和多车多场景调试技术等六项关键技术。这些关键技术之间的关系就像齿轮传动一样，在整个全自动驾驶系统中缺一不可。

5.1　车辆总体技术方案

5.1.1　列车编组方式和车辆型式

采用由两个动力单元（Tc—M—M）组成的 6 辆编组列车，即：

+ Tc1 – M1 – M2 – M3 – M4 – Tc2 + ；

+ ：全自动车钩；

– ：半永久牵引杆；

Tc1、Tc2 车为带司机室拖车；

M1、M2、M3、M4 为无司机室的动车；

M3 为交叉车；

列车编组如图 5-1 所示。

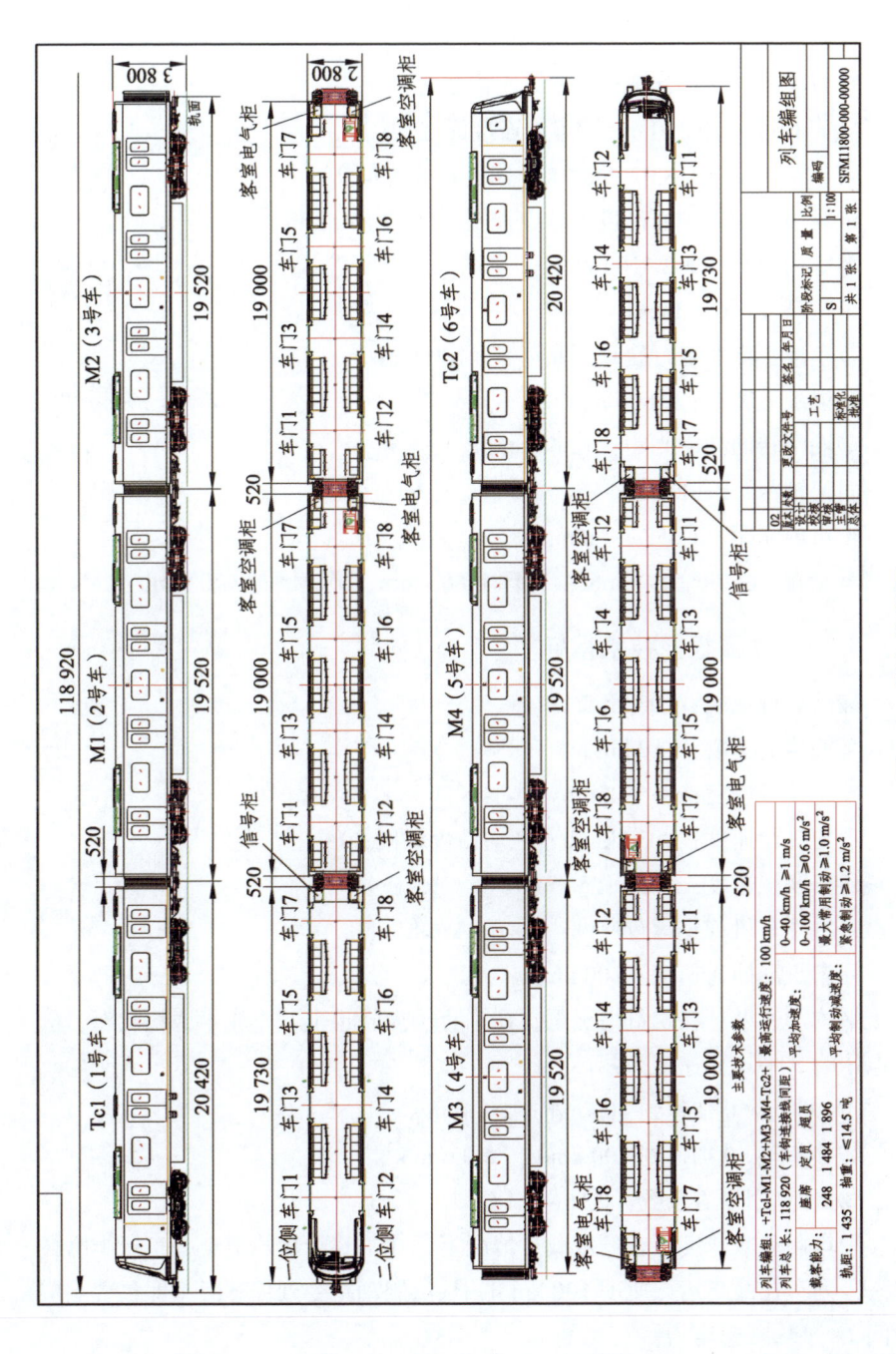

图 5-1 列车编组图

5.1.2 车辆主要尺寸及限界

Tc 车长度：20 420 mm（车钩连接面之间）。

M 车长度：19 520 mm（车钩连接面之间）。

列车总长度：118 920 mm（车钩连接面之间）。

车辆顶面距轨顶面高度（含空调机组）：3 800 mm。

客室内净高：≥2 110 mm。

车钩高度：660 mm。

客室地板面距走行轨顶面高度：1 100 mm。

车体最大宽度：2 800 mm。

车辆两转向架中心距：12 600 mm。

固定轴距：2 300 mm。

轮对内侧距：1 353 ± 2 mm。

车轮直径：新轮 840 mm、半磨耗 805 mm、最大磨耗 770 mm。

5.1.3 主要性能技术指标

最高运行速度：100 km/h

车辆构造速度：110 km/h

平均技术速度：≥55 km/h（典型区间、不含站停时间）

平均旅行速度：≥37 km/h（平均站停时间 30 s）

列车联挂速度：不大于 5 km/h

通过洗车机稳定运行速度：3 ± 0.5 km/h

列车最高回送速度：100 km/h

平均加速度：在定员情况下，在平直干燥轨道上，车轮半磨耗状态，额定电压时，平均加速度为：

① 列车从 0 加速到 40 km/h；≥1.0 m/s^2。

② 列车从 0 加速到 100 km/h；≥0.6 m/s^2。

③ 计算用黏着系数：0.16 ~ 0.18。

平均制动减速度：在额定载员情况下，在平直干燥轨道上，车轮半磨耗状态，列车在最高运行速度 100 km/h，从给制动指令到停车时（即包含响应时间），平均减速度为：

① 最大常用制动≥1.0 m/s²。
② 紧急制动≥1.2 m/s²。
③ 计算用黏着系数：0.14~0.16。

5.1.4 车辆平断面

TC 车平面布置图如图 5-2 所示。

客车侧门为双扇电控电动塞拉门，司机室门为手动塞拉门，司机室前端设置紧急疏散门。客室设置 6 套 6 人座椅，坐席共计 36 个，二位端部设置空调柜和信号柜，车顶设置空调及废排装置。

M1/M2/M4 车平面布置图如图 5-3 所示。

客车侧门为双扇电控电动塞拉门。客室设置 6 套 6 人座椅 + 2 套 3 人座椅 + 1 套 2 人座椅，坐席共计 44 个。二位端部设置空调柜和电气柜，并设有残疾人轮椅区，车顶设置空调及废排装置。

M4 车与 M2 车完全相同，M2 车与 M1 车车下设备布置则略有区别。

M3 车平面布置图如图 5-4 示。

客车侧门为双扇电控电动塞拉门。客室设置 6 套 6 人座椅 + 2 套 3 人座椅 + 1 套 2 人座椅，坐席共计 44 个。二位端部设置空调柜和电气柜，并设有残疾人轮椅区，车顶设置空调及废排装置。

M3 车为交叉车，空调柜和电气柜位置对调，车下实现高低压线缆交叉。

5.1.5 载客能力

车辆载客能力如表 5-1 所示。

5.1.6 车辆断面图

各车型均有相同的断面图，如图 5-5 所示。

客室中部净空高度不低于 2 110 mm，能最大程度地提高乘客的站立空间。

客室上部设置有两排纵向扶手；扶手上方为送风格栅，送风口设置了一定的偏转角度；送风格栅外侧两排通长灯带作为客室主照明，应急照明降低客室亮度，每个立柱上面的对应位置设置了一个圆环灯带，造型新颖美观。

客室侧门的门机构罩板上部安装 LCD 电子地图，实时显示列车到站信息，在客室任何区域的乘客都可以很方便地进行查看。

图 5-2 TC1 车平面布置图

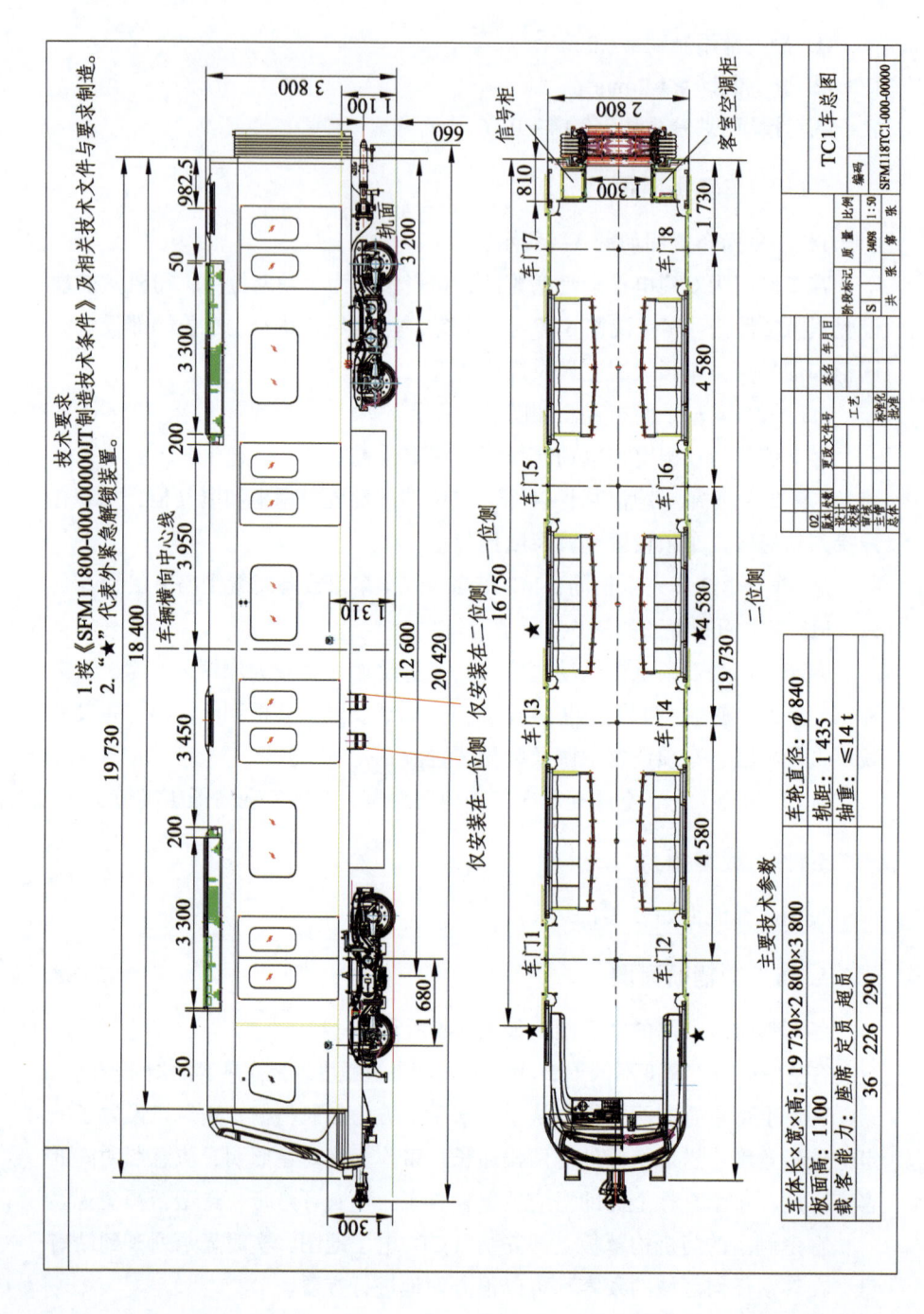

第 5 章 车辆设计

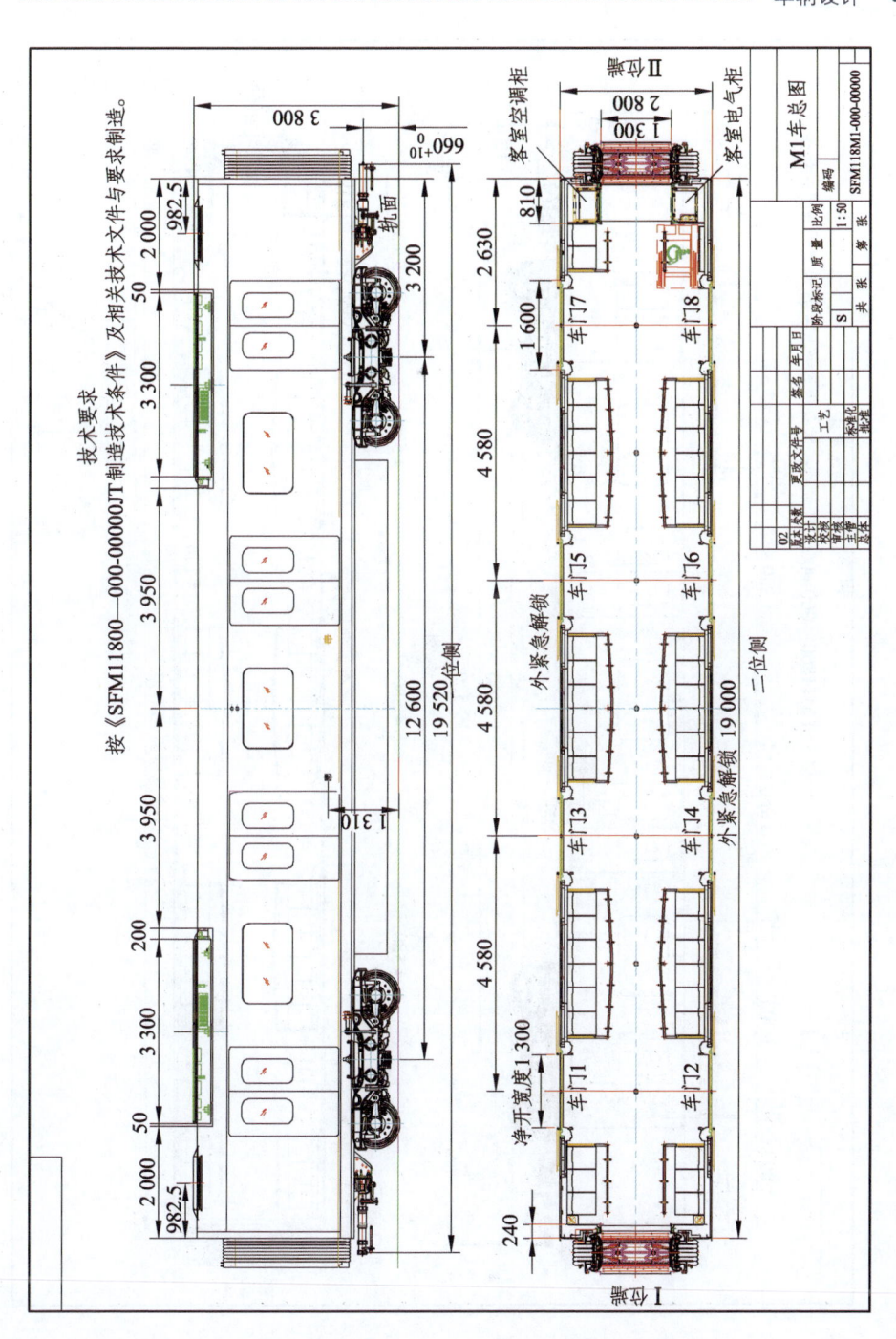

图 5-3　M1/M2/M4 车平面图

图 5-4 M3 车平面图

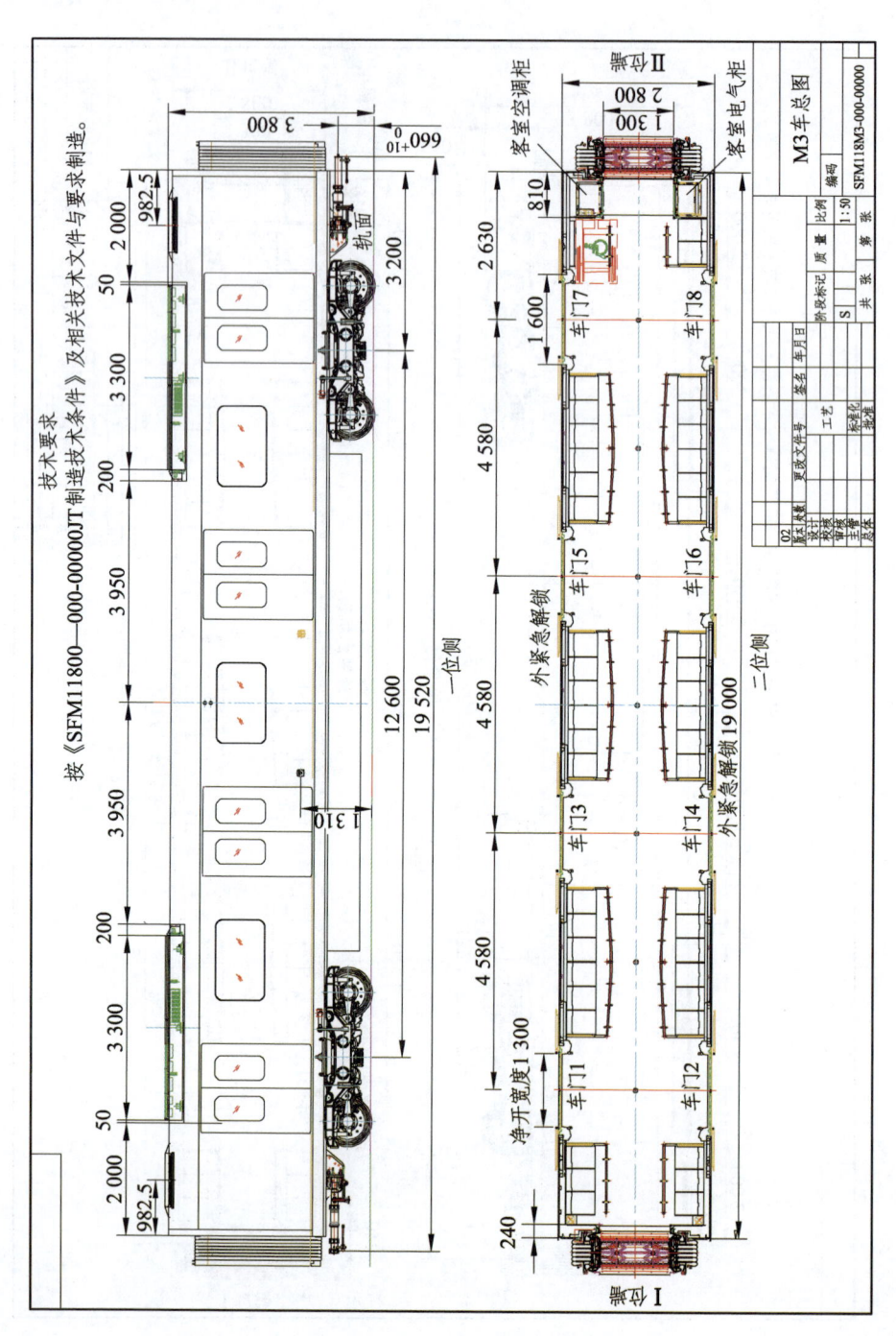

表 5-1 车辆载客能力

参数	单车/人		列车/人
	Tc 车	M 车	6 辆编组
座席	36	44	248
定员	226	258	1 484
超员	290	329	1 896

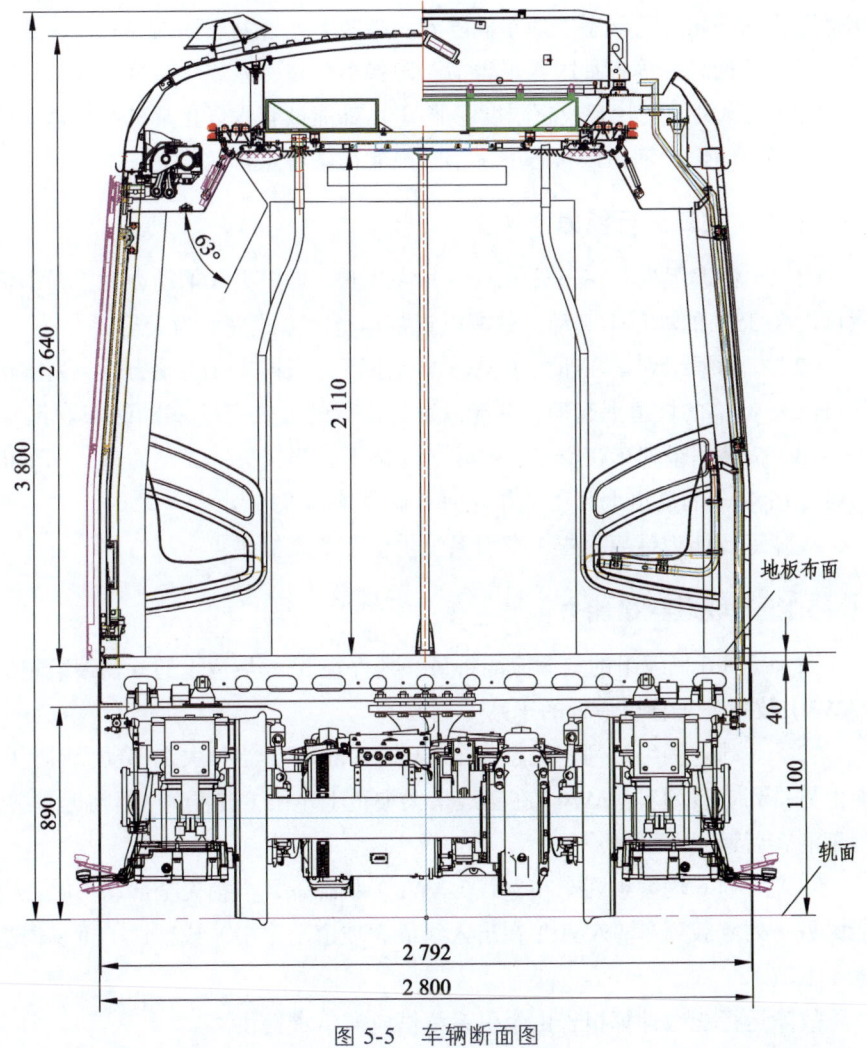

图 5-5 车辆断面图

5.1.7 车辆限界

车辆限界需满足中华人民共和国国家标准《地铁限界标准》（CJJ/T 96—2018）中关于城市轨道交通 B1 型车限界标准的相关要求，同时还符合中华人民共和国标准《标准轨距铁路限界 第 1 部分：机车车辆限界》（GB 146.1—2020）中的相关要求，以便车辆能在中国标准轨距的铁路上进行运送，并按设计车辆采用的各种参数，包括车速 100 km/h，根据该标准所示的计算方法，计算并提供地下直线区间车辆限界、高架直线区间车辆限界、地下车站过站车辆限界和停站开门状态下的车辆限界、高架车站过站车辆限界和停站开门状态下的车辆限界等各种限界报告书。确保车辆在一系或二系悬挂系统故障时（即空气弹簧无气状态或超限度膨胀时），都能被容许以正常进站车速通过站台。同时确保车辆在该状态下，车门都能在站台正常地开关。

5.1.8 故障运行能力

（1）6 辆编组列车在超员（AW3）状态下，当损失 1/4 动力时，列车仍然可以在 35‰的坡道上起动，并能以正常运行的方式完成当天运营。

（2）6 辆编组列车在超员（AW3）状态下，当损失 1/2 动力时，列车仍然可以在 35‰的坡道上起动，并能以正常运行的方式完成一次单程运行。

（3）6 辆编组列车在空车（AW0）状态下，当损失 1/2 动力时，列车仍然可以在 40‰的坡道上起动，并返回车辆段（场）。

故障运行能力计算报告由牵引系统供应商负责提供。

5.1.9 坡道救援能力

（1）一列 6 辆编组的空车应能将另一列停在 35‰坡道上的 6 辆编组超员（AW3）故障列车移至最近的车站（上坡）。

（2）一列 6 辆编组列车在超员（AW3）状态下，当损失全部动力时，应能由另一列空载列车（AW0）在正线最大坡道上牵引（或推送）至临近车站，列车清客后返回车辆段。

（3）一列 6 辆编组列车在空载（AW0）状态下，当损失全部动力时，应能由另一列空载列车（AW0）在出入线最大坡道上牵引（或推送）至车辆基地（上坡）。

故障运行能力计算报告由牵引系统供应商负责提供。

5.1.10 噪　声

按照 ISO 3381、ISO 3095 标准及国标 GB 14892 执行。

车辆采取多种措施，从轮轨关系、车辆外形与结构、机电设备等方面，设法控制和降低噪声，并尽最大可能减少对沿线环境的影响。列车在高架、隧道及地面运行时，对环境的噪声影响不超过 ISO 标准中规定的城市区域环境噪声标准。

（1）车内噪声水平。

在 ISO 3381 规定的测试条件下，车内噪声等级达到以下要求：

① 列车静止条件下（空车）的噪声。

列车处于静止状态和自由声场内，所有辅助设备同时以最大功率运行时，客室内部沿车辆中心线、距离地板面 1.5 m 高处至少测量 3 个点，测得的噪声水平不超过 69 dB（A）。在空调回风口下方和司机室内测得的噪声水平不超过 72 dB（A）。

② 列车在地面整体道床轨道上运行时的噪声（测试场地为平直非减震段）。

列车以正常方式加速、惰行或制动时，客室内部沿车辆中心线、距离地板面 1.5 m 高处至少测量 3 个点，测得的噪声水平不超过 74 dB（A），在贯通道附近和空调回风口下方，距离任意墙面不少于 0.3 m 处，测得的噪声水平不超过 75 dB（A）。

列车以不超过 100 km/h 的任意恒定速度（通常列车的恒定速度为 75 km/h ± 5%）运行时，测得的噪声水平不超过 73 dB（A）。恒速运行时间为 60 s。

③ 按照 GB 14892 在用户现场地面线路或条件相近的其他线路对列车进行 100 km/h 速度等级的噪声测试，要求客室及司机室内噪声不超过 82 dB。

（2）车外噪声水平。

在 ISO 3095 规定的测试条件下，车外噪声等级达到以下要求。

① 静止条件下（空车）车外的噪声。

空载列车在静止状态和自由声场内，所有辅助设备同时运行时，沿水平方向距离走行轨线路中心线 7.5 m 处，在列车任意一侧、列车长度范围内的任意点测得的噪声不超过 69 dB（A）。测试在标准 ISO 3095 规定的自由区域条件下，列车在露天地面区段行驶时进行。

② 列车在运行时车外的噪声（测试场地为平直非减震段）。

列车以正常方式加速、惰行或减速运行时，沿水平方向距离线路中心线 7.5 m 处测量，车辆发出的噪声不超过 80 dB（A）。车外噪声的测试根据标准 ISO 3095 的相关要求，列车在露天地面段行驶时进行。

列车以不超过 100 km/h 的任意恒定速度（通常列车的恒定速度为 75 km/h ± 5%）运行时，沿水平方向距离线路中心线 7.5 m 处测量，车辆发出的噪声不应超过 80 dB（A）。

5.1.11　平稳性指标

按照标准 UIC 518 的试验条件，并结合标准 ISO 2631-1 或标准 GB/T 5599 的规定，列车在任何载荷和速度下，垂向及横向列车运行平稳性指标不低于 2.5，经过 150 000 km 运行后，其垂向和横向平稳性指标<2.75。

5.1.12　防火及安全

车辆具有良好的防火性能，以便最大限度地防止火灾发生。车辆的设计、制造及所选用的材料，部件的防火、耐火、防烟和防毒要求等需符合标准 EN 45545 的相应等级。

车辆所使用的电线和电缆是无卤低烟阻燃或无卤低烟耐火材料。

车辆上不使用可燃的材料（如木材等）和燃烧后会产生毒气的材料。车辆上所用的材料应选择非延燃性材料和防火材料，其防火、毒性和发烟性应满足相应标准要求，并提供所选用材料达到相应防火要求的证明。

高压电气设备具有人身安全防护措施和警示标识。

客室及司机室内配有灭火器，灭火器的数量应满足消防相关要求。载客初期运营的开始阶段前，灭火器的年检工作都由中车四方股份公司负责。司机室内配有救生设备（用于防毒防烟的物品等）。

提交车辆、各系统和主要部件发生火灾时可能产生的最大发热量的估算值。

列车上设置火灾报警系统，客室设置主动吸气式烟火报警装置，电气设备柜中设置点式烟火报警装置，应能对客室、司机室及车内电气设备柜等进行有效探测。

列车上设置的火灾自动报警系统，通过自身网络，实现集中监控管理。可与列车管理系统（TCMS）进行数据交换，并能够将装置运行的状态信息、故障信息、报警信息以及检测到的火警信息等，传送到司机室监控显示屏上进行显示与报警。地铁列车上设置的火灾自动报警系统，能通过无线网络等方式将列车上发生火灾部位的信息传输给地面 OCC 消防控制室。列车的火灾报警区域按车厢划分，每节车厢可划分为不同的报警区域。该装置具有较强的环境适应能力，灵敏度应可根据车厢内的背景烟雾值进行灵活设定，并具有较高的防误报能力，装置具有多级报警的能力。

5.1.13 防水防尘

车辆满足防雨水、冰雪要求，在风雨、冰雪、大雾天气时，车厢、空调装置、电气设备箱、插销联结器等设备均应具备防水功能。进行车辆清洗时，车厢及车辆各种设备内不得有水渗入。

车体和安装在车体外电器箱的防水满足标准 IEC 61133 的相关要求。

金属地板下的设备外罩箱的 IP 等级，根据功能的不同满足标准 IEC 60529 中的相关要求，如满足有困难，满足标准 IP 55 的相关要求。

5.1.14 电磁兼容（EMC、EMI）

电动车辆在隧道或地面线路上不断运行时，应保证不会干扰到沿线的通信、信号等设备的正常工作。

车辆上的车载电子设备和电气设备间应避免相互干扰。牵引和电制动系统、辅助供电系统、整车高压线缆等需满足整车电磁兼容要求，牵引电机线缆、制动电阻线缆均采用屏蔽线缆。

车辆在所有正常工作状态下，确保由列车产生的任何电磁场不得干扰乘客物品或磁性介质的正常使用。电动车辆上可以考虑使用手机和小型移动电台等。

车辆静电和低频磁场对装心脏起搏器乘客无影响。

车辆对站台屏蔽门的门控系统、闭路电视及站台监视系统的影响，对站台屏蔽门对车载电子设备和电气设备的干扰。

列车产生的电磁场不干扰通信和信号系统所有设备的正常工作，交换 EMC 数据和相关设备性能特性，解决接口问题，保证系统的兼容性。

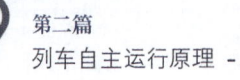

所有由信号、PIS、通信供应商提供的车载通信设备（抗干扰能力应由信号、PIS、通信设备制造商保证）不受由列车、供电、电力回流轨、动力电缆和牵引电机产生的任何磁场的影响。

列车在正常运行时，不明显影响任何客室内乘客信息显示板、司机室显示器或闭路电视车载视频显示器等。

5.2 牵引和电制动系统

列车电气牵引系统采用VVVF牵引逆变器和异步鼠笼电动机构成的交流电传动系统，为车控方式。DC 1 500 V 电源经受流器向列车供电。每个基本动力单元的主电路型式、结构基本相同，满足列车牵引系统性能的要求。

电气牵引系统充分利用轮轨黏着条件，并按列车载重从空车 AW0 到超员载荷 AW3 的范围自动调整牵引力的大小，保证列车牵引动力性能要求，并具有反应迅速、有效可靠的黏着利用控制和空转保护等特点。

制动时（含快速制动）优先使用再生制动，再生制动的不足部分自动由空气制动补充。使用紧急制动时，仅使用空气制动。列车充分利用轮轨黏着条件，并按列车载重从 AW0 到 AW3 的范围自动调整电制动力的大小及补充空气制动，保证列车制动动力性能要求，并具有反应迅速、有效可靠的黏着利用控制和滑行保护等特点。

图 5-6 牵引逆变器

5.2.1 主电路原理

列车牵引系统主电路采用两电平电压型直-交逆变电路。经受流器输入的 DC 1 500 V 直流电，由 VVVF 逆变器变换成频率、电压均可调的三相交流电，向异步牵引电动机供电。当第三轨电压在 1 000～1 800 V（电制动瞬间电压 1 980 V）变化时，主电路能正常工作，并方便地实现牵引-制动的无接点转换。

主电路主要由高压保护回路、预充电/放电回路、输入滤波回路、牵引逆变电路和制动斩波电路等组成。一列车共有两个对称的牵引编组单元，每个牵引编组单元中有两个逆变器单元，所有的逆变器配置了单独的高速断路器、预充电/放电电器、输入滤波器和过压吸收电阻。

5.2.2 预充电电路

预充电电路位于高压电器箱内，主要由预充电电阻、线路接触器和预充电接触器等组成。用于预充电工况时，预充电接触器处于吸合状态（触点 1 和 2 导通），主要为功率模块单元支撑电容进行充电，限制输入电流对滤波器的冲击。

预充电电路采用如图 5-7 所示的电路结构。

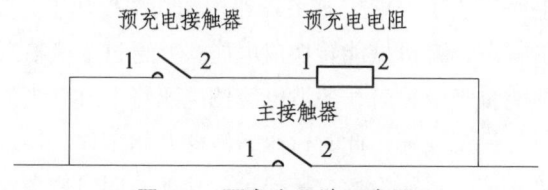

图 5-7 预充电回路示意图

另外，支撑电容可通过与支撑电容并联的负载电阻进行放电。

5.2.3 滤波电路

滤波电路由滤波电抗器和支撑电容器组成。

各牵引逆变器单元具有各自独立的滤波电抗器，输入滤波电容分别安装在 VVVF 逆变器箱中。LC 输入滤波器对牵引逆变器进行电压冲击保护并提供了稳定的 DC 电源，同时，吸收直流输入端的谐波电压，抑制逆变器对输入电源的干扰。另外，滤波电抗器在逆变器发生短路时可抑制短路电流。

5.2.4 牵引逆变电路

牵引逆变器电路是电气牵引系统的核心电路，采用 IGBT 元件，为两电平逆变电路。每个功率模块集成三相逆变器的三相桥臂（逆变单元），驱动 4 台异步牵引电动机工作，车控方式。

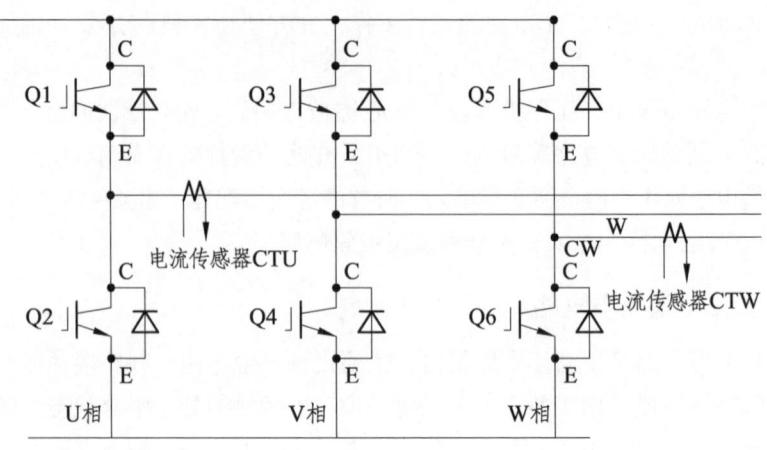

图 5-8　牵引逆变拓扑图

5.2.5　过压斩波电路

过压斩波电路集成于 VVVF 逆变器箱内的功率模块中，在制动阶段，变流器工作在再生状态，将机械能转换成电能，并通过受流器反馈回电网。当电网无法将反馈能量吸收掉时，滤波电容侧电压将上升。当滤波电容电压过高时，为防止电气设备损坏，此时过压斩波器开始工作，通过过压吸收电阻将积累的能量吸收掉，从而发挥过压保护的功能，同时避免空气制动过早介入，可减小闸瓦磨耗。过压斩波装置同时对系统操作过电压起到保护作用。

本方案过压斩波回路采用双斩波桥臂并联、电阻吸收形式，每个 VVVF 逆变器配一套，具有结构简单、技术成熟可靠的特点。斩波桥臂的控制方式为互补开通，在同等的开关频率下使电网放电功率调高一倍，降低了网压的波动。

过压斩波过程中，通过 DCU 过压吸收电阻温度模型实时估算电阻温度，当温度超过设定值时，降低制动功率，为过压吸收电阻提供超温保护。

过压斩波电路如图 5-9 所示。

5.2.6　高压保护回路

高压保护主要由主隔离开关、高速断路器以及母线熔断器、母线接触器、母线高速断路器等组成，主要功能是为电气牵引系统提供电气隔离和短路保护。

图 5-9 过压斩波电路示意图

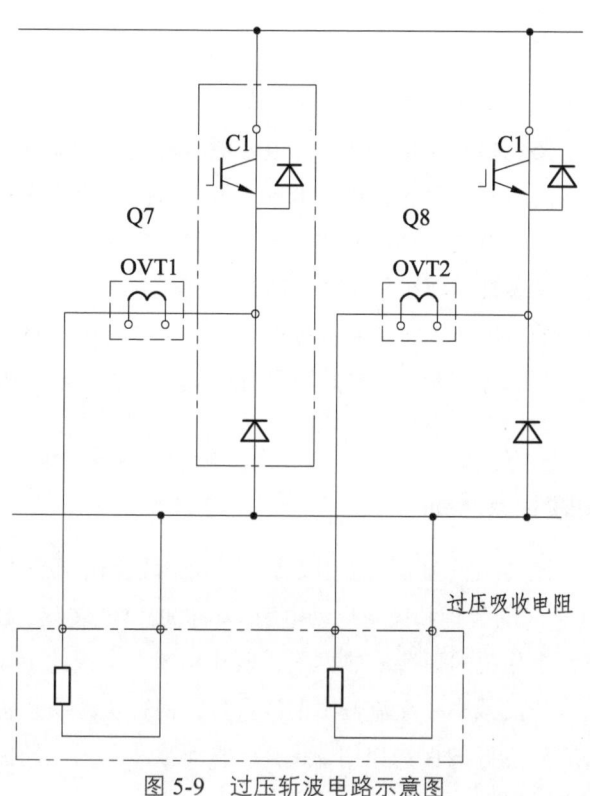

母线熔断器以及母线接触器位于高压电器箱 A/B 内，用于实现两节车之间的高压母线分断及短路保护。

母线高断箱内母线接触器和母线高速断路器主要用于列车高压牵引母线重联和保护。

主隔离开关用于主电路的隔离与接地。

高速断路器（HSCB）用于对主电路的故障保护，当主电路出现严重故障，如：主电路部件故障、网压或直流电压过压、直流侧电流过流、主电路接地、主电路短路、IGBT 元件故障、网络通信故障、DCU 故障、110 V 控制电源失电等时，HSCB 断开，以实现对主电路的故障保护。同时高速断路器能对检测到的过电流进行快速响应脱扣，立即分断，以实现主电路短路保护。高速断路器为电维持、电控制和直接瞬态过流释放型，具有较高的可靠性和高压电气性能。

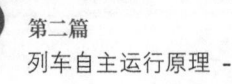

5.2.7 检测装置

牵引逆变单元的检测装置主要包括：电压检测、电流检测和温度检测。其中电压检测主要包括网压检测和支撑电容电压检测，该检测主要通过电压传感器完成。电流检测主要包括母线电流检测、斩波电流检测和电机电流检测，该检测主要通过电流传感器完成。温度检测主要为功率模块温度检测，该检测主要通过安装在功率模块上的 PT100 传感器和温度开关来完成。

电气牵引系统对电压、电流和温度的检测，主要有两个目的：为电气牵引系统的闭环控制和异常状况下的检测及保护提供依据，而从根本上保证电气牵引系统的稳定性和可靠性。

5.3 辅助电源系统

辅助电源系统的运行独立于牵引系统，主要由辅助电源装置（含辅助逆变器、DC 110 V 充电装置和应急启动电源）和扩展供电装置、DC 24 V 电源组成。功率单元采用强迫风冷散热方式，散热功率大，因此 IGBT 开关频率可以大大提高，从而减小了交流输出谐波含量，使得电源质量得到提高，对车载中压设备起到更好的保护作用，IGBT 驱动脉冲采用光纤传输，提升了产品的 EMC 抗干扰能力。

为保证辅助电源系统的高可用性及通过无电区时避免输入电源中断，设置有列车 DC 1 500 V 辅助高压母线，通过辅助高压母线将分别位于列车 Tc 车上的 2 台辅助电源装置输入端并行连接起来，并设置辅助母线熔断器进行短路保护。

辅助电源装置为整车提供 3 相 380 V 交流电源，设计容量为单台 190 kVA，采用扩展供电方式，确保在单台辅助电源装置发生故障时，将另一台辅助电源装置的 AC 380 V 输出贯通全列。

单台充电机装置提供容量 26 kW 的 DC 110 V 电源。DC 24 V 电源装置配置于司机室内，每个司机室配置 2 台，每台容量为 600 W。应急启动电源用于本车辅助系统的自启动，单台设计容量为 400 W。

在 M1 车各配置一台高压电器箱 A。高压电器箱 A 中包含隔离转换开关，可实现表 5-2 所述的电源模式选择。

表 5-2 转换开关接入电路

工况	被接入的电路	未被接入的电路
受流器	受流器 牵引逆变器 辅助电源	车间电源
车间	车间电源 辅助电源	受流器 牵引逆变器
接地	无	车间电源 受流器 牵引逆变器 辅助电源

5.3.1 主电路原理

DC 1 500 V 电压经受流器进入高压电器箱 A 内,辅助电源箱设有电网电压检测电路,电网网压采用无源电压互感器检测,并驱动网压表工作。在设备维护期间,可采用一个高压车间电源将辅助电源装置接入 DC 1 500 V 电源,一旦车间电源插头插上得电,位于 Tc 车上的辅助电源装置将由车间电源供电。高压电器箱 A 配置有辅助电源输入电路的隔离和接地电路,正常工作情况下 IES 选择受流器位,辅助电源系统接入 DC 1 500 V 高压电源。辅助电源装置维护期间,IES 选择接地位。

正常工作时,DC 1 500 V 经过滤波电抗器、预充电电路及支撑电容后,由三相 IGBT 全控桥功率模块将直流电压逆变为三相交流,再经滤波变压出三相 380 V/50 Hz 交流电压,经输出接触器输出至列车中压负载,同时实现交流电源输出的保护。其中,漏感变压器实现隔离变压和滤波功能。

DC 110 V 充电机直接由 DC 1 500 V 输入,经过 DC/DC 高频变换输出 DC 110 V 电源为车辆低压控制电源供电。采用 DC 1 500 V 直接变换,使得充电机与辅助逆变器完全独立,充电机的工作因此不受辅助电源的影响,提高了充电机的可靠性。

DC 24 V 电源直接由 DC 110 V 经高频 DC/DC 模块变换后输出。

应急启动电源直接由 DC 1 500 V 变换后输出。

5.3.2 受电电路

电源模式选择功能通过 IES 开关实现,共有三种受电方式,分别为:车间、接地和运行。同时,隔离转换开关起到维护和检修时隔离电路的作用。

5.3.3 直流滤波电路

直流滤波电路由滤波电抗器、支撑电容组成。LC 输入滤波器对辅助电源装置进行电压冲击保护并提供了稳定的 DC 电源，同时，吸收直流输入端的谐波电压，抑制逆变器对输入电源的干扰。另外，滤波电抗器在逆变器发生短路时可抑制短路电流。压敏电阻用来吸收高压能量，对比较敏感的 IGBT 等器件形成保护。

5.3.4 预充电/放电电路

直流 1 500 V 输入电压上电后，先闭合预充电接触器，通过预充电电阻对支撑电容进行限流充电。当检测到电容两端电压与直流 1 500 V 输入电压压差小于 90 V 后，控制主接触器闭合，随后断开充电接触器。充电时间约为 3 s，通过预充电电阻的限流充电，可以减小充电电流对支撑电容的冲击，延长其使用寿命。

系统配置有固定的负载电阻，当辅助电源装置停止工作，接触器断开后，支撑电容残余电荷将通过负载电阻自动泄放，电容电压在 5 min 内降至 50 V 以下，以保证检修操作时的人身安全。

5.3.5 辅助逆变电路

IGBT 逆变电路为两电平电压型逆变电路。

逆变器输出电压基波频率 50 Hz，正常运行时的频率精度 ± 0.5 Hz；开关频率选择范围 1.2 ~ 1.5 kHz。采用 SVPWM 调制，逆变器输出电压为三相 PWM（脉宽调制）电压。

逆变电路采用模块化设计，模块集成了散热器、支撑电容、三相桥臂和过压吸收共 8 个 IGBT 组件、复合低感母排(busbar)、门极驱动单元(GDU)、驱动电源模块、IGBT 控制脉冲分配电路、温度继电器、光纤等。逆变器模块采用复合低感母排设计，杂散电感小，无须吸收电路。IGBT 组件的 ON/OFF 由 GDU 进行控制，并且 GDU 具有过流或短路自保护功能及 IGBT 组件故障检测功能。

当支撑电容电压过高时，为了防止电气设备损坏，此时过压保护电路开始工作，通过吸收电阻放电，发挥过压保护的功能。

IGBT 开关元件技术规格为 3 300 V/1 000 A。

图 5-10　辅助电源箱

5.3.6　过压保护电路

过压保护电路（OVT）位于辅助电源装置内的功率模块中，当在输入滤波电容上检测到过高的电压时，为防止电气设备损坏，此时过压保护电路开始工作，发挥过压保护的功能。逆变器在发生过压等故障时，通过 OVT 对支撑电容进行迅速放电，减轻对逆变器的进一步损害。

5.3.7　交流输出电路

功率模块将 1 500 V 直流输入逆变为 640 V 三相交流后，经滤波变压，将 640 V 三相交流电降压为 380 V 三相交流，同时实现高压电路和中压电路的隔离。经过滤波和降压后，得到准正弦的三相 380 V 交流电，经三相输出接触器，输出三相 380 V/220 V/50 Hz 电源至中压负载电路，同时实现三相输出的保护。

漏感变压器额定容量 190 kVA，原边侧漏感 700 μH。

5.3.8　充电机电路

充电机采用了 DC 1 500 V 网压直接输入，采用先逆变后整流的方式，该结构简单可靠，应用技术成熟。硬件采用现代化模块设计思想，具有结构紧凑、维护方便、电磁兼容性能良好等特点。主电路包括预充电电路、斩波模块、变压器电路、整流滤波电路。其中斩波模块采用大功率 IGBT 元件及其配套的光纤驱动电路，其良好高频开关特性及 EMC 抗干扰能力保证了充电机变换电路的稳定性；高频变压器采用中间抽头式结构，产品体积小，效率高，开关频率设计范围 8~15 kHz；支撑电路采用高压薄膜电容，具有高标准的耐压性能和低漏感特性。

每个 Tc 车配一套 DC 24 V 电源模块，由两台 0.6 kW，DC 24 V 电源模块并联而成，输入额定电压 DC 110 V，输出电压 DC 24 V，总功率 1.2 kW。

5.3.9 扩展供电拓扑原理

主电路采用模块化设计，结构简单可靠，正常供电时，辅助电源装置之间独立运行，各自为半列车的负载供电。系统安全性高、稳定性好、冗余度大。

当列车上一台辅助电源出现故障时，切换为另一台正常运行的辅助电源向全列车的基本负载供电，并保证列车正常运行。基本负载是指切除一半空调压缩机负载后的全部负载。

5.3.10 DC/DC 应急启动电路

蓄电池欠压时，蓄电池箱内欠压继电器 QC1 保护，蓄电池无法投入，充电机控制器无法启动，无法为列车 DC 110 V 负载供电。在电网电压正常时，应急启动电源自动启动，同时司机室内应急启动电源提示灯点亮。当提示灯点亮后，按下应急电源输出按钮，为本车充电机和 SIV 控制器提供 DC 110 V 控制电。工作原理框图如图 5-11 所示。

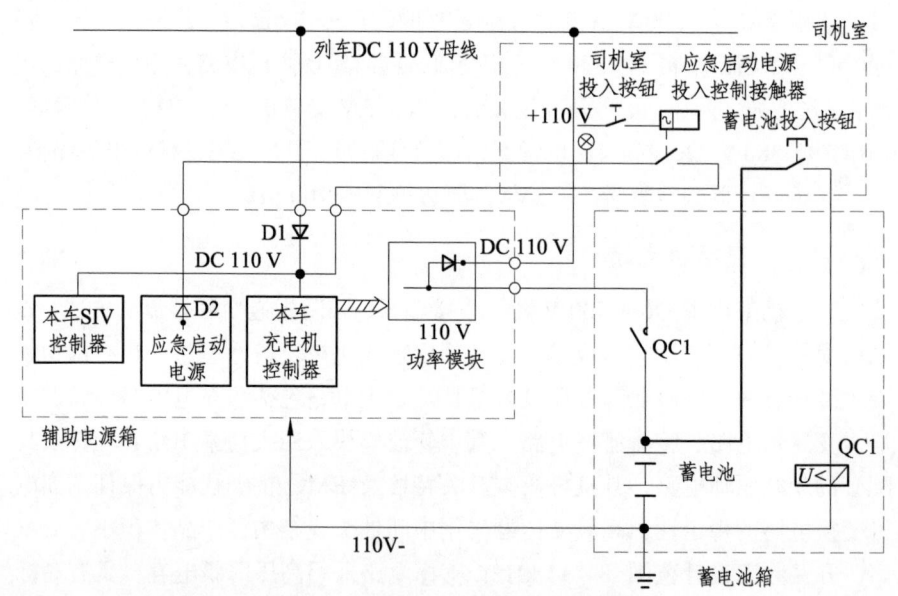

图 5-11 应急启动电源工作原理框图

（1）应急启动电源启动流程图。

应急启动电源的启动流程图如图 5-12 所示。

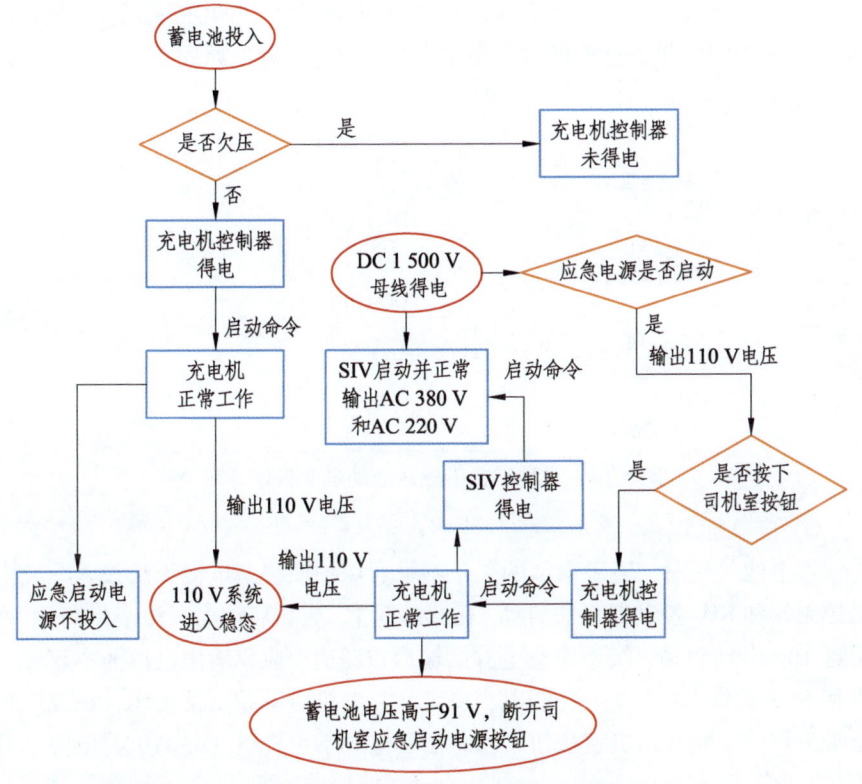

图 5-12　应急启动电源启动流程图

（2）应急启动电源控制逻辑。

应急启动电源在电网电压正常时处于工作状态，同时点亮司机室应急电源指示灯。在充电机投入工作后，司机室断开应急启动电源输出按钮，禁止应急启动电源输出。

应急启动电源的控制逻辑如图 5-13 所示。

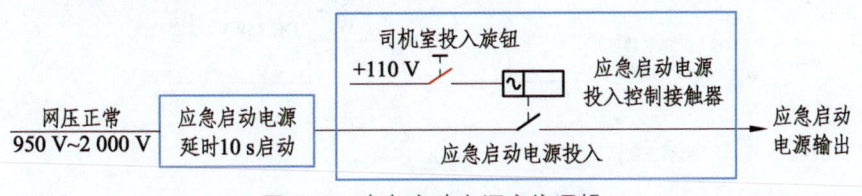

图 5-13　应急启动电源启停逻辑

（3）应急启动电源工作时序。

① 正常工况。

在蓄电池电压正常情况下，投入蓄电池后，充电机控制电由列车 DC 110 V 母线提供，充电机可以正常启动，应急启动电源处于工作状态，但不输出到辅助系统。工作时序如图 5-14 所示。

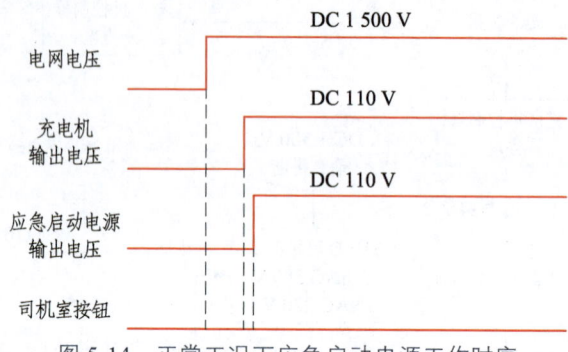

图 5-14　正常工况下应急启动电源工作时序

② 应急工况。

蓄电池欠压时，电源内部的欠压继电器保护使得蓄电池无法投入，充电机控制器和 SIV 控制器无法启动。在此工况下，应急启动电源检测到高压后，延迟 10 s 自动启动，按下应急电源的输出按钮后，应急输出电源为本车充电机和 SIV 提供 DC 110 V 控制电，SIV 和充电机启动并正常工作。在充电机正常工作后，断开司机室按钮，应急启动电源不再提供 DC 110 V 电源。其工作时序如图 5-15 所示。

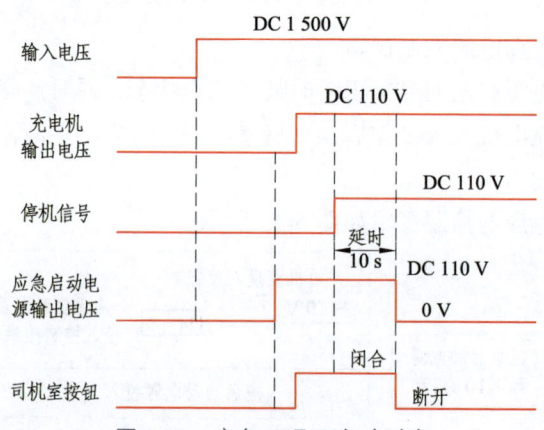

图 5-15　应急工况下启动时序

5.3.11 检测装置

辅助电源系统的检测装置主要包括电压检测、电流检测和温度检测。其中电压检测主要包括网压检测和支撑电容电压检测,该检测主要通过电压传感器完成。电流检测主要包括母线电流检测、交流输出电流检测、斩波电流检测和直流输出电流检测等,该检测主要通过电流传感器完成。温度检测主要为功率模块温度检测,该检测主要通过安装在功率模块上的 PT100 传感器和温度开关来完成。

辅助电源系统对电压、电流和温度的检测,主要有两个目的:为辅助电源系统的闭环控制和异常状况下的检测及保护提供依据,从根本上保证辅助电源系统的平稳性和可靠性。

5.3.12 蓄电池

青岛市地铁 6 号线蓄电池系统,包含 80×MRX300(80 节,300 Ah,中高倍率镍镉蓄电池)的模块化电池。电池放在 2 个电池小车内,并集成到 1 个蓄电池箱中。电池箱包含 1 个电气箱(带 BMS)。电池箱采用边梁悬挂的方式放置在车下。

青岛市地铁 6 号线蓄电池箱主体结构为钣金结构,蒙皮为铆接。主框架为不锈钢材质,门板及顶部和侧面蒙皮为铝合金材质。外部喷漆,内部喷砂处理。

电池托盘采用折叠臂+滚轮的设计形式,托盘可以完全被拉出到箱体外。

电气件(开关,熔断器,BMS 主控等)都布置在电池箱侧面的电气箱内。电气箱内部喷涂绝缘漆。

图 5-16 蓄电池托盘

图 5-17　电气箱

一组完整的蓄电池由 80 节 MRX300 组成。蓄电池配有 PT100 温度传感器，供充电机采集蓄电池温度，并相应调整充电电压。

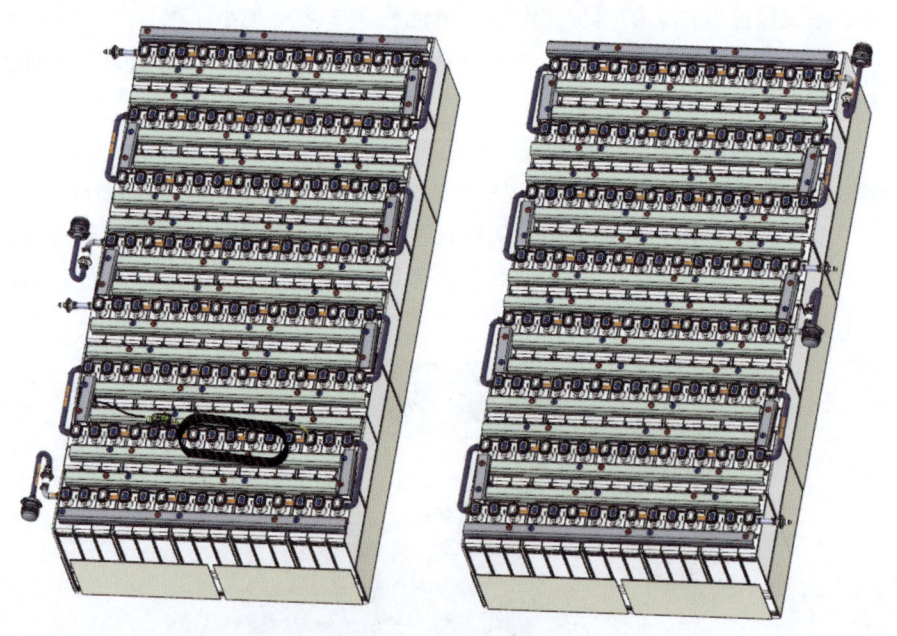

图 5-18　蓄电池组

蓄电池箱结构如图 5-19 所示。主箱门采用挂式结构，可以完全移除，方便检修。主箱门和电气箱门均配有二次防脱锁。

第 5 章 车辆设计

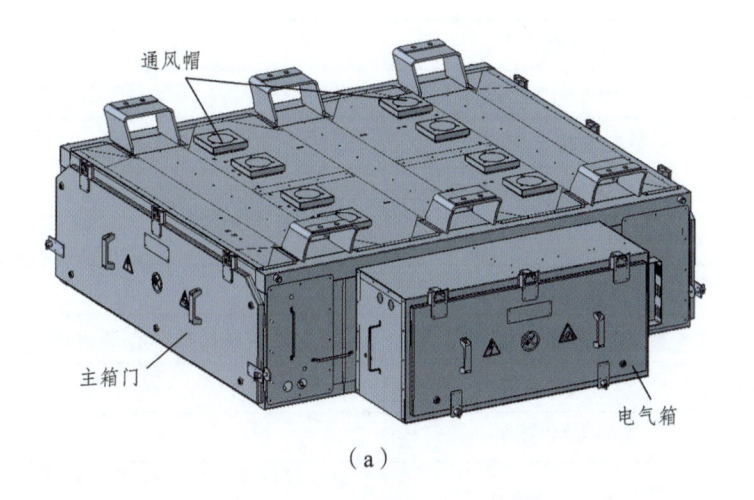

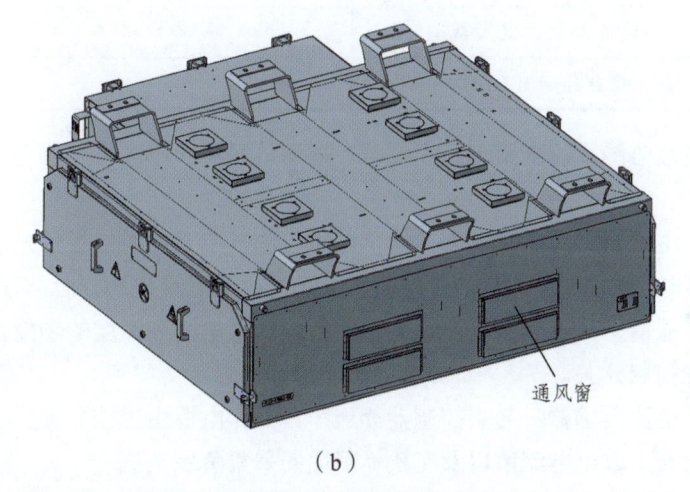

(a)

(b)

图 5-19 蓄电池箱

镍镉蓄电池在充电过程中会产生氢气，因此箱体均需配置排风系统。本蓄电池箱侧面配置有 4 个通风窗作为进风口，顶部配有 8 个通风帽作为出风口，确保氢气不会在箱内聚集而导致爆炸风险存在。

本项目配置有蓄电池监测系统。

监视蓄电池的状态（温度、电压、电流及剩余容量等状态），对蓄电池进行保护，并为蓄电池提供对外通信接口。主要功能如表 5-3 所示。

表 5-3 蓄电池监测系统功能

序号	监测项点	备注
1	蓄电池组总电压	单独采集，不设置电压传感器
2	蓄电池组总电流	电流传感器
3	蓄电池组车辆休眠期间负载电流	电流传感器，仅适用于全自动驾驶车辆
4	蓄电池剩余容量 SOC	—
5	蓄电池健康状态 SOH	—
6	蓄电池箱温度	检测空气温度，每个蓄电池箱设置 1 个
7	蓄电池组电压	—
8	蓄电池组温度	—
9	通信接口（MVB）	预留安装位置，根据实际项目确定是否需配置
10	通信接口（以太网）	—
11	维护接口（USB）	—

蓄电池监测系统主要包括主控器、电流传感器、温度传感器等。具体配置如下：

（1）主控器：由电源电路、通信电路、测试单元、核心板单元、时钟电路、存储单元和 MCU 组成，通过通信电路完成主控器与 PC 机、车载总线之间的数据通信，具有测量电池总电压、组电压、电流和温度的功能。主控器设有电源控制开关。

（2）电流传感器：与主控制器相连，其工作电源由主控器提供，负责采集蓄电池充、放电电流值以及车辆休眠期间采集负载电流。

（3）温度传感器：采集蓄电池箱及蓄电池组温度值。

表 5-4 蓄电池 BMS 系统监测功能及参数

项点	技术参数	备注
电压采样范围及路数	0～150 V，1 路（采集蓄电池总电压） 0～5 V，40 路（每 2 个蓄电池单体为 1 路，针对 80 节单体）或 39 路（每 2 个蓄电池单体为 1 路，针对 78 节单体）	（1）主控器采集蓄电池总（所有单体）电压、蓄电池组（2 节）电压。 （2）精度：±1.5% FSR

续表

项点	技术参数	备注
电流采样范围及路数	−500 A～500 A，1 路 0～2.5 A，1 路（列车休眠负载电流，功率不大于 150 W，放电电压不低于 80 V）	精度：±1% FSR
温度采样范围及路数	−40～80 ℃，1 路（蓄电池箱） −40～80 ℃，10 路（蓄电池组）	精度：±2 ℃
存储内容	电压、电流、温度、蓄电池剩余容量、时间等	
报警功能	电压异常报警、电流异常报警、温度异常报警、电池荷电状态异常报警、蓄电池健康状态异常报警、压差报警、温差报警	阈值的设置与蓄电池匹配
主控器额定功率	不超过 15 W	—
主控器休眠功率	不超过 10 W	—
冷却方式	自然冷却	—
防护等级	主控器 IP20	—

5.4 列车控制及监控系统

5.4.1 网络基本要求

列车控制系统是专为轨道车辆的控制和通信而设计的一套车载计算机系统，它控制并监视整个列车。整个系统包括车载硬件、操作系统、控制软件、诊断软件、监视软件和维护工具。

此系统是一个分布式控制系统，它将分布于整个列车的各个智能单元联结成一个列车网络，这些单元可分别安装于车下设备箱中、司机台或车厢内的电气柜中。各不同的单元使用符合标准 IEC 61375 中的车辆总线连接。这种系统的最大和最重要的优点是：显著减少各箱柜之间的连线，并方便将来对系统功能的扩展。总线的扩展比较简单，只须增加一根连接到该单元的电缆线，并更新应用软件就能和新的单元进行通信。

此系统是现代轨道车辆的标准设备，它满足城市轨道交通的要求。由于该系统设备的模块化设计，其系列产品不仅适用于各种牵引系统的控制，还适用于列车/车辆的控制，更可以用在列车监控系统中。此系统构成灵活，可以很方便地适应不同形式的列车编组。

此系统广泛地采用电子控制设备和串行数据通信来代替继电器、接触器和直接硬连线并且通过网络连接各个子系统的控制设备（如牵引控制、摩擦制动控制等），能够减少继电器、接触器、车辆/列车布线、端子排和连接器触点的使用。

此系统具有强大的系统接口能力，为适应不同的应用，可分别提供列车级以太网接口、车辆级以太网接口等。

图 5-20 网络主机

5.4.2 系统概述

列车网络控制系统的列车总线采用以太网总线。为提高可靠性，重要部件采用冗余设计。

列车网络控制系统主要实现重要设备的管理、运行信息采集、运行状态的监视和故障诊断，从而保证列车安全可靠地运行。并为司机提供故障处理指南，为检修维护提供数据支持。

5.4.3 系统组成

列车网络控制系统主要包括：中央控制单元、输入输出模块、人机接口单元、事件记录单元、无线传输装置、安全防火墙、以太网交换机。

5.4.4 总线结构

列车网络控制系统采用线性网络拓扑，设备间通过以太网连接，为提高可靠性和可用性，重要部件采用冗余设计。

列车网络控制系统采用全以太网设计架构，将车载信号网、制动内网融合到车辆控制网，取消车载信号系统内网、制动系统内网，同时实现控制网和维护网的融合。

列车网络控制系统支持透明传输，运行信号系统等设备采用专有通信协议通信。

5.4.5 网络拓扑

按照功能与硬件配置的不同分为两种车型：有司机室的拖车 Tc 车和无司机室的动车 M 车。不同车型有数量不同的事件记录模块、数字量处理模块、模拟量处理模块、人机接口模块 HMI 等。

列车网络控制系统网络拓扑结构如图 5-21 所示。

列车网络控制系统为两级网络结构：列车级和车辆级。无论是列车级总线还是车辆级总线，均采用通信线路双通道冗余设计，总线采用以太网。当某一路通信线路出现故障时，系统可以自动切换到另一路通信线路。

列车中央控制单元，采用热备冗余的配置。正常情况下，两个互为冗余设计的中央控制单元通过竞争机制自动选取一个作为总线管理强主，负责对列车总线的管理，另外一个控制单元作为热备冗余的弱主。弱主控制器实时监控强主的状态，当强主控制器出现故障时（例如在一定周期内收不到强主的生命信号），弱主控制器将作为备用车辆控制模块接管主车辆控制模块的职责，行使所有的总线管理和控制功能。但是无论哪个车辆控制模块为总线管理主，在控制逻辑上都以司机钥匙激活端的控制指令为准，总线管理主权的交换不会导致控制指令来源的切换。

第二篇 列车自主运行原理

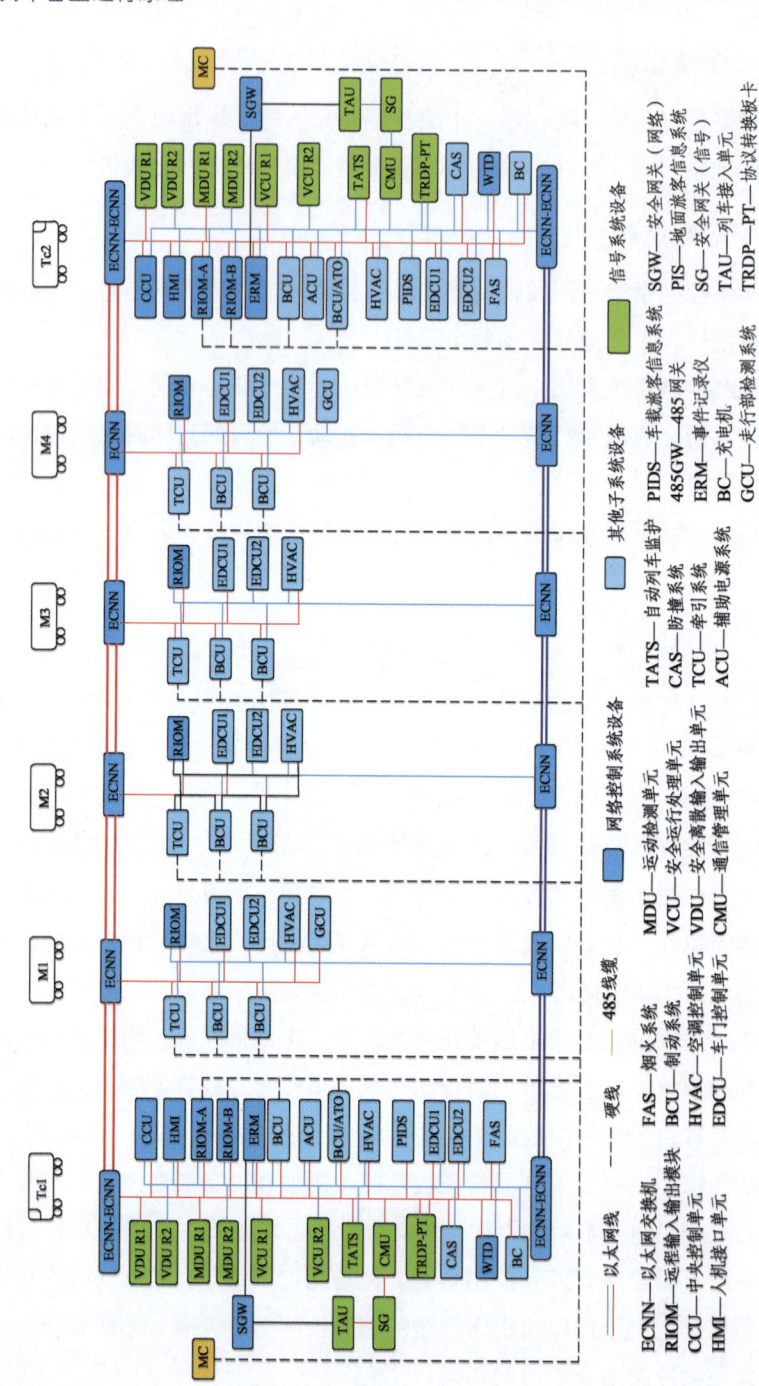

图 5-21 TCMS 网络拓扑结构图

5.4.6 网络冗余策略

为了保证列车网络控制系统的可靠性,在关键节点和重要设备上均采用了冗余方案。

5.4.6.1 通信链路冗余

列车级网络为两个互为冗余的独立工业级网络。当出现列车级网络线路故障时,另一条网络链路正常,保证线路故障不影响车辆通信。

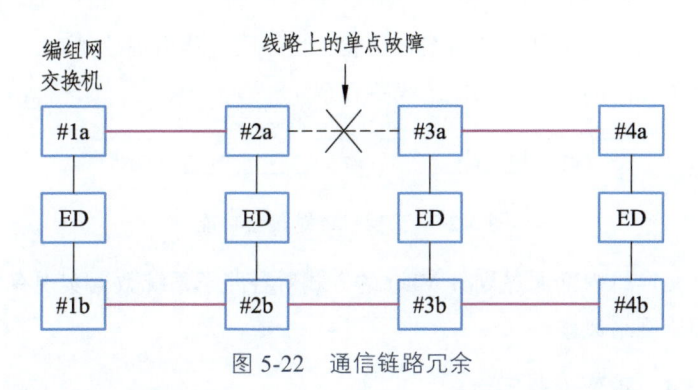

图 5-22 通信链路冗余

5.4.6.2 总线冗余

无论是列车级总线还是车辆级总线,均采用通信线路双通道冗余设计。正常情况下,各级总线的两路通道均在工作,以太网管理芯片对两路通道的数据同时进行监视和校验,并选择其中一路数据进行收发管理。而当某一路通信线路出现故障时,以太网管理芯片将选择另一路通信线路进行收发管理。总线通道的切换完全由以太网芯片进行自动管理,无须人工干预。

5.4.6.3 交换机冗余

(1)每节车各配置两台满足 TRDP 协议的交换机,对于关键系统,支持双网口冗余连接,当一路以太网网口故障时,另一路以太网网口可连接子系统,满足对关键信息的传输,进一步保证列车的可靠运行。

(2)交换机支持旁路功能,当自身设备发生断电或故障时,不影响列车级网络正常通信。

图 5-23 交换机旁路功能

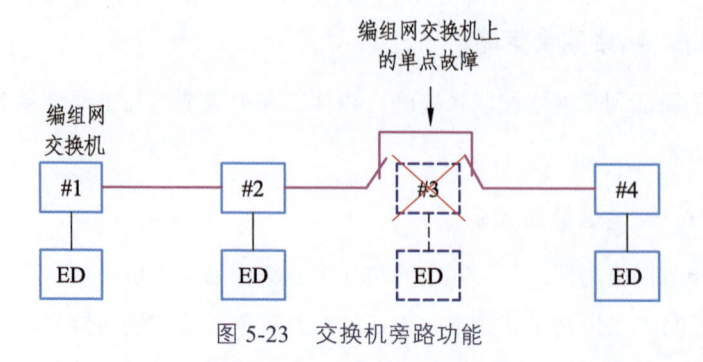

（3）干路交换机具备链路聚合功能。当一段线路出现故障时，不会影响其他两个单元间的通信，保证了线路冗余。

图 5-24 交换机链路聚合功能

（4）交换机内部通过划分 Vlan 的方式对各路子系统数据实现有效隔离，可有效抑制网络风暴。

5.4.6.4 重要设备冗余

列车中央控制单元 CCU，采用热备冗余的配置。正常情况下，两个互为冗余设计的中央控制单元通过竞争机制自动选取一个作为总线管理强主，负责对列车总线的管理，另外一个控制单元作为热备冗余的弱主。弱主控制器实时监控强主的状态，当强主控制器出现故障时（例如在一定周期内收不到强主的生命信号），弱主控制器将作为备用车辆控制模块接管主车辆控制模块的职责，行使所有的总线管理和控制功能。但是无论哪个车辆控制模块为总线管理主，在控制逻辑上都以司机钥匙激活端的控制指令为准，总线管理主权的交换不会导致控制指令来源的切换。

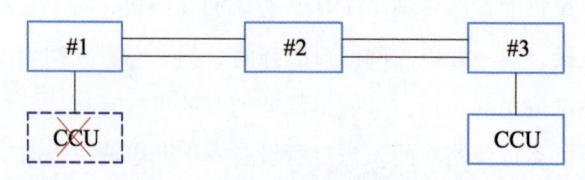

图 5-25 中央控制单元 CCU 冗余

5.5 空气制动和风源系统

5.5.1 空气制动系统基本要求

制动系统采用架控方式，按一列车或动力单元进行系统设计，车与车之间的接口、功能相匹配，列车编组后不会相互干扰。整个系统设计是高度完整并符合故障导向安全原则的。

制动及风源系统采用模块化设计，零部件采取集中布置的方式，以方便更换及维修。零部件间有足够的空间以便于部件的更换、拆装，在拆装、更换零部件时尽可能不拆卸相邻的装置；经常需要维护保养的零部件靠近车侧；与气、电相关的试验接头、接口方便接近，采用快速连接方式，且具有易于识别的标识，在连接时不要求拆卸车上的管或线。

空气系统在 750~900 kPa 的总风压力范围内工作，其他辅助装置的用风直接从总风管中引出，从总风管引出的支管设有截断塞门。

采用 JK02 型微机控制的模拟式电-空制动系统。内设监控终端，具有自诊断和故障记录功能。能在司机控制器、ATO 或 ATP 的控制下对列车进行阶段性的或一次性的制动与缓解。

空气制动系统包括常用制动、紧急制动、快速制动、停放制动，当电制动投入时，空气制动可随时与之配合进行混合制动；紧急空气制动系统采用"得电缓解"方式，贯穿整个列车的连续电源线控制制动系统的缓解，此线路一旦断开，列车编组中的所有车辆即实施紧急制动。紧急制动环路中设有一紧急制动旁路开关，以便快速缓解紧急制动。此旁路开关不能将紧急制动按钮开关旁路，以保证在需要时列车仍可实施紧急制动。紧急制动时，电制动不起作用。

常用制动力和紧急制动力均根据列车载荷进行调节，以保证列车制动率从空车到超员基本不变。车辆载荷信号取自空气簧的气压。

从紧急制动指令发出到制动缸达到 90%负荷压力的紧急制动响应时间（即空走时间加上制动缸压力上升时间）≤1.6 s。

基础制动采用盘形制动形式，1/2 带有停放制动功能，且在两侧均能对一个转向架的停放制动进行手动缓解。

列车制动采用电制动与空气制动实时协调配合、电制动优先、空气制动延时投入的混合制动方式。

电制动和空气制动均可由车载 ATO 控制或人工操纵司机控制器控制且 ATP 可进行参与控制。

每辆车上的制动系统的制动微机控制单元能随时根据车辆载荷及电制动的反馈信号来调节空气制动力,以满足不同工况时制动指令对制动力的要求。连续的混合作用可随时改变制动缸的空气压力,从而使电制动力和空气制动力之和满足制动指令要求。如果电制动能力不能满足制动指令要求,则由空气制动自动补足。

空-电相互转换平滑,列车无冲撞。

系统具有滑行控制(抑制)功能,能使发生滑行的车轮尽快恢复黏着。

系统具有保持制动功能。

列车具有停放制动功能,且列车停放制动能使超员列车在35‰坡道上和空载列车在40‰坡道上停住。

当总风压力降到低于 600 kPa 时,列车自动采取紧急制动,直至列车停止运行;当总风压力大于 700 kPa 时,压力开关复位,列车恢复正常运行状态后,列车的牵引封锁自动解除。

常用制动冲击率≤0.75 m/s^3,紧急制动作用时则不受此限制。

提供数字式车辆总线信号。对于制动设备重要的安全功能,由常规列车导线作后备。车辆总线接口满足列车通信网络标准或相关国际标准。制动微机控制单元直接联挂在车辆总线上。

5.5.2　系统构成

系统的构成包括但不限于:

(1)制动控制器。

(2)电-空制动装置。

(3)制动微机控制单元。

(4)基础制动装置(含停放制动及其手动缓解装置)。

(5)滑行检测及控制装置。

（6）监控终端装置。

（7）车辆回送装置。

（8）电动空气压缩机组。

（9）电动空气压缩机组的启动装置。

（10）冷却器。

（11）干燥器。

（12）滤清器。

（13）储风缸。

（14）安全阀。

（15）总风压力开关。

（16）压力调节器等。

（17）各种开关、阀、塞门、压力表等。

（18）停放控制、空气簧供风装置。

制动控制器与牵引控制器共同构成司机控制器，制动控制器为手动操作方式。制动控制器具有"0"位、"常用制动"位和"快速制动"位，可进行常用和快速制动控制。

常用制动指令系统包括司机控制器的制动指令和 ATP 在列车超目标速度时的最大常用制动指令以及 ATO 指令，它们均可根据所要求的减速度进行制动力控制。中车四方股份公司将在设计联络阶段提供具体方案。

系统具有保持制动功能，满足坡道启停要求。

每个驾驶室司机台上设有紧急制动开关，每个驾驶室司机台上设有紧急制动按钮，紧急制动开关为蘑菇头形状的双稳态型按钮开关。

制动系统采用架控方式，每个转向架装置配有一个制动微机控制单元，其 CPU 满足制动系统所有功能需求。通过该制动微机便能控制单元进行制动控制与防滑保护。制动微机控制单元安装在车下电子设备箱内或司机室内。制动微机控制单元被设计为可迅速更换的方式，且其印刷电路板具有互换性。制动微机控制单元在相同车型之间可以互换。所有与制动微机控制单元相连的导线通过电气连接器连接。

每辆车的制动微机控制单元（BECU）通过 MVB 接受列车 ATO/ATP 或制动控制器及相应的按钮开关产生的制动指令信号，同时还接收车辆载重信号及电制动反馈信号等，经综合运算后产生制动模式信号，来控制列车产生相应的制动力。

车辆每个单元两端的微机控制单元提供与实时以太网连接的接口，并互为热备，除具备其他微机控制单元的功能外，还可实现与实时以太网通信、制动系统管理、制动力计算与分配等功能。制动微机控制单元具有自诊断功能并提供 8 MB（含外部扩展设备）以上的存储空间用以储存故障信息。故障信息可以被总线访问，每个制动控制单元 BCU 都有三级故障分类并能发送给 TCMS 显示。

制动系统采用架控方式，每个转向架配置一个制动微机控制单元，其 CPU 应为 32 位或以上等级，能够满足制动系统所有功能需求。通过该制动微机控制单元进行制动控制与防滑保护。制动微机控制单元安装在车下电子设备箱内或司机室内。制动微机控制单元设计采取可迅速更换的形式，且其印刷电路板具有互换性。制动微机控制单元在相同车型之间可以互换。所有与制动微机控制单元相连的导线通过电气连接器连接。投标方在设计联络会上提供自诊断说明，并在说明中明确不通高压时，自诊断工作所允许的最小总风压力值。

为便携式测试装置 PTU 提供一个维护用接口，该维护用接口用于调试、测试及读取存储器内的信息，该接口为 USB 接口、以太网或其他符合相关国际标准的接口。PTU 既可通过该接口读取本车制动微机控制单元的故障信息，也可读取所有可能的内部数据信息，调整相关数值。制动微机控制单元不得有压力空气输入，采用电气传感器输入信号或反馈气动电信号。

在每个司机台显示屏幕上提供总风缸压力及每辆车的每个转向架制动缸压力的显示。司机室内另设一个双针压力表用于显示总风及制动缸压力。

空气制动系统的管道采用抛光无缝不锈钢管。接头采用不锈钢接头。

在客室中不易被乘客接近之处提供强迫切除截断塞门的操作装置，允许隔断和缓解本车的空气制动。该操作装置的设置应便于操作人员进行人工操作。

摩擦制动由气动执行机构负责执行，作用于每一个盘型制动单元；电空常用制动和紧急制动均由同一执行机构执行。在需要定期加润滑油的地方设置有润滑给油嘴。闸片的定位和紧固稳定可靠，闸片具有稳定的摩擦性能，闸片不含有石棉或其他有害的材料。

每辆车每根轴都配置一个带停放制动和一个不带停放制动的盘形制动单元。全列车盘形制动单元至少 1/2 具有停放制动功能，保证 6 辆编组的超员列车能安全地停放在线路的最大坡道上，且考虑最大风速影响。停放制动具有手动缓解装置并便于操作人员在车侧操作，并提供带手动调整功能的闸片间隙自动调节器。

每根车轴配备一个防滑控制阀，防滑控制阀在工作时，冲击率控制不起作用，而在防滑退出后，冲击率恢复正常控制。防滑保护装置的部件故障，导致制动力丧失严格限制在一个转向架内。防滑保护系统检测出车轮滑行时，该轮轴所在的防滑控制阀能迅速反应；黏着恢复后，重新施加的制动力不超过制动冲击率的限制，列车减速度变化平滑。

5.5.3 制动系统功能

系统反应迅速、动作可靠，具有常用制动、紧急制动、快速制动、保持制动、停放制动和滑行控制等功能。

常用空气制动随时与电气制动进行自动配合的电-空混合制动系统，电-空制动方式相互转换时，列车无冲动。在实施电制动的同时，为提高空气制动响应速度，制动闸片有一定的预压力。除了具有空重车调整功能外，还有保持制动功能，列车停稳后，制动系统自动施加能在超员最大坡道的情况下保证列车不发生溜滑的制动力。启动牵引力克服保持制动的制动力后，保持制动缓解。

紧急制动的电路系统为独立的系统，并采用常时带电方式，一旦失电，列车自动实施紧急制动。在正常工作时，当发出常用制动指令时，不允许出现紧急制动。在常用制动时一旦实施了紧急制动，常用制动将被紧急制动代替。当发出紧急制动指令时，必须实施紧急制动，此时电制动被自动切除，全部制动力仅由空气制动独立承担。紧急制动时具有空重车调整功能。

实施紧急制动时，由列车监视系统进行记录并由司机室内监视系统在显示屏上进行显示。发生下列情况列车实施紧急制动：

（1）触发司机室中的警惕装置。

（2）按下司机室控制台上的紧急制动按钮（击打式按钮）。

（3）列车脱钩。

（4）总风欠压。

（5）紧急制动电气列车线环路中断或失电。

（6）DC 110 V 控制电源失电。

（7）信号系统发出紧急制动指令。

紧急制动实施的要求如下：

（1）紧急制动指令发出后是不能撤除的，列车必须减速，直到列车停止。

（2）紧急制动一旦实施，不管是什么原因引起的，所有车辆必须以紧急制动减速度制动。

（3）紧急制动作用时，列车将不受制动冲击率的限制。

（4）在整个紧急制动过程中，列车紧急制动控制列车导线环路失电。

全列车的制动主控制装置接收常用制动指令，根据空气簧的压力，产生应有的制动模式指令。同时，将制动的指令信息和车辆的载荷信息传递给VVVF控制单元，使其控制产生相应的电制动力，并接收来自VVVF控制单元的制动电流反馈信息，经电子控制装置运算后，将需补足空气制动的信息传递给电子控制装置，进行交叉混合制动。

空重车调整功能，即将空气簧压力的平均值通过P-E转换装置转化为与车重相对应的电信号，在输出范围内（从空车到超员）连续输出。根据车辆载荷情况对列车制动力进行相应调整。在空气簧破裂或P-E转换电路的输出小于空车的信号时或P-E转换电路的输出大于超员时的车重信号时，按超员计算。

当制动微机控制单元接收到制动指令信号时，通过冲动控制功能使制动力的输出平滑，并校正由E-P转换中继阀产生的制动缸压力滞后现象。

在常用制动的电制动向空气制动转换时，可以提高空气制动力的响应速度。制动控制装置接收到牵引系统发来的预衰减指令后，在电制动开始衰减前，发出空气制动指令（预压力），使得空气制动力随着电制动的衰减而逐步上升，并保持车辆制动力的恒定，使列车在电制动和空气制动转换的过程中无延时和冲动，从而提高了空气制动力的响应速度。

滑行控制功能与电制动的滑行控制要综合考虑，以确保车辆尽快恢复再黏着。当空气制动滑行控制系统失效时，空气制动将继续维持而无滑行保护，此时由监控系统向司机给予提示。当滑行发生时，为了适应实际轨道黏着，通过控制防滑控制阀的动作减少制动力，按照减速度差值和速度与参考速度的差值来调整制动力，防滑退出后，制动力的恢复要满足列车冲击极限的要求。

制动控制装置根据牵引制动状态指令线的输入信息，判断制动是否不缓解。在给出缓解指令后，此装置通过传感器来检测制动缸压力，若制动缸压力超过设定值，则将其判定为制动不缓解。同时将制动不缓解信息传递给列车监视系统并在司机室显示屏上显示。

在车辆的一个制动控制装置发生制动不缓解故障时，操作强迫缓解按钮，可以对故障的制动控制装置进行强迫缓解。

如果制动及其相关系统发生故障，制动微机控制单元将故障信息采集、记录并传给监视设备，制动微机控制单元还会记录故障发生前、后一段时间内的状态数据并可通过便携式测试装置 PTU 读出详细的故障数据记录。

制动控制系统可通过 TCMS 显示空气簧压力、制动缸压力及电制动力等数据信息。

在司机室的操纵台设有停放制动施加/缓解按钮，操作人员通过操作制动施加/缓解按钮，控制停放制动施加/缓解电磁阀的得电/失电。通过对停放制动缸进行排风/充风，可以控制停放制动的施加和缓解。停放制动的状态在司机室 TCMS 显示器上显示。当总风压力下降后停放制动自动施加，当总风压力恢复时停放制动能自动缓解并恢复停放制动的正常工作。停放制动实施后，可手动缓解，且仅用手在轨道旁就可完成操作，而不必到车底去完成。一旦手动缓解了停放制动，停放制动失效，当总风压力恢复到正常范围时，进行一次制动操作，停放制动自动恢复。并且一个转向架的两侧均能对该转向架的停放制动进行缓解。

司机台上设 5 个指示灯分别指示空气制动的施加（红色）、空气制动缓解（绿色）、空气制动不缓解（红色）、停放制动的缓解（绿色）、停放施加（红色）。当所有空气制动和停放制动缓解时，司机台上有指示灯指示，同时单车的制动和缓解状态由 TCMS 系统检测，在司机室显示器上显示，并上传控制中心。

5.5.4　风源系统

每列车设有两套电动空压机组（含过滤、干燥设备以及安全装置等），并配有相应的总风缸和制动辅助风缸。列车的两套电动空压机组经列车总风管相连通，总能力满足6辆编组列车各种工况的用风要求，并适当留有裕度。该系统功能完备、工作可靠、噪声小、保护齐全。在风源系统中设有安全阀，以防止在空压机压力调节开关或其他控制设备发生故障时系统压力上升过高。在风源系统中设有压力调节开关。当总风压力低于设定值时，列车立即自动产生紧急制动，确保列车的运行安全；当总风压力升到设定值以上且满足一定条件时紧急制动缓解。具有强迫泵风功能。强迫泵风按钮为自复位型。当一台空压机组因故不能工作时，另一台空压机组也能满足全列车的用风要求。空气制动系统用风由空气压缩机将压缩空气送到总风缸，再通过列车总风管向各车的制动风缸供风。空气簧通过过滤器、调压阀和节流装置由总风缸管供风。

风源系统主要部件构成包括：

（1）电动空气压缩机组。

（2）电动空气压缩机组的启动装置。

（3）冷却器。

（4）干燥器。

（5）滤清器。

（6）储风缸。

（7）安全阀。

（8）总风压力开关。

（9）压力调节器等。

空压机的运转采用主辅原理，根据奇数天和偶数天，每天控制一台空压机做主空压机，保证空压机的工作率，保证两台空气压缩机组的累计工作时间均衡。

每一列车设2套电动空气压缩机组，机组起动由调压器、TCMS指令、硬线综合控制，空压机空载起动。空气压缩机容量满足所有制动要求和所有辅助系统要求，并且能满足在最恶劣条件下的用风要求。空气压缩机组再次启动时为空载启动；空气压缩机组及其各部件和连接件保证具有良好的互换性；每台空压机安装吸入式空气过滤器；空气压缩机组在任何工况下保证润滑良好；空气压缩机组柔性悬挂在车体下面，并能方便地装卸；空气压缩机组体积小、重量轻、寿命长，便于维修保养；距空压机组 1 m 处噪声小于 76 dB（A）。

供给空气制动系统的压缩空气是既干燥又洁净的。压缩空气被送入总风缸前应将其中的水汽、油/水雾微粒去除，空压机出来的压缩空气经空气干燥器进行处理。所采用的干燥器同时在两种状态下工作。当压缩空气在一个干燥器塔里干燥时，干燥剂就在另一个干燥塔里再生。潮湿的压缩空气先通过水分离器，将水分离出来。随后进行干燥，干燥剂吸收大量的水，使出口处的空气湿度不大于 35%。干燥空气经再生孔流到另一干燥塔，再排向大气。这样，干燥气体就把干燥剂（再生塔）里的水分排向大气，从而使干燥剂再生。干燥后的压缩空气经过精密过滤器，使得压缩空气满足制动系统的使用要求。

风源系统设有冷却器，它输出压缩空气的温度不高于环境温度 15℃。冷却器中的凝结水，通过自动排泄阀排出。

在空气压缩机组和总风缸之间还设有容量合适的双塔式空气干燥器，使送至总风缸的压缩空气得以净化。空气干燥器与空压机的供给量相配合，型式为无热再生式。空气干燥器输出压缩空气在最高排气压力时，最高的露点温度低于外温 20 ℃。假定为常年工作，露点温度最小降到 −1 ℃。在环境温度为 −25 ℃ 时能正常工作。当干燥器因故不能工作时，能保持继续供风。干燥器中的介质具有再生能力。干燥器的干燥介质为吸附剂，在干燥器前采用油水分离器。

在额定的压力下，滤清器至少达到以下等级（普通式参照 ISO 8573-1，旋转式参照 ISO 8573-2 或相关国际标准）。

（1）去除的微粒达到：≤5 μm 或 ≤5 mg/m³。

（2）最大的油含量：≤0.1 mg/m³ 或 ≤0.1 ppm。

（3）去除水分后相对湿度达到：≤35%相对湿度。

在下列条件下，储风缸保证空气制动系统实施至少 6 次最大常用制动/缓解循环或 3 次紧急制动/缓解循环：

（4）总风缸空气压力处于下限制点。

（5）空气压缩机都停止工作（故障时）。

（6）载荷 AW3。

（7）电制动停止工作。

（8）防滑保护不工作。

图 5-26 空压机

5.6 列车广播和乘客信息显示系统

PIDS 系统主要由列车广播系统、乘客信息显示系统设备组成。

列车广播系统具有列车智能自动化广播功能，负责为乘客提供语音报站提示信息及其他公共语音信息。该系统既能通过列车网络控制系统（TCMS）传来的 ATC 信息触发自动化广播，也可根据列车 TCMS 发送的运行速度、开关门信号等信息触发自动化广播。列车广播系统设置了列车广播控制总线和列车广播音频总线，并通过总线拓扑结构连接起来。具有多音源（司机室麦克风、预存储数字语音、OCC 无线电广播、视频媒体伴音）、多语种（汉语普通话、英语等）、多信息（报站信息、越站信息、紧急通告、营运服务信息等）、多优先级的乘客语音通告系统，并且可根据客室噪声自动调整播音音量。

乘客信息显示系统主要接收地面 PIDS 相关多媒体信息，并按照相应的播放列表，存储在相应的文件目录中；然后通过视频编码/解码器对视频进行编解码处理，最终通过媒体播放网络将视频信号传送给 LCD 显示器完成显示播放。

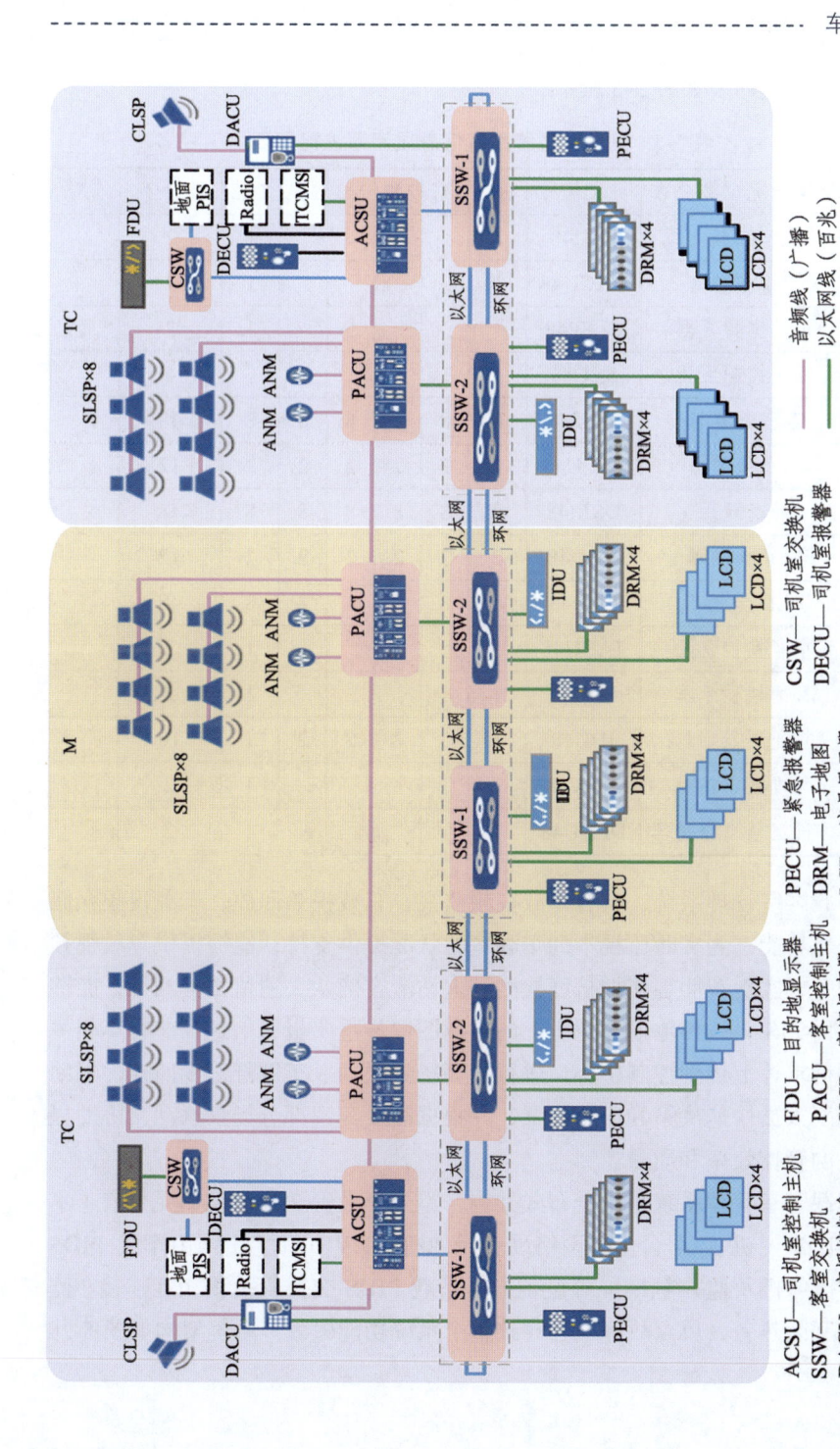

图 5-27 系统架构图

系统配置列表如表 5-5 所示。

表 5-5 列车广播和乘客信息显示系统配置表

序号	编组情况设备分布	英文简称	TC1	M1	M2	M3	M4	TC2	数量/列	备注
1	司机室控制主机	PCU48	1					1	2	
2	广播控制盒	DACU48	1					1	2	
3	司机室扬声器	CLSP48	1					1	2	
4	客室控制主机	SCU48		1	1	1	1		4	
5	客室扬声器	SLSP48	8	8	8	8	8	8	48	
6	紧急报警器	PECU48	2	2	2	2	2	2	12	
7	动态地图	DRM48	8	8	8	8	8	8	48	
8	噪声检测器	NDU48	2	2	2	2	2	2	12	
9	LCD 显示器	LCD48	8	8	8	8	8	8	48	
10	头车客室控制主机	TACU48	1					1	2	
11	目的地显示器	FDU48	1					1	2	
12	贯通到显示器	IDU48	2	2	2	2	2	2	10	
13	司机室交换机	CSW48	1					1	2	
14	司机室紧急报警器	DECU48	1					1	2	

车载客室管理系统，具有车载视频监视、车载视频回放、车载视频存储与下载等功能，为实时监视本列车客室的状况提供支持；能够提供车载视频分析服务，实现车厢客流拥挤度检测、末站清客确认、遗留物检测等；能够通过地面 PIS 无线传输通道把车上的监视图像、重要报警信息及非行车相关的控制请求等上传到控制中心，进行报警场景联动、车厢舒适度监控，辅助中心调度人员快速决策和应急处置，并根据需要实现部分场景联动，协助提升调度的管控效率和质量。

车载客室管理系统采用分布式架构，整列车设置 2 套监控单元板卡（集成到 PIDS 主机）、4 台 2U 网络硬盘录像机（NVR），主干网由车载 PIDS 提供，摄像机及监控触摸屏等设备通过车载 PIDS 交换机模块相互连接，监控单元冗余热备，单点故障不会导致整个系统功能失效。系统架构如图 5-28 所示。

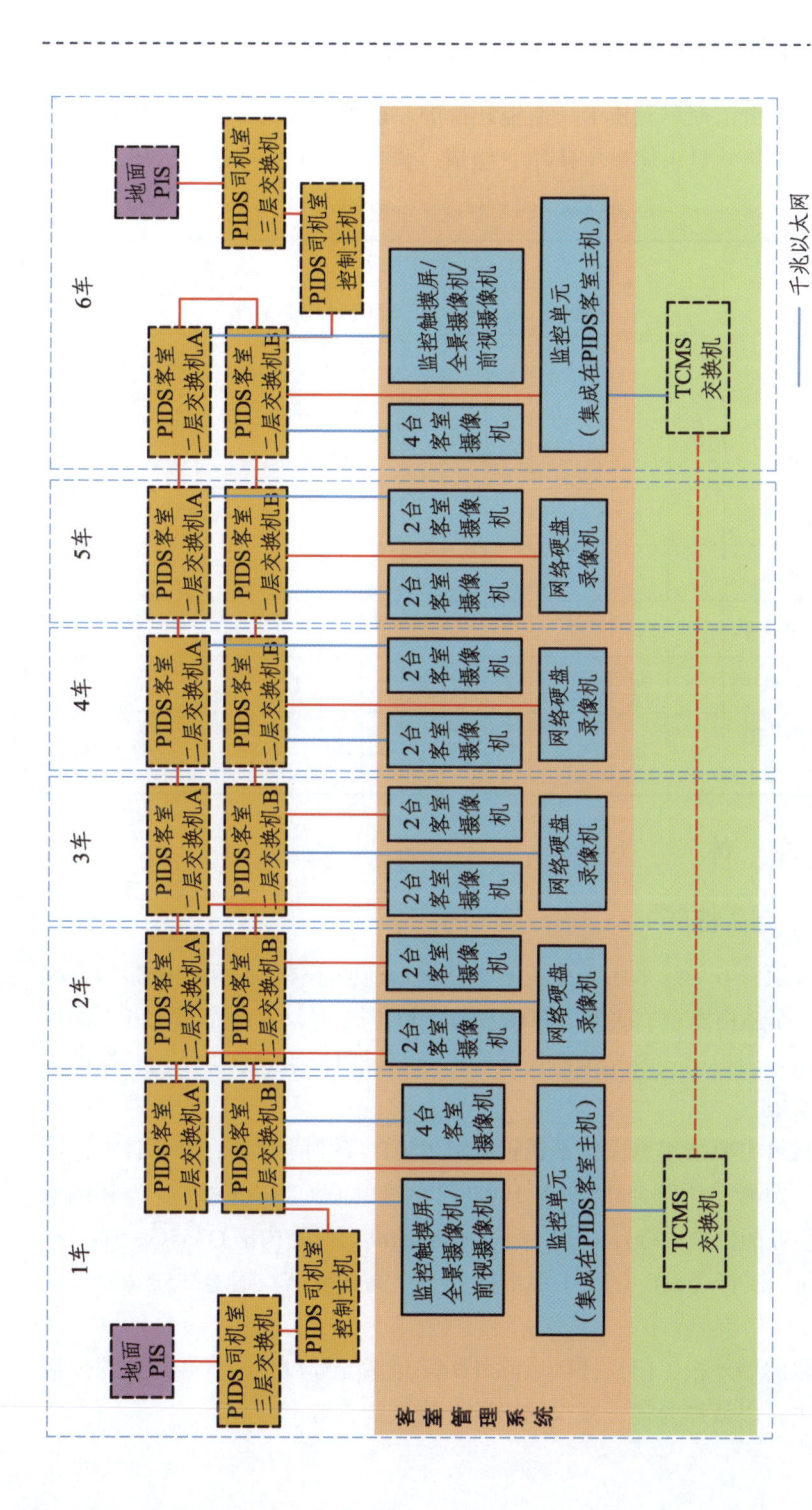

图 5-28 系统拓扑示意图

系统主要由监控单元板卡、监控触摸屏、前置摄像机、全景摄像机、客室摄像机和网络硬盘录像机（NVR）组成，具体配置情况如表5-6所示。

表5-6 客室管理系统配置

序号	设备名称	单位	数量	列车配置							备注
				司机室	Tc1	M1	M2	M3	M4	Tc2	司机室	
1	监控单元板卡	套	2		1					1		集成在PIDS主机，主要包括主控功能、视频分析功能
2	监控触摸屏	台	2	1							1	
3	前置摄像机	个	2	1							1	
4	全景摄像机	个	2	1							1	
5	客室摄像机	个	24		4	4	4	4	4	4		
6	网络硬盘录像机	台	4			1	1	1	1			2U机箱

5.7 车 体

5.7.1 产品特点

青岛市地铁6号线采用无涂装不锈钢梯形断面车体，采用薄壁筒形整体承载结构，车体由车顶、底架、侧墙、端墙和司机室（仅Tc车有）五大部件组成。侧墙采用板梁式激光焊搭接结构，端墙采用板梁式点焊结构，端墙板为冲压鼓筋板。

车体材料主要采用奥氏体不锈钢（SUS301L系列）材料，符合日本标准JIS G4305，外板采用符合欧洲EN 10088-2标准的EN 1.4318材料，车体的牵引梁、枕梁等部位采用符合GB/T 4171标准的高耐候结构钢Q355GNHD（厚度≤10 mm）或符合GB/T 1591标准的低合金高强度结构钢Q355E（厚度>10 mm）。

车体除侧墙外板（门立柱区域除外）采用激光焊以外，其余部位的焊接以点焊为主、以弧焊为辅，减少热影响，降低焊接变形。

5.7.2 主要性能

车体承受自重、载重、牵引力、通过曲线时的横向力、制动力等载荷及作用力；车体强度满足 EN12663 P-Ⅲ类强度要求，车体压缩静载荷不低于 800 kN，拉伸载荷不低于 640 kN。

车钩缓冲装置满足以下要求：

（1）当一列 AW0 车以 5 km/h 的速度冲击车挡时，弹性胶泥缓冲器和压溃管能够吸收全部冲击能量。

（2）当一列 AW0 车与一列 AW0 车以 5 km/h 的速度发生连挂时，弹性胶泥缓冲器在弹性范围内能够吸收全部冲击能量。

（3）当一列 AW0 车与一列 AW0 车以 15 km/h 的速度发生碰撞时，弹性胶泥缓冲器和压溃管能够吸收全部冲击能量。

（4）当一列 AW0 车与一列 AW0 车以 25 km/h 的速度发生碰撞时，弹性胶泥缓冲器、压溃管和防爬器能够吸收全部冲击能量。

（5）车体能够顺利通过半径为 150 m 的曲线线路。

5.7.3 主要参数

M 车体长度（端墙面）：19 000 mm。

Tc 车体长度（防爬器端至端墙面）：19 730 mm。

车体长度（车钩连接面）：M（19 520 mm），Tc（20 420 mm）。

车体高度：3 715 mm。

最大宽度：2 792 mm。

车辆两转向架中心距：12 600 mm。

车钩高度：660 mm。

5.7.4 总体结构及其工作原理、工作特性

车体表面无涂装，采用下直上斜断面整体承载板梁结构，车体由底架、侧墙、端墙、车顶和司机室（仅 Tc 车）组成，在专门的总组装台位焊接成完整的车体。空调平顶采用在车内布置不锈钢管直通车下的排水方案，排水管在车体内部采用密封接头形式对接，不会存在漏水问题。具体参见图 5-29 和图 5-30。

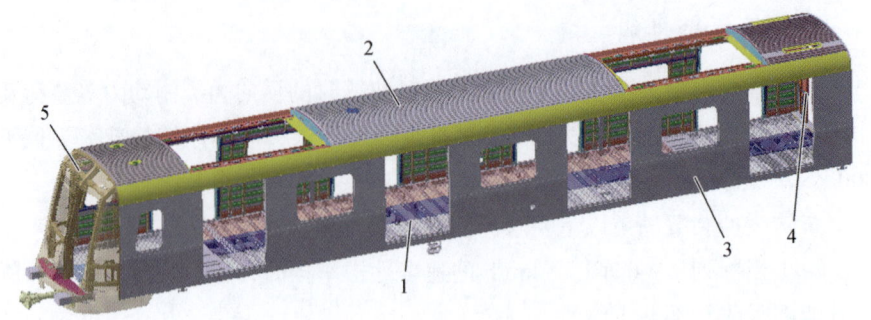

1—底架；2—车顶；3—侧墙；4—端墙；5—司机室。

图 5-29　Tc 车车体结构

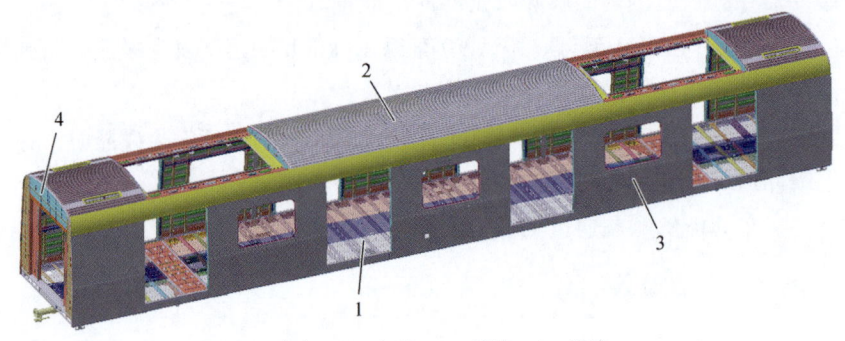

1—底架；2—车顶；3—侧墙；4—端墙。

图 5-30　M 车车体结构

5.8　车外设备

5.8.1　车门系统

客室侧门采用双扇电控电动塞拉门。所选择的车门系统是已经被其他轨道交通系统通过多年成功运营得到验证的成熟产品。

车门的电控电动装置是采用微处理器控制的电动机驱动装置，其具有自诊断功能和故障记录功能，具有与列车总线网络进行通信的功能，并可通过列车总线网络或硬线对车门进行控制。

传动装置采用丝杠方式，传动装置、导向装置、驱动装置和锁闭装置集中为一个紧凑的功能单元，便于安装和维修。

车门设置有可靠的机械锁闭机构、故障隔离装置、紧急解锁、重开门等安全设施，保证车门系统的安全性。

车门驱动装置设在门的上方,所有部件易于接近,便于维护、调整,系统设计寿命为三十年(不含易损、易耗件的使用寿命)。

车门主要技术参数如表5-7所示。

表5-7 车门技术参数

序号	车门数量	每辆车每侧4组对开门
1	净开宽度	1 300(0,+5)mm
2	净开高度	1 860(0,+5)mm
3	供电电压	DC 110 V,波动范围:77~137.5 V
4	开门时间	3±0.5 s
5	关门时间	3±0.5 s
6	开、关门延时时间	0~3.0 s可调
7	车门关紧力	150 N(暂定,可调节范围为100~300 N)
8	探测最小障碍物	10 mm×25 mm(宽×高)
9	开关门噪音级别	≤68 dBA
10	隔热性能	≤4.6 W/m²·K
11	隔音系数	≥32 dBA

车门主要功能如下:

(1)开/关门功能,包括车门开、关状态显示。

(2)左右车门选择功能,只能开启一侧车门。

(3)未关闭好车门的再开闭功能,已关好的车门不再打开。

(4)开关车门的二次缓冲功能。

(5)防夹人/物功能(障碍物探测重开门功能)。

(6)车门故障切除功能。

(7)车内紧急解锁功能(每辆车每个车门从车内紧急解锁)。

(8)车门旁路功能。

(9)车外紧急解锁功能(设有车外紧急解锁功能的车门,在相应位置安装防滑脚蹬,每辆每侧1个门)。

(10)故障指示、诊断和记录功能并可通过读出器读出记录数据。

(11)自诊断功能。

(12)零速保护。

(13)车门与站台门对位隔离功能。

客室车门的单门或多门与站台门对位隔离功能,车辆 TCMS 收到屏蔽门的隔离信号后发送给对应的门控器,门控器执行电隔离功能(此电隔离与机械隔离后门控器状态保持一致),对应车门的门隔离指示灯常亮,此时集控开关门等信号对被隔离车门不起作用。车门机械隔离后门控器会发出隔离信号并通过 TCMS 发给车辆端,传输至远程控制中心可实现控制屏蔽门的对位隔离功能。

图 5-31 客室车门

5.8.2 客室侧窗

客室车窗布置方案如下：

（1）Tc 车、M 车：每辆车设置有 6 套客室车窗。

（2）客室车窗玻璃为钢化安全玻璃，按标准 GB 18045—2000 执行，中空玻璃按照标准 GB/T 11944—2012 执行。车辆安装的客室车窗玻璃不能影响列车无线通信、信号无线天线正常工作和民用移动通信的正常使用。客室车窗的设计考虑了车体强度和整车布置，客室车窗尺寸为 1 450 mm × 940 mm，车窗玻璃结构为 8-9A-5 的中空玻璃，即外侧为 8 mm 钢化玻璃，中间空气层厚度为 9 mm，内层 5 mm 钢化玻璃，窗框采用铝合金型材（6063-T5），窗框上的装饰胶条为优质三元乙丙橡胶。

（3）隔热性能：传热系数 $K \leqslant 3.3$ W/（$m^2 \cdot K$），优于标准 TB/T 3107—2011 标准要求的 $K \leqslant 3.5$ W/（$m^2 \cdot K$）。

（4）隔声性能：计权噪声降低量 Rw $\geqslant 34$ dB（A），优于普通地铁车窗结构（5-9A-4）要求的 Rw $\geqslant 30$ dB（A）。

（5）客室车窗的安装设计要能承受所有的内部和外部的压力差，包括会车和通过隧道。

（6）所有车窗的安装须严密、不渗水。

（7）更换客室车窗时不需要拆卸侧墙内墙板，车窗组件的设计要便于从外侧更换。

5.8.3 司机室前窗

每个头车设置 1 个司机室前窗，司机室两侧设置 2 个司机室侧窗。

司机室前窗采用固定式的形式，结构设计方面，要能保护司机的安全。前窗不能被压入司机室内。司机室前窗视野宽阔，保证能够清楚方便地瞭望到前方信号、线路、牵引电网、隧道和站台等状况。

电热前窗玻璃采用层压式高抗冲击型安全电热玻璃，除霜和密封性能良好。

电热前窗玻璃的加热功率为 550 W/m^2，电热前窗玻璃的透明区域均为加热区域。

主要性能如下：

① 抗冲击能力符合标准 UIC 651 的要求。

② 前窗玻璃的加热和光学性能符合标准 TB/T 1451 及 GB 14681 的要求。

③ 电热前窗玻璃加热均匀度不大于 10 ℃。

为满足最高运营速度 100 km/h 的运营要求，前窗玻璃厚度设计为 12.56 mm（4 mm 厚钢化玻璃 + 4.56 mm PVB 膜 + 4 mm 厚钢化玻璃），周圈采用丝网印刷处理；司机室侧窗玻璃厚度 12.56 mm（4 mm 厚钢化玻璃 + 4.56 mm PVB 膜 + 4 mm 厚钢化玻璃），周圈采用丝网印刷处理。

司机室车窗采用固定式，车窗玻璃与车体粘结用聚氨酯结构胶，粘结性能良好，且不会由于车辆的冲击速度导致封口胶与玻璃发生脱落，不能被压入司机室内。结构设计方面，要能保护司机的安全，车窗安装后外表面要与车体平齐。

5.8.4 贯通道

相邻车厢端墙间距：520 mm。

净通过宽度：1 300 mm。

净通过高度：1 900 mm。

最小曲线半径：150 m。

最小 S 曲线：R150 m-5 m-R150 m

渡板承载能力：9 人/m²

隔声量：≥40 dB（A）

传热系数：K≤3.5 W/m²·K

棚布抗拉负荷（径向/纬向）：4 000/2 300 N/50 mm

断裂伸长率（径向/纬向）：≥15%/≥20%

防火标准：EN 45545-HL2

结构件寿命：30 年，折棚使用寿命不小于 15 年。

贯通道主要由折棚、车体框、踏板、踏板支撑、渡板、渡板连杆、侧护板、顶板、顶板安装座及护板安装支座组成。

折棚由多环波浪状篷布缝制而成，为提高其整体隔音隔热性能，每环的下部不再设置排水孔。折棚面料选用高强度阻燃环保面料，具有良好的隔音、隔热性能。折棚各环缝合边用铝合金型材装夹，折棚体端环的铝合金型材与车体框组成通过锁舌联接锁闭。

折棚底部设置有排水孔，每波折棚设置一个排水孔，每套共计 6 孔，排水孔采用斜对角布置的形式。

车体框组成由框架及锁舌组成。固定在车端，与折棚组成通过锁舌联接，锁闭机构操作简单，可实现快速解锁、分离或连挂接合、锁定。各接合面周边设有密封胶条，联接后外部涂胶密封，可使贯通道气密性好、不漏雨，不渗水。

每个通道顶板由 2 个相同边护板和 1 个中间护板组成，每个边护板通过 2 个端梁分别固定在车体端墙上的顶板安装座上，由于顶板连接构件为铰接连杆件，可适应车辆运行中车端的各种变化。

踏、渡板装置由渡板、渡板连杆、踏板、踏板支撑及渡板连杆机构组成，连杆机构通过踏板支撑分别铰接在两车端，渡板置于其上，连杆机构上设有渡板对中装置，在车辆运行时渡板不会偏移，渡板为不锈钢花纹板，踏板前面为不锈钢板，固定车体内端为不锈钢花纹板，具有防滑功能。各相对滑动面间设有非金属磨耗板，可避免金属间的直接接触磨损，渡板每平方米可承载 9 人（每人体重按 60 kg 计）。

一片式侧护板由内护板、卷筒及卷曲装置、连杆机构组成。内护板的上下安装有橡胶裙边，内护板在靠近车辆两侧由卷筒及卷曲装置卷曲，连杆机构将两卷筒连接在一起，同时对内护板中部起到支承作用，使内护板有足够强度，满足乘客的倚靠要求，侧护板通过设置在卷筒的上下各安装座与车辆端部安装架进行连接。通过以上这种侧护板结构设计，能够保证侧护板适应车辆行驶中的各种状况，即车厢能够水平摆动、垂向摆动（侧滚运动）、上下垂向运动、俯仰运动。

护板安装支座固定在车体两侧，带有安全可靠的锁闭组成，可以实现侧护板的快速安装及拆卸。

图 5-32　贯通道

5.9 车内设备及结构

内装结构设计采用绿色环保材料，执行关于环保方面的法律、法规、标准，其有害物质限量标准满足《机车车辆非金属材料及室内空气有害物质限量》（TB/T 3139—2021）的相关要求。在满足车辆运行安全性、功能性的前提下，尽可能采用模块化设计，零部件设计具有可靠性、互换性、耐磨性及耐腐蚀性。车辆的设计、制造和所选用的材料、部件的防火要求满足标准 EN 45545 规定。

整个地板结构的厚度为 40 mm，铝蜂窝地板的厚度为 18 mm，面板为 2 mm 厚度的铝板，背板为 1 mm 厚度的铝板，蜂窝芯厚度为 15 mm，地板布为厚度 3 mm 的橡胶地板布。安装时把地板固定在钢结构的焊卡上，地板和安装座之间通过性能优良的减振垫来降低震动和噪声。为提升地板结构的整体隔音性能，在客室地板底面粘贴厚度为 1.2 mm 的隔音垫，隔音垫的隔声测量结果满足标准 GB/T 19889.3—2005 的相关要求，且 R_w 不小于 25.4 dB。

内顶板采用铝蜂窝复合板及铝型材，表面喷漆。从车体中心向两边依次为中顶板、送风格栅、灯罩、侧顶板。内顶板为无木、少压条结构，用 T 型螺栓及螺钉将其固定到铝型材支撑面上。中顶板为平面，距地板布的高度为 2 113 mm。

客室侧墙总厚度为 137 mm，由侧墙整体骨架和侧墙板构成，侧墙板主要由窗口墙板、窗下墙板、门罩板组成。侧墙整体骨架采用铝型材，通过安装座与车体连接。窗口墙板采用铝板材质，门罩板也采用铝型材材质。

端墙包括一位端墙、二位端墙。端墙主要由左端墙板、右端墙板和门上板组成。左、右端墙板采用铝蜂窝复合板，门上板由铝型材、铝蜂窝板、双层钢化玻璃共同组成，钢化玻璃提供乘客信息显示区域。

本车为全自动驾驶车辆，未设司机室后端墙，司机室内装由司机室墙板和顶板组成。司机室内装的主要功能包括：将车体梁柱及防寒材遮蔽，为司机提供人机界面；为电气设备或其他部件提供安装平台及检修空间。

顶板和墙板由酚醛玻璃钢制作而成。司机室墙板由左右墙板、中立柱、窗上罩板、窗下板等组成。窗上罩板带有检查门，用于检修门机构及电气设备。所有螺钉在安装时，现车配钻，螺钉安装后钉头不高出内装饰板面，且均须使用螺纹紧固胶紧固。

地板、车顶、侧墙和端墙均作隔音、隔热处理。隔音、隔热材料选择不燃材料（矿棉），符合标准 EN 45545 中规定的防火和安全要求。在检修、拆装过程中对人身无隐患。隔热材料同时具有吸声性能。该设计包含有充分的措施来减少声能传递进入客室、内部通道以及通过与外部相通的区域如缝隙、车门、风道、布线或隔栅空隙等进行传播。列车处于长期运行振动的状态时，隔音、隔热材料不会松散脱离。

司机室座椅设计方面，应主要满足司机的乘坐舒适度要求和安全性要求。驾驶员坐在座椅上，可以观察并操作所有的操纵台设备，同时还可以通过司机室前窗和侧窗观察周围环境。操作座椅时，必须遵守适用的安全守则。

立柱安装：立柱安装主要由立柱组成、安装座组成和底座等部分构成，立柱组成表面为不锈钢喷砂电化学处理。安装座组成的材质为不锈钢，通过螺栓连接车体铝型材，表面喷涂水性油漆。立柱组成由不锈钢管Φ35*2.5-06Cr19Ni10 材质焊接组成，是立柱安装的主要承载结构，表面整体喷砂电化学处理。底座由 ZG07Cr19Ni9 的材质机加工完成，固定在客室地板上。

座椅扶手安装：扶手杆安装主要由横杆、立杆组成、装饰盖和三通组成，通过安装座安装固定在顶部。其中横杆由不锈钢管Φ35*2.5-06Cr19Ni10 材质焊接组成，通过三通组成（材质 ZG07Cr19Ni10）连接固定，表面不锈钢喷砂电化学处理。安装座材质为 Q235A，表面喷涂水性油漆，通过螺栓连接车体铝型材。装饰盖材质为 ZG07Cr19Ni10，与扶手杆连接，用来遮挡扶手杆连接结构从而起到装饰美观的效果。

门区扶手安装：扶手杆组成（门区）由不锈钢管Φ35*2.5-06Cr19Ni10 材质焊接组成，表面不锈钢喷砂电化学处理，通过螺栓连接到门立罩安装座上。

客室座椅有 6 人座椅、3 人座椅和 2 人座椅，均为纵向座椅。所有座椅结构相同，由座椅面、座椅骨架及下部装饰罩组成。座椅面为玻璃钢材质，座椅骨架为铝型材，装饰罩为铝板。每个座椅均能够承受 150 kg 的载荷，不会永久变形或功能丧失。座椅骨架通过螺栓固定到车体侧墙上，座椅骨架通过螺栓固定到车体侧墙上。

图 5-33　客室内装

5.10　转向架

转向架分为两种结构相似的动车转向架和拖车转向架，均为无摇枕转向架，转向架构架采用无缝钢管和低合金钢板焊接而成的 H 型结构。转向架结构主要包括构架组成、装有降噪阻尼环的轮对、轴箱装置、一系悬挂、二系悬挂及中央牵引装置、基础制动装置、转向架配管配线、障碍物检测及脱轨检测装置和轮缘润滑装置等，动车转向架还包括齿轮箱传动装置和联轴节。

转向架具有很高的互换性，在动车转向架和拖车转向架的结构中，转臂式轴箱体、轴承、转臂定位节点、空气弹簧、高度调整阀、差压阀、调整杆、中心销组成、牵引梁、中心销套、牵引拉杆、横向油压减振器、垂向油压减振器、制动夹钳、车轮等均可以互换。

动车转向架的车轴可以互换，拖车转向架的车轴可以互换。

具有相同功能的动车转向架用轮对（包含电机、齿轮箱、联轴节组件和接地装置）均可互换，具有相同功能的拖车转向架用轮对可以互换。

动车转向架的构架均可互换，拖车转向架的构架均可互换。

具有相同功能的动车转向架可以互换，具有相同功能的拖车转向架可以互换。

5.10.1 主要技术参数

转向架技术参数如表 5-7 所示。

表 5-7 转向架技术参数

项 目	转向架型式	
	动车转向架	拖车转向架
转向架重量/t	约 8	约 6
设计构造速度/（km/h）	140	
轨距/mm	1 435	
轴距/mm	2 300	
轴颈间距/mm	2 010	
车轮直径/mm	840（新）/770（全磨耗）	
轮对内侧距/mm	1 353±2	
空气弹簧有效直径/mm	540	
基础制动装置	轮装盘形制动，每轴配一个停放制动夹钳	
轴重/t	≤14.5（结构强度满足 15 t 轴重要求）	
运行平稳性	新车≤2.5 运行 15 万千米后<2.75	
车轮减载率	≤0.6	
脱轨系数	<0.8	
最小曲线半径/m	150	

5.10.2 转向架结构图

动车和拖车转向架如图 5-34 和 5-35 所示。

图 5-34　动车转向架三维示意图

图 5-35　拖车转向架三维图

5.11　车下设备安装

青岛市地铁 6 号线一期电动客车项目为 6 辆编组，TC1 和 TC2 车下设备布置完全一致，M1 和 M4 设备布置完全一致，M2 及 M3 车以 M1 车为基础进行变更布置。根据车下设备布置空间要求，选用常用尺寸安装。车下设备的布置充分考虑各设备的可接近性、可维修性，以及设备的通风、散热、接线等要求，兼顾整车的均衡，车下设备安装限界等，设备的安装采用螺栓吊挂在车体底架横梁的方式，使用双螺母进行防松。

TC1/TC2 车下主要设备有：集电靴供风单元箱、风缸模块、主阀、辅阀、空压机、辅助控制箱、辅助电源箱、蓄电池箱、避雷器箱、空压机启动箱。具体布置如图 5-36 所示。

M1 车设备：集电靴供风单元箱、风缸模块、主阀、辅阀、辅助控制箱、牵引逆变器、过压吸收电阻、滤波电抗器、高压电器箱 A，具体布置如图 5-37 所示。

M2 车设备：集电靴供风单元箱、风缸模块、主阀、辅阀、辅助控制箱、牵引逆变器、过压吸收电阻、滤波电抗器、高压电器箱 B、母线高断箱。具体布置如图 5-38 所示。

M3 车设备：集电靴供风单元箱、风缸模块、主阀、辅阀、辅助控制箱、牵引逆变器、过压吸收电阻、滤波电抗器、高压电器箱 B、扩展供电箱。具体布置如图 5-39 所示。

5.12 车内电气设备安装

车内电气主要包括照明灯具、PIS 设备布置以及车内管线槽。车内电气的设计优先采用绿色环保材料，执行关于环保方面的法律、法规、标准。在满足车辆运行的安全性、功能性的前提下，尽可能采用模块化设计，零部件设计具有可靠性、互换性、耐磨性及耐腐蚀性。

车内照明由客室照明及司机室照明两部分构成，分别为客室和司机室提供柔和协调的光照强度，确保乘客与司机在车内能进行正常的活动与操作。本项目的司机室为开放式的，可由客室延伸过去，司机室灯具的断面及发光效果和客室照明一致，设有独立的开关可以单独控制司机室区域灯具的亮灭。

客室照明系统是由客室照明主灯带、司机室灯带、筒灯、开门侧指示灯组成，为车厢内部提供必不可少的照明环境。

车内电气设备主要包括客室扬声器、噪声检测器、紧急报警器、43 寸动态地图、LED 贯通道显示器、21.5 寸液晶显示器、客室摄像机、司机室扬声器、目的地显示器、司机室摄像机、前视摄像机以及紧急操作手柄。各设备在客室内部均匀布置，最大程度地减小乘客使用距离，方便乘客的使用。

车内管线槽布置是对车内布线用线管、线槽、绑线架的安装与布置，包括车顶贯通布线、端部布线、侧墙布线三大部分。管线槽的布置将确保线缆的拆装便利，线缆布置整齐有序，线束遵循横平竖直原则，尽量避免交叉，同时线束绑扎牢固可靠，防护合理适当。

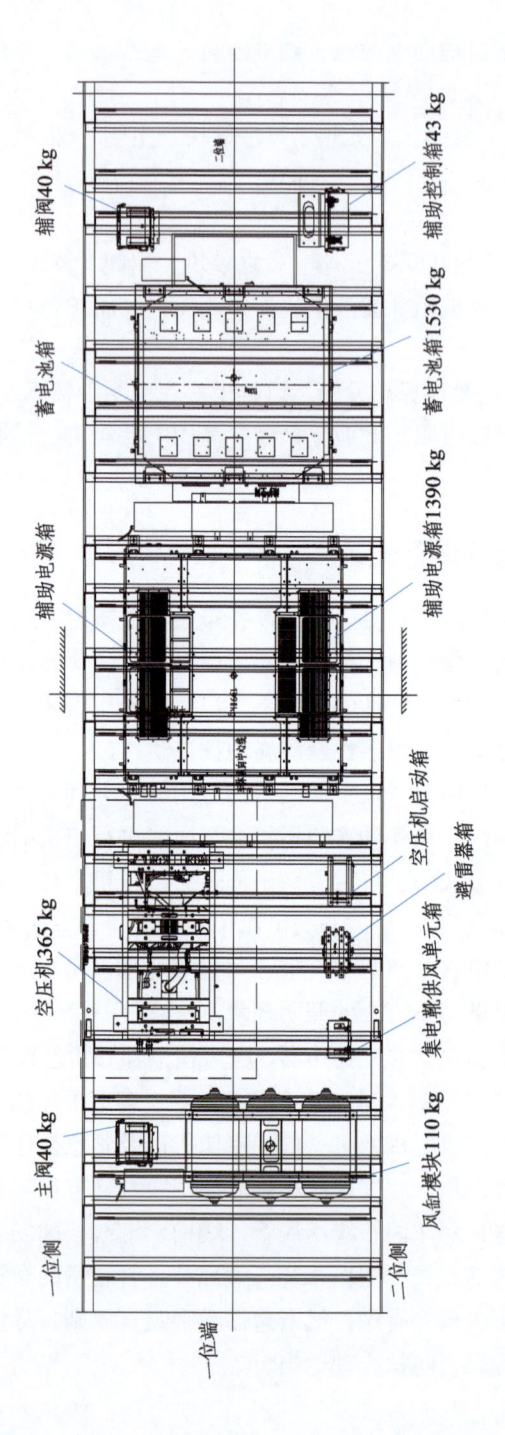

图 5-36 TC 车车下设备布置

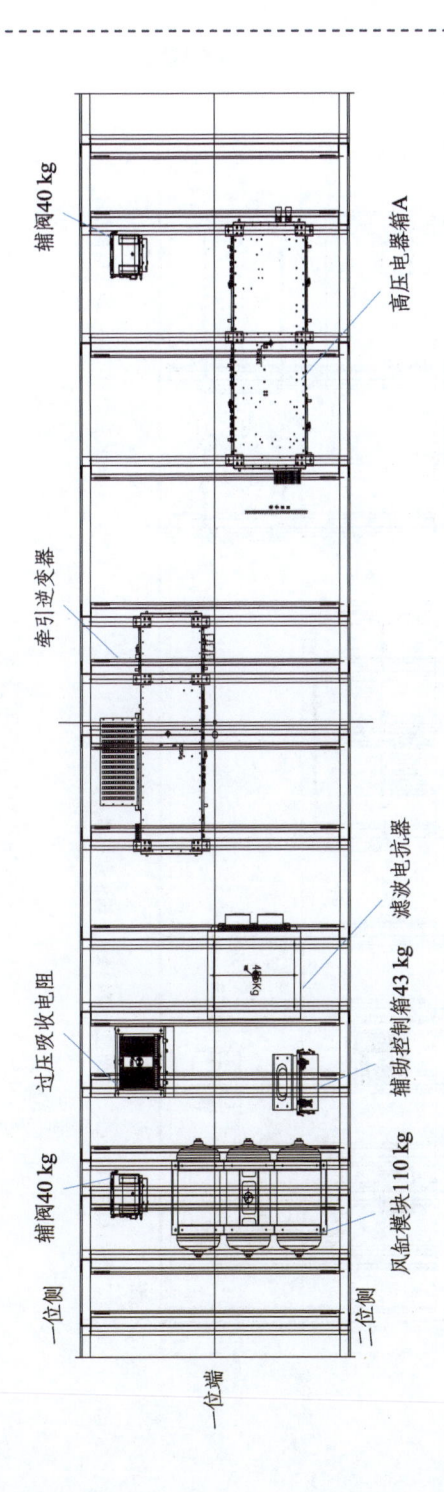

图 5-37 M1 车车下设备布置

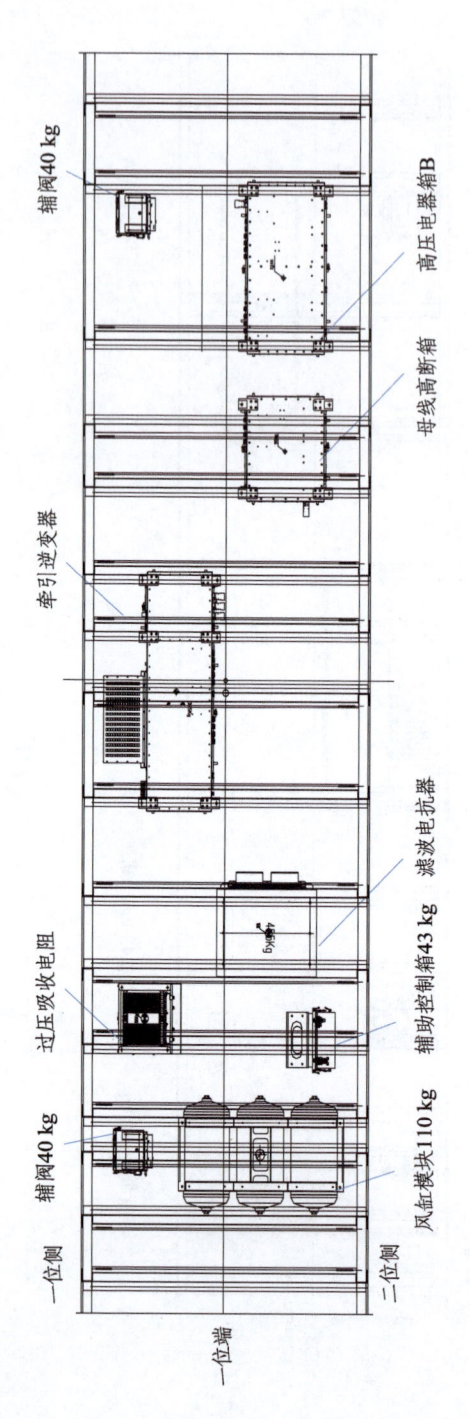

图 5-38　M2 车车下设备布置

图 5-39 M3 车车下设备布置

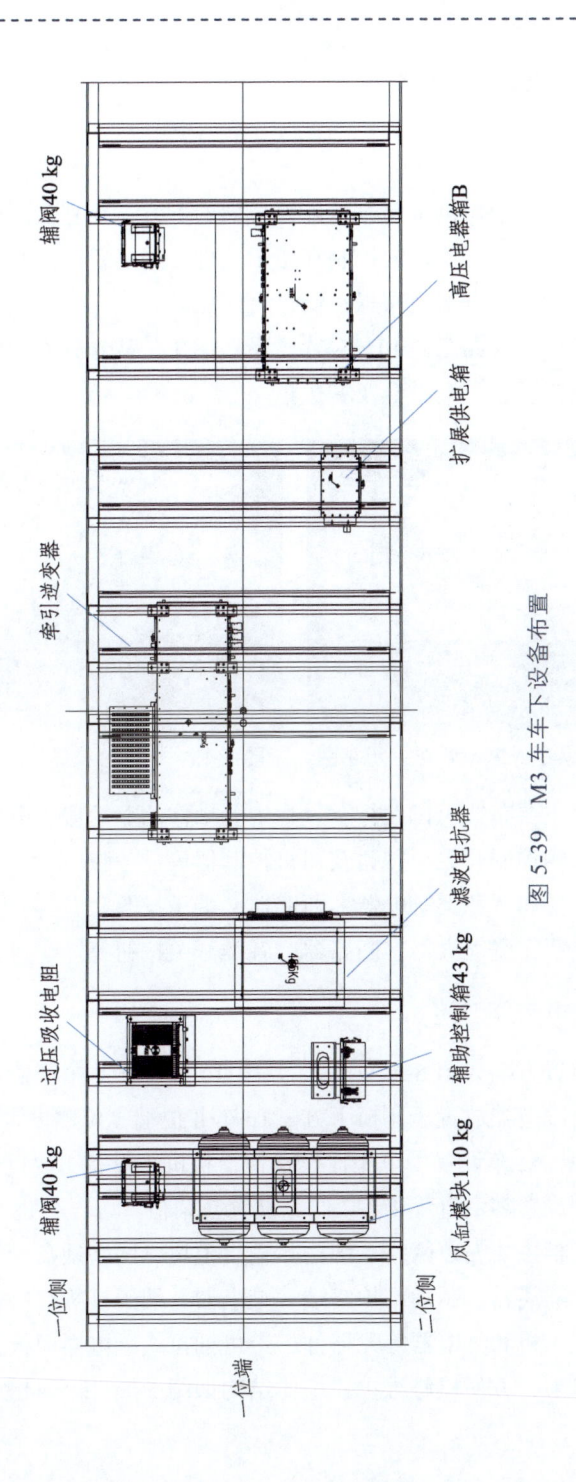

5.13 操纵台及设备柜

5.13.1 操纵台

司机操纵台位于司机正前方，前窗玻璃的下方，在它上面设置有通常需要使用或行驶期间需要使用的控制和指示元件。采用单司机操作模式。司机室内需要操作的设备全部被布置在操纵台区域。

操纵台布局方案如图 5-40、5-41 所示。图中，从左到右，操纵台分为左边柜、逃生门罩板、主操纵台及右边柜。

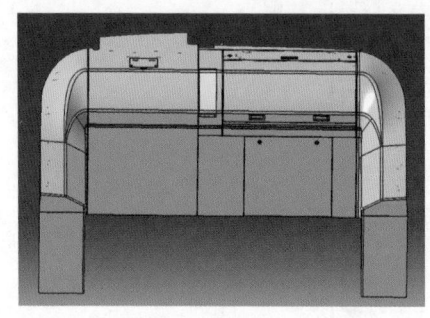

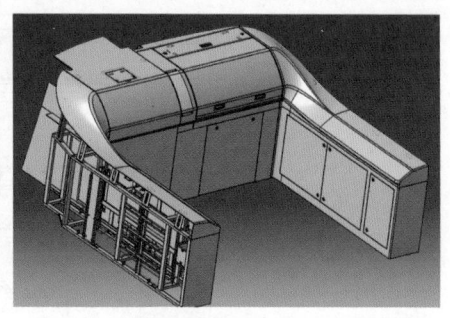

图 5-40 操纵台操纵设施布置示意图　　图 5-41 操纵台操纵设施布置示意图

主操纵台主要布置司机在行车过程中要操作的显示器、电话、仪表及指示灯、各类车辆控制开关、按钮及司机控制器等设备。

右边柜主要布置各类继电器、断路器、端子排等。

左边柜主要布置灭火器、断路器、各类开关按钮等。

5.13.2 电气柜

电气柜布置方案如图 5-42 所示。其中 Tc 车设置 6 个座椅设备柜，将机箱设备及部分继电器放置于座椅下方。Tc 车 Ⅱ 位端 1 位侧设置信号柜、1 位侧设置空调柜，M 车设置 1 个座椅设备柜，将机箱设备 1 放置于座椅下方；Ⅱ 位端 1 位侧设置客室电气柜，2 位侧设置空调柜。

客室电气柜主要安装网络系统输入输出模块、网络硬盘录像机、照明电源主机、短路隔离器、制动维护终端、继电器、端子排等；座椅下设备柜用于安装各系统主机和继电器等元器件，带可抽拉式继电器面板，整体可以从座椅下抽拉出来，方便检修维护。柜体结构如图 5-43 和 5-44 所示。

图 5-42 电气柜设备布置图

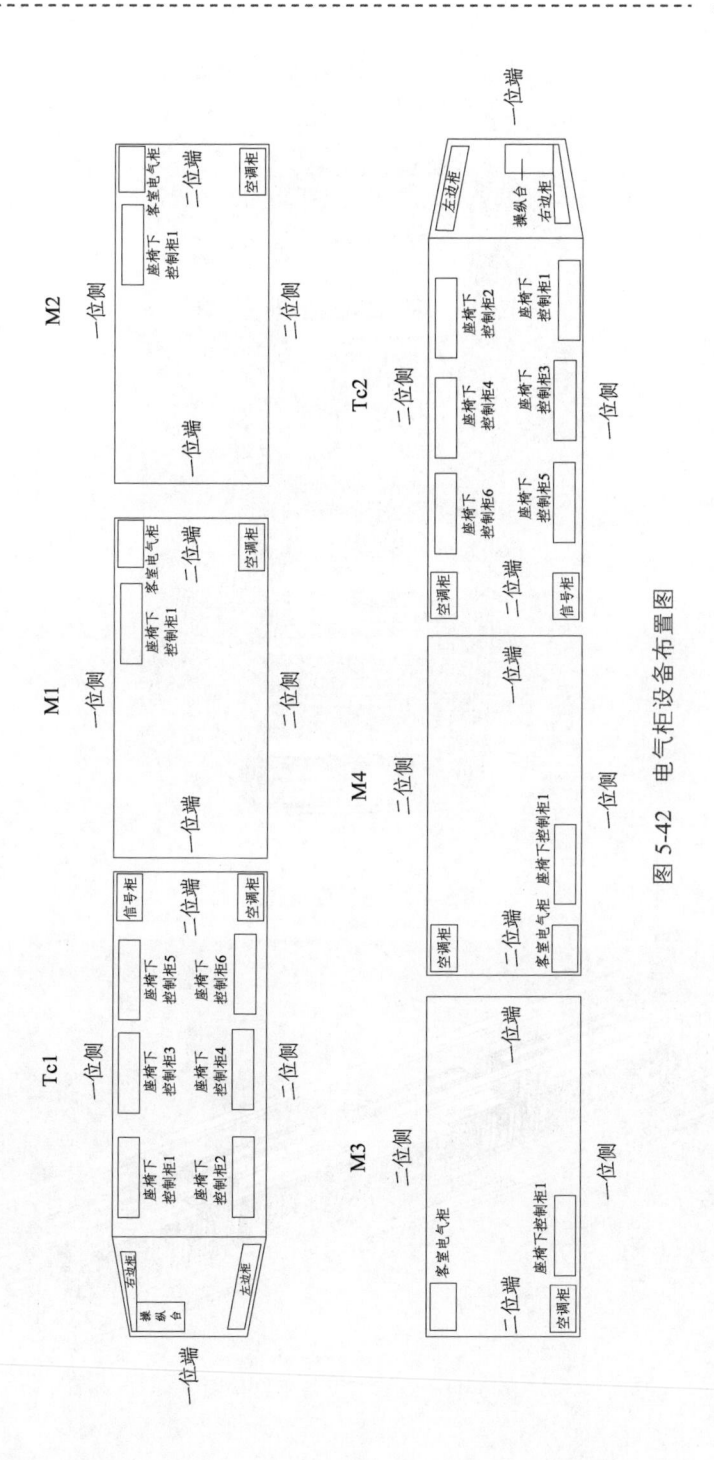

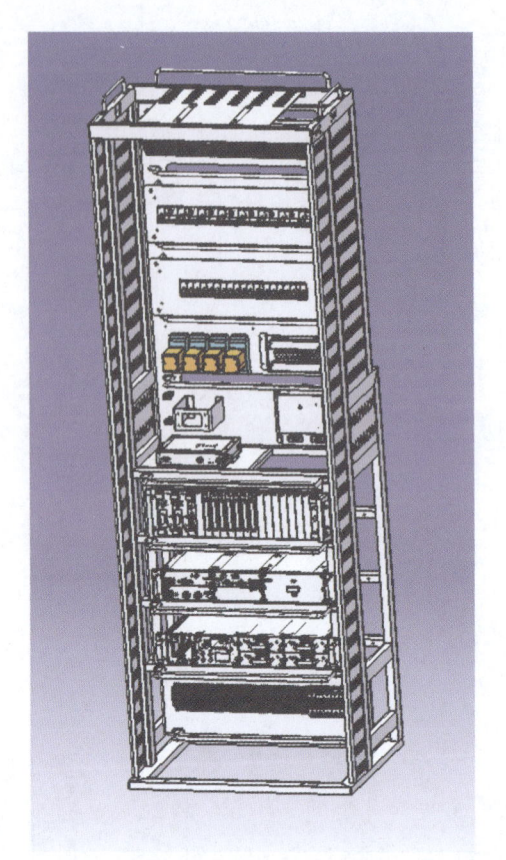

图 5-43　电气柜结构图

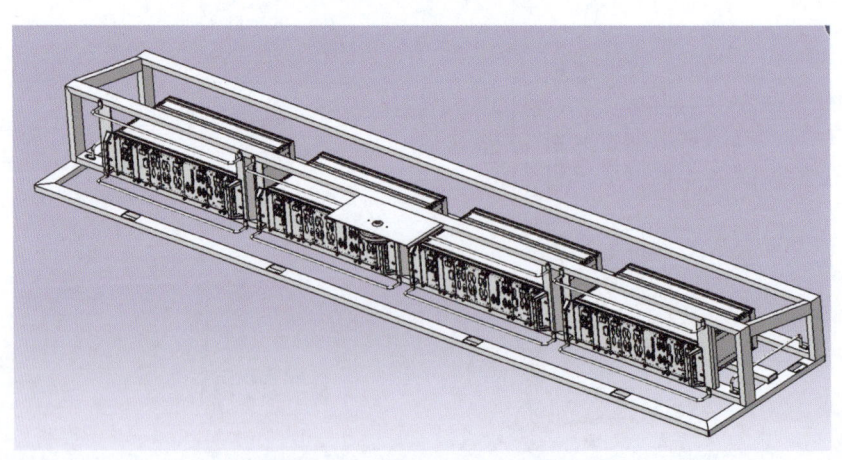

图 5-44　座椅下设备柜结构图

5.14 烟火报警系统

每列车车内配置一套火灾报警系统，由火灾报警控制器、点式烟温复合探测器、吸气式探测器以及短路隔离器组成。

每辆 Tc 车设置 1 个火灾报警控制器，安装在 Tc 车的操纵台或配电柜内。在各配电柜顶部（含边柜、座椅柜）设置 1 个点式探测器，在客室侧顶板一位侧和二位侧各设置 1 个吸气式探测器。在每辆车之间设置一个短路隔离器，放置于车内配电柜内。火灾报警系统能够实现对司机室、客室、车内电气设备柜等位置火灾衍生物的有效探测。

系统拓扑图如图 5-45 所示。

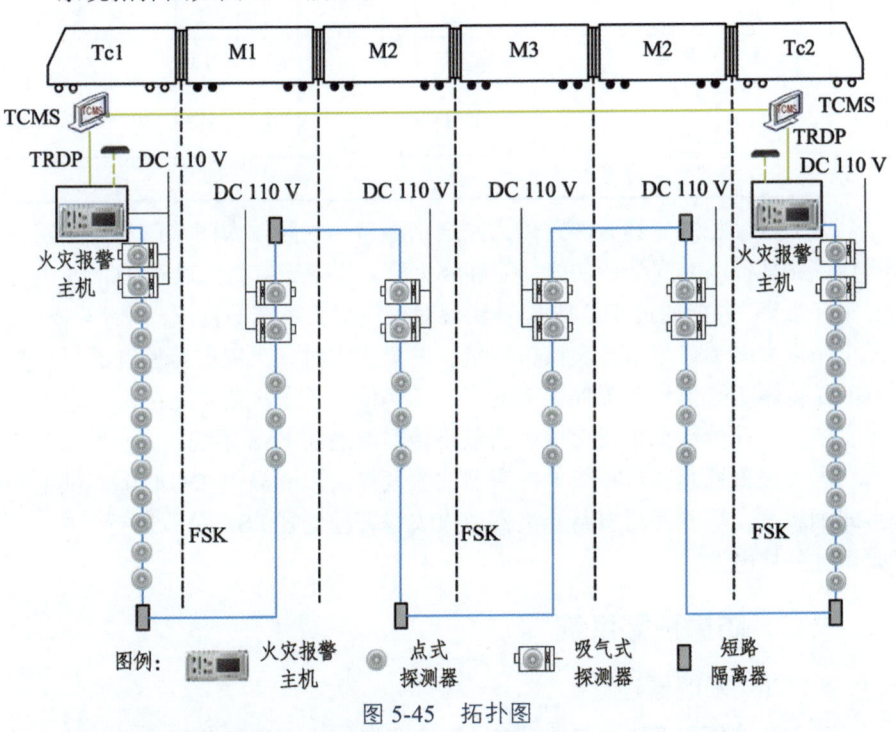

图 5-45　拓扑图

火灾报警配置如表 5-8 所示。

两个头车的火灾报警控制器默认 Tc1 车的控制器为主，Tc2 车的控制器为从，两者功能相同、显示对等。当 Tc1 车主机故障时，Tc2 车自动转换为主机，接管整个火灾报警系统。探测器、短路隔离器设置在 FSK 总线上，通过 FSK 总线与主机进行通信。

表 5-8 烟火报警系统配置

序号	名称	单位	Tc1	M1	M2	M3	M4	Tc2	每列数量	备注
1	火灾报警控制器	个	1					1	2	
2	点式烟温复合探测器（含过渡板）	个	3	2	2	2	2	3	14	含探测器、过渡板
3	吸气式探测器	个	2	2	2	2	2	2	12	含吸气箱、过滤棉、探测器；不含吸气管及集气罩
4	短路隔离器	个	1	1	1	1	1	1	5	
5	点式烟温复合探测器	个	8	1	1	1	1	8	20	仅探测器

注：目前探测器数量为推荐数量。

火灾报警控制器具有两路以太网通信端口，1 路以太网端口与控车网络通信，并具备以太网维护功能，能够将火警、故障等信息传送至 TCMS 进行显示与报警，并能通过 TCMS 屏幕实现对火灾报警系统的复位、消音等操作；另 1 路以太网端口与车载交换机通信，发生火灾时，火灾报警控制器可接受 TCMS 传输（需信号系统提供）的列车车辆信息（车次信息与位置信息）与火警信息一并传输至车载交换机，最终传输至地面 FAS 系统。

火灾报警控制器与吸气式探测器的吸气箱由车辆提供 DC 110 V 供电，点式烟温复合探测器与短路隔离器由火灾报警控制器 FSK 总线进行供电，无须单独外接电源。

5.15 防撞预警系统

5.15.1 系统概述

列车防撞预警系统由车载设备、轨旁设备、中心设备共同组成，其总体架构如图 5-46 所示。其中，车载设备由系统主机、二次雷达模块/天线组成，并具备被动式障碍物及脱轨检测装置；地面设备由二次雷达模块和天线组成，主要布置在区间、道岔、侧线等位置，用于为车载设备提供位置标记；中心设备由位置服务器及监控终端组成，可为调度员提供列车位置、列车速度、列车运行方向等信息，调度员可在列车应急运行时查看列车位置。

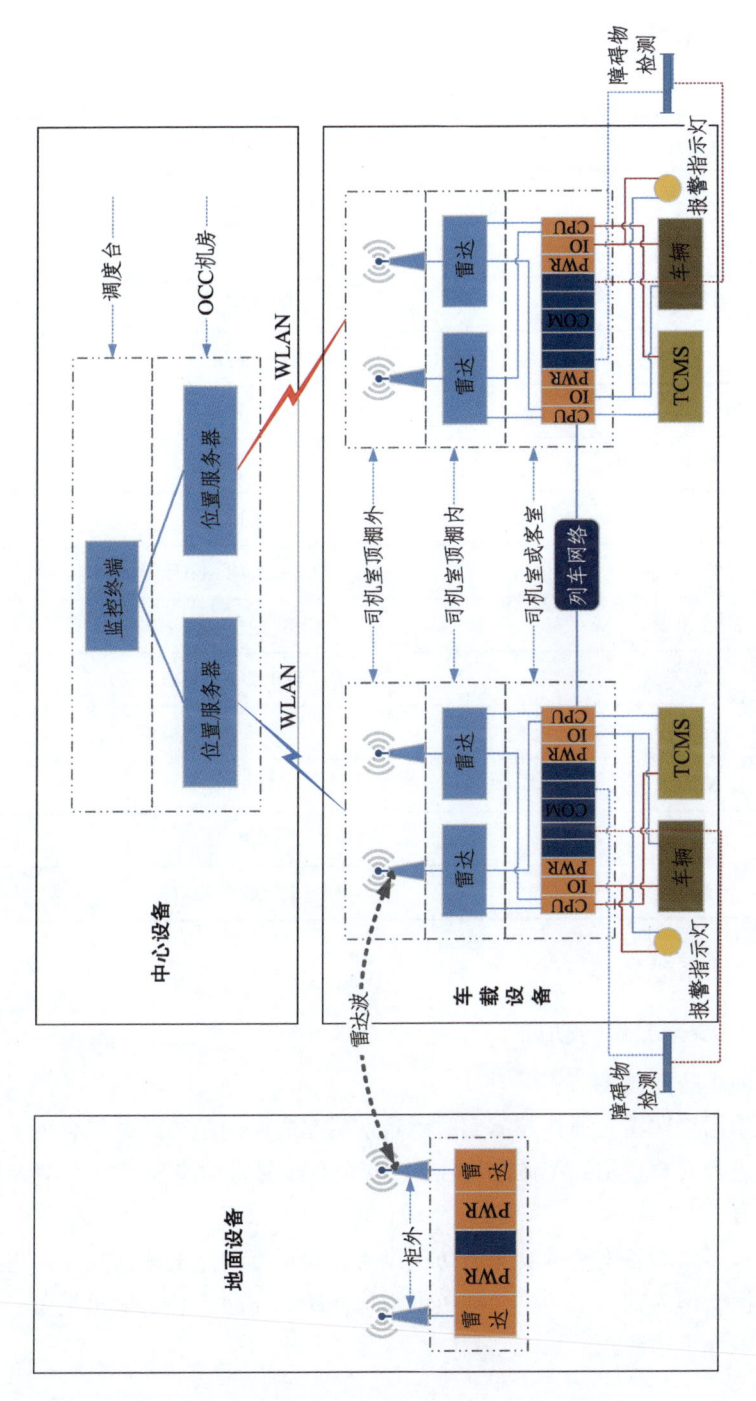

图 5-46 防撞系统总体架构图

5.15.2 系统参数

表 5-9

指标	参数
系统安全级别	SIL2
测距范围	500 m
测距精度	1 m（视距范围）
测量体制	TOF/TDOA
雷达射频功率	27 dBm
雷达信号灵敏度	−85 dBm
雷达工作体制	802.15.4a
雷达工作频率	2.4～2.483 GHz
雷达保密性	128 位硬件加密
电源	车载 DC 110 V/地面 AC 220 V
MTBF	50 000 h
MTTR	30 min
可用性	99.99%
温度	−25 ℃～70 ℃

5.15.3 系统功能

5.15.3.1 车载设备功能

（1）列车防撞预警。

系统采用二次雷达通信技术实时测量前后车之间的距离，并结合列车速度对车距进行安全评估，当前后车距超过安全车距时将输出预/报警信息及紧急制动信号。

列车头尾两端各安装一套车载防撞设备，司机驾驶室的激活端作为主控端，非激活端作为辅助端，主控端负责雷达测距、车距评估、输出报警，辅助端负责响应雷达测距。

（2）列车超速预警。

防撞系统通过 TCMS 实时获得列车当前运行速度，并将该速度作为超速防护计算的输入条件。系统将对临时限速、线路固定限速、防撞系统限速进行防护报警。

列车运行过程中，防撞系统将综合考虑线路的固定限速、临时限速、系统限速等因素，以各限速的最低值作为防护目标来计算列车的速度防护曲线。系统将按照二级报警的方式对速度进行防护，列车速度触碰防护曲线时将输出报警。

5.15.3.2　中心设备功能

防撞系统在控制中心设置了位置服务器和防撞监控工作站，位置服务器能够通过地面 PIS 通道接收来自车载主机的列车位置、运行方向、列车速度以及车载设备状态等信息，并在监控终端进行实时显示。

5.15.3.3　地面设备功能

防撞系统通过在轨旁布置地面应答设备的方式，为列车提供位置信息。列车通过地面设备的标识，进行列车定位和线路识别，地面设备需布置在转换轨、道岔、侧线、折返线、车挡等位置。

5.15.3.4　障碍物及脱轨检测装置功能

障碍物及脱轨检测装置可以实现对轨道上的障碍物以及列车是否脱轨进行检测，将检测的信号传输给车辆控制系统。装置分为接触式检测装置和车载主机，接触式检测装置主要指系统中的机械结构，其安装在车辆头尾部车厢行驶方向第一个转向架的前端，主要通过装置中板弹簧的变形检测车辆碰撞或脱轨的状态并将信号发送给车载主机。车载主机主要用于接收检测装置传送的车辆状态信号，并将信号处理后发送给车辆控制系统。

5.16　空调系统

5.16.1　空调系统总体方案

空调机组，选用薄型单元式空调机组采用顶置式安装方式，并且采用冷暖型式、微机控制并具有自诊断功能。每辆车安装功率为 29 kW 的空调机组 2 台。当一半容量的辅助电源故障时，空调机组的制冷能力自动减半。因故不能制冷时，可保证适当的通风。系统可实时监测客室内 CO_2、PM_{10} 浓度。

列车运行时，列车空调系统可由司机或控制中心通过列车 TCMS 网络及列车硬线进行集中控制；列车入库检修时，可由维修人员通过选择开关或 PTU 对本车进行单独控制。

辅助变流器故障时，空调机组的制冷能力能根据电源能力损失的百分比进行自动减载。

空调装置设有 4 种工况：手动、自动、通风和停止，既可通过本车控制装置对空调进行控制，也可通过司机室内的显示器进行控制和温度设定，同时具有预冷热功能。在手动工况时，空调机组根据各自的温度控制器所设定的温度进行客室内温度控制；在自动工况时，空调机组根据外界环境温度自动调节客室内温度。

空调机组可与列车总线网络进行通信，并可通过列车总线网络对空调机组进行控制。列车空调机组的启动方式为采用同步指令控制，分时顺序起动，由网络来管理。

空调机组设有可自动调节的新风口和回风口。新风调节机构能保证从全开到全闭范围内调整风量，回风口的气流调节装置确保了制冷和紧急通风功能的需要。通过设置调节挡板，可以调节新风、回风的混合比例。

新鲜空气的进风口端安装滤网，并防止水、雪、灰尘等侵入客室和司机室内。空调机组采用带有挡水百叶窗的新风口并设冬季新风预热和过滤装置。

空调机组回风口内设有调节挡板，可在过渡季节及紧急通风时将回风口关闭，使通过空调机组送入客室的风全部为新风。

司机室及客室的换气在每辆车设置排气装置，以防客室内正压过高造成新鲜空气输入量减少。

空调系统具有完备的保护功能。在紧急通风时由紧急通风逆变器对空调机组的风机供电，保证车辆的紧急供风。

车辆静止时，空调装置正常工作产生的噪声值满足整车噪声要求。

空调机组与车体之间密封。排水采用管道式，空调机组与车顶部安装处无积水。

车顶空调机组设置踩踏区标识，踩踏区可允许检修人员（至少两人）在上面进行维修作业。空调盖板带有安全锁扣，操作简单、可靠，便于拆下和更换机组内的任何部件。空调装置的控制柜及控制屏的设计便于检修。空调系统全功率工作且所有车门、车窗均关闭时，客室内正压为 30~50 Pa。

5.16.2 风　道

风道采用具有隔音、隔火、隔热功能的材料，优化风道设计、减小风阻、减小噪声，提高各出风口出风的均匀性。送风口导流装置具有避免直吹的功能，且司机室送风口导流装置还具有手动调节风量功能。

主风道采用酚醛树脂发泡板，整车贯通，并设有隔热层。隔音隔热材料为环保材料。采用独立的封闭结构风道，寿命不低于30年。隔热材料是符合有关标准的、是抗菌的、是对人体无害的。

5.16.3 空调机组

每节车厢内有两套车顶单元式变频空调机组和通风系统。送风量方面，在考虑到允许的滤网灰尘阻力的情况下，每台机组暂定不少于 4 000 m^3/h，机外静压不小于 150 Pa。

新风量：在正常制冷情况下，考虑到允许的滤网灰尘阻力，每台机组新风量为 1 468 m^3/h。在紧急通风情况下，考虑到允许的滤网灰尘阻力，每台机组新风量不少于 2 540 m^3/h。

制冷能力：额定载荷下，在环境温度为 +33 ℃，保证客室内温度不高于 26 ℃±1 ℃，相对湿度65%。车内实际温度与设定值偏离不超过±1K，客室内任意两点间的温度差不超过3K。经空调处理过的空气，通过风道沿客室的整个长度方向（包括空调机组底部）均匀地送到客室中，无送风死区（贯通道除外）和空气短路现象。

5.16.3.1 空调机组的性能要求

空调机组制冷系统保证密封性能，制冷剂泄漏量符合有关国际标准的规定。空调机组在工作电压为额定电压的90%，即 AC 342 V 时，可正常启动。空调机组允许在 −40 ℃ 时存放。

绝缘电阻，用 500 V 兆欧表测量时，空调机组带电部件对地、对于非带电的金属部件的绝缘电阻≥2 MΩ。空调机组绝缘介电强度满足 IEC 60310 或 JIS 6602 标准的要求。

空调机组设有过载、短路、过电压、欠电压、缺相及压缩机过压、低温不启动等保护。

制冷系统运转时，气流速度须高于 0.07 m/s，避免出现"静态区域"，客室内距地板面 1.6 m 处，平均微风速≤0.35 m/s，以保证乘客身体感到舒适。

在名义工况下，距空调机组中心线 1.5 m 处，空调机组整机噪声声压级小于 70 dB（A）。

空调机组与车体之间须采用减振方式连接，空调机组在工作时，冷凝水及雨水均能顺利地从排水孔排出。

当电网电压断电或列车的两台辅助电源均故障时，空调机组进入紧急通风状态，由 DC 110 V 蓄电池组经紧急通风逆变器供电。此时，空调机组的风机在降频降压状态。当空调机组在车间内进行检修和调试时，由车间内三相 AC 380 V 50 Hz 电源供电，该电源的波动范围为 AC 380 V ± 15%。

5.16.3.2 空调机组主要部件

（1）压缩机组。

采用卧式涡旋压缩机。

压缩机电机为三相 AC 380 V、50 Hz 常时工作制电机，具有过载、接地、缺相、欠压、过压、过热等保护。

压缩机寿命大于 50 000 h。

压缩机具有高、低压力保护装置。

（2）风机。

空调机组风机符合有关国际标准 UIC、IEC 或 JIS 标准的规定。

空调机组风机的电机符合 GB/T 755、IEC 60349 或 JIS 系列标准的规定。

通风机电机使用寿命不低于 15 年，电机轴承更换周期不低于 6 年。

通风机采用低噪声离心式风机，电源为三相 AC 380 V，50 Hz，具有过载、短路、欠压和缺相等保护，并可在潮湿环境中工作。

冷凝风机采用低噪声轴流式防水风机，电源为三相 AC 380 V，50 Hz，具有过载、短路、欠压和缺相等保护，并可在潮湿的环境中工作。

风机各自具备独立的保护功能。

（3）节流装置。

空调机组用的节流毛细管或膨胀阀符合有关标准的规定。

（4）制冷剂。

空调机组使用 R407C 或环保型非氟利昂的制冷剂。制冷回路有良好的密封性。

（5）冷冻机油。

空调机组使用的冷冻机油符合有关标准的规定。

（6）蒸发器、冷凝器。

蒸发器、冷凝器均采用铜管铜翅片或铜管铝翅片结构，使用寿命都不低于 15 年。

蒸发器、冷凝器框架采用具有足够刚度和强度的耐腐蚀材料。

翅片形状、结构便于清洗。

管子间隔和翅片间隔便于清洗。

排水管有足够的斜度以排放冷凝水或雨水。

（7）空调机组的蒸发器、冷凝器、管道和各种阀类等，能在制冷剂、冷冻机油及其混合物的作用下正常工作，压力容器均应符合有关压力容器标准的规定。

5.16.3.3 空调机组控制方式

空调机组采用微机控制方式，既可根据外界环境温度进行客室内温度控制，亦可根据各自的温控器进行客室内温度控制。具有自诊断功能和故障记录功能，以及单车制冷和制热测试功能。

空调装置设有 4 种工况：手动、自动、通风和停止，既可通过本车控制装置对空调进行控制，也可通过列车监控系统进行控制和温度设定。在手动工况时，空调机组根据各自的温度控制器所设定的温度进行客室内温度控制；在自动工况时，空调机组根据外界环境温度自动调节客室内温度。可实现冷暖车厢设置，同时具有根据载客量调节客室温度的功能。

当环境温度接近或超过 45 ℃ 时，空调机组的制冷性能有所降低，但空调机组不会停机。

列车在正常运行时，由司机对全列车的空调机组进行集中控制。列车在检修时，可由检修人员对某一台空调机组进行单独控制。

空调机组的控制要充分考虑使列车空调机组各压缩机的工作率平衡。

第三篇

融　合

以将传统的车载信号系统与车载网络控制系统、牵引系统、制动系统等高度融合为手段,以车载控制平台为核心,具有列车主动进路、列车自主防护等技术特点,并支持全自动运行的具有更高可靠性、更高运行效率、更低的全生命周期成本的新型列车融合控制。

第 6 章 系统融合架构

将传统的车地两层分布式列车运行控制系统与车载网络控制系统、牵引系统、制动系统等在车载控制平台中进行高度融合，如图 6-1 所示。

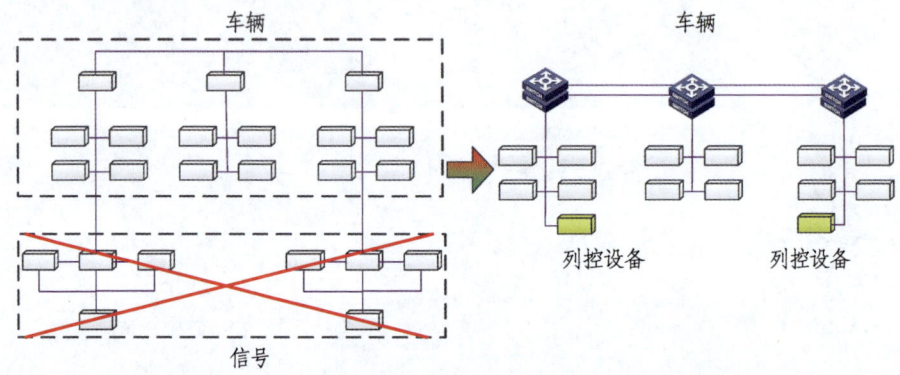

图 6-1　车载列控系统的功能与列车控制系统深度融合

列车自主运行系统应采用基于大带宽、高实时的以太网构建覆盖全列车的车辆融合网络，车载各信号设备作为节点之一被纳入该网络，与车辆牵引、制动、辅助供电等系统并行管理。车辆融合网络采用冗余机制，能够满足列控设备网络冗余需求。车辆融合网络应支持 UDP/TCP-IP/FTP 透明传输，以满足不同供应商不同系统设备的接入需求。能够为列控设备提供两个独立的工业级网络，互为冗余备份。一条通道出现故障时，另一条通道应能完全提供原通道所能实现的所有功能；TCMS 支持 QOS，支持列控设备内容对外输出信息具备高优先级的需求；TCMS 支持 VLAN 划分，支持子设备固定 IP 的分配。车载融合网络应具有透明传输机制，为保证不符合 IEC 61375 标准的设备接入，TCMS 的设计需支持 UDP/FTP/TCP/IP 透明传输，使符合 802.X 相关标准但不符合 IEC 61375 标准的设备能够正常接入。

涉及安全的车辆控制电路与信号设备接口保留硬线接口类型，包括但不限于 ATP 安全输入信号、ATP 安全输出信号。涉及安全的输入输出信号由列车网络控制系统统一管理，并通过实时以太网与信号控制设备进行交互，在保证基本功能与性能的前提下，尽可能通过采用网络接口来减少列车硬线电路，提高系统可靠性。

车载显示屏要将信号系统显示屏和车辆 TCMS 显示屏合二为一，车辆与信号相关信息在该融合显示屏共同显示。基于车载列控与列车网络控制系统融合架构，在遵循用户操作使用、信息量全面等原则的基础上，取消传统信号的 DMI 和 TCMS 的 HMI 上列车位置、速度、级位、工况等重复信息的显示，将 DMI 和 HMI 合二为一，以更加合理地显示。

列控设备与制动系统共用多通道速度传感器（含齿轮盘），制动系统使用其中一通道，信号系统将使用 2 个通道（优先采用拖轴传感器），两路通道物理上隔离，可单独供电。同时本项目将保留加速度计用于速度补偿。制动系统还将向列控以及 ATO 系统提供其安装的所有测速传感器速度值，以供列控及 ATO 系统据此实现更精准的列车控制。

6.1 车辆网络融合

6.1.1 多网融合设计

传统的车辆网络系统通常由服务于不同目的的多套网络系统共同构成，如服务于列控功能的信号网络和服务于列车控制管理的 TCMS 网络。

采用车辆网络融合的列车自主运行系统（TACS）将基于大带宽、高实时的以太网构建覆盖全列车的 TCMS 网络系统，将传统列车的多种网络进行融合。与传统列车组网方案相比，取消了传统车载列控设备的内部网络，转而采用了一体化设计理念，将列车控制设备作为节点之一纳入该网络，与车辆牵引、制动、辅助供电等系统并行管理。

各子系统与 TCMS 的通信要遵循 IE C61375 标准（透明传输报文除外）的相关要求，且必须直接与 TCMS 互联，不可经过交换机转接。

车载列控系统接入时，将采取满足车辆网络一致性要求的网络接口，由车辆网络统一管理。考虑到车辆融合的开放性，当列控系统与车辆系统内部需采用不同安全协议时，可由车载 TRDP-PT 单元完成协议转换。

融合后的网络结构如图 6-2 所示，其服务对象涵盖列车所有智能设备，如：

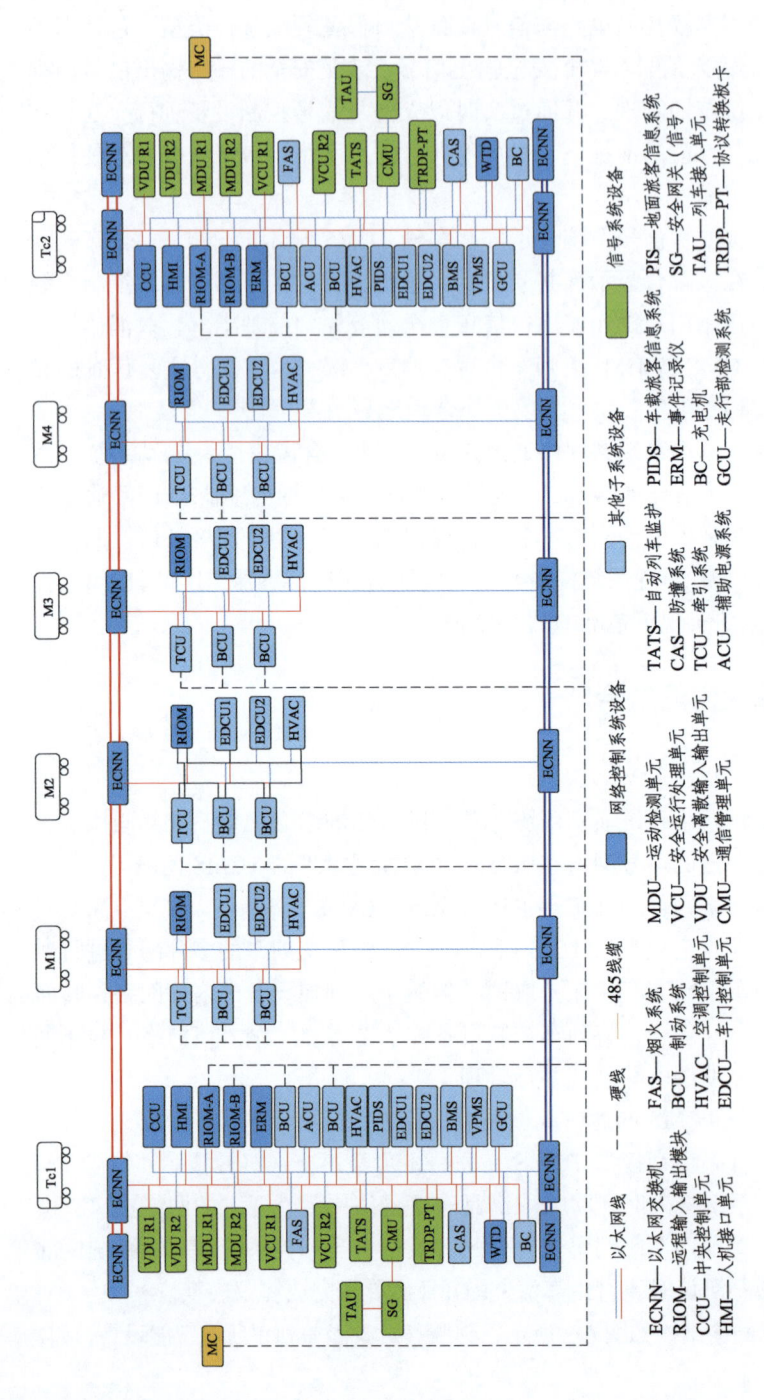

图 6-2 车辆网络结构示意

（1）列车网络管理设备。

（2）列控设备。

（3）牵引控制设备（TCU）。

（4）制动控制设备（BCU）。

（5）数据记录设备。

（6）防撞预警系统。

（7）PA、PIS以及娱乐控制等设备（仅在头尾车接入PIS等主机）。

（8）空调控制设备。

（9）车门控制设备。

（10）烟火控制设备。

（11）辅助控制设备。

该方案与传统列车组网方案相比，取消了传统车载列控设备的内部网络，转而采用了一体化设计理念，将列车控制设备作为节点之一纳入该网络，与车辆牵引、制动、辅助供电等子系统并行管理。该方案优化了车载网络布局及各子系统间接口，降低了系统复杂度，有利于从列车全系统的角度实现一体化的列车控制逻辑整合和优化设计，既有利于提高列车性能和可靠性，也有利于基于统一平台对列车进行管理、控制和维护。

OBCU子系统为2乘2取2的结构，其双系切换机制既可以保证OBCU子系统的可用性，又利于OBCU子系统的维护。其架构如图6-3所示。

本方案中，车辆和信号网络融合，车辆冗余实时以太网提供给车辆和信号共用，信号和车辆的功能模块均挂载在网络上。

6.1.2　关键设备描述

多网融合的核心设备是交换机，以太网交换机（ECN）用于实现以太网数据的传输，具备通用三层交换机的功能，配备双电源冗余，具备简易便捷的WEB配置管理工具如图6-3所示。支持环网、VLAN、QoS、端口流量限制、广播抑制等功能。机箱采用双电源进行冗余，同一机箱中的两组交换板（16个百兆和4个千兆接口板为一组交换板）之间不通过背板进行连接。

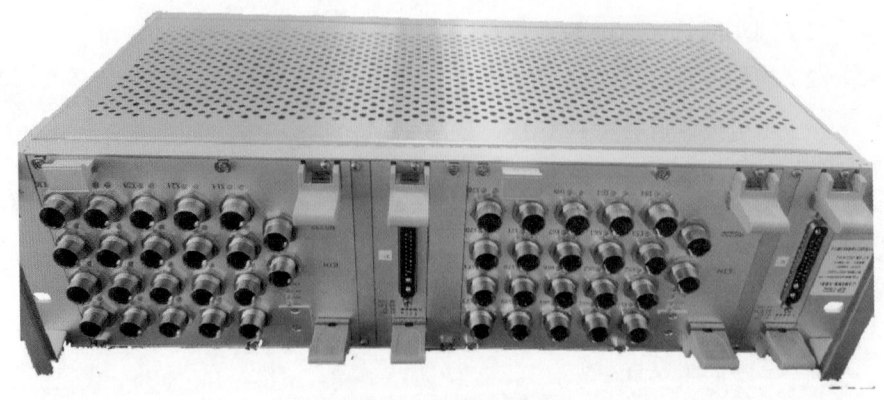

图 6-3　以太网交换机

交换机产品体系目前有 ECN、ETB 等多个系列，支持百兆、千兆速率，端口数量可配置，ECN 系列包括网管型与非网管型。交换机支持 IEC 61375-2-5、IEC 61375-3-4、IEC 61375-2-3 等国际标准。

性能参数如表 6-1 所示。

表 6-1　以太网交换机性能参数

序号	名称	参数
1	列车级网络	不低于百兆
2	车辆级网络	百兆
3	系统启动时间	不大于 30 s
4	管理型交换机	环网协议、IGMP（组播管理）、SNMP（网络管理）、VLAN 划分、QoS 划分、LACP（链路汇聚）、LLDP（链路层发现协议）、端口流量限制、广播抑制等
5	电压	DC 110 V（77~137.5 V）

6.2　硬线融合

6.2.1　硬线融合设计

在传统的列车电路中，与列控功能相关的输入输出继电器接口硬线信号与车辆系统的硬线电路是重复设置的。在车辆网络融合的基础上，可以按照下述原则对这些重复的硬线信号进行优化设计。

（1）安全信息仍保留传统的继电接口不变，同时也通过 TCMS 传输，但 TCMS 传输仅用作信息备份，不参与控制，安全信息主要包括：

① ATP 安全输入。

② ATP 安全输出。

（2）涉及 ATO 功能的所有硬线信号（包括电流环）改为网络接口实现，并将 ATO 所有功能集成至车辆系统。

（3）在保障行车可用性的前提下，列控非安全信息由继电接口改为网络接口，并由 CCU 通过 RIOM 模块采集并传输至列控设备。非安全信息包括：

① 非安全输入。

② 非安全输出。

表 6-2　融合 DI 信号

信号名称	名称缩写
Tc1 车钥匙插入状态	KIS1
Tc2 车钥匙插入状态	KIS2
激活端牵引制动手柄零位	ZP
发车按钮状态	SBS
Tc1 车确认按钮状态	CBS1
Tc2 车确认按钮状态	CBS2
车门门控模式	DCM
车门全关闭旁路	DCB
车门使能旁路	DEB
开门（A 侧）按钮状态	DOLO
开门（B 侧）按钮状态	DORO
关门（A 侧）按钮状态	DOLC
关门（B 侧）按钮状态	DORC
车门关闭	DOC
快速制动	FSB
停放制动缓解	PB

表 6-3 融合 DO 信号

信号名称	名称缩写
开左/右门命令	DOL/DOR
关左/右门命令	DCL/DCR
FAM 模式激活	FAMI
AM 模式激活	AMI
保持制动命令	HBC
本系主备系状态	MSO（反映本系的主备系状态）

6.2.2 关键设备描述

图 6-4 远程输入输出模块

远程输入输出模块（RIOM），双网口冗余配置，负责采集列车数字量和模拟量信号，同时依据中央控制单元指令进行输出控制。满足 SIL2 级，每个 IOM 机箱根据所在车辆 DI、DO、AI、AO 信号数量的不同可进行相应的板卡配置，电压电流范围可以根据负载的变化要求进行相应配置，以便满足车辆整体设计要求。

性能参数如表 6-4 所示。

表 6-4 RIOM 性能参数

序号	名称	参数
1	系统启动时间	不大于 60 s
2	安全平台 SIL 等级	可支持 SIL2 级
3	通信协议	MVB、TRDP、MVB-SAFETY TRDP-SAFETY
4	传输速率	强制百兆
5	模式	全双工
6	电压	DC 110 V（77~137.5 V）

6.3 显示融合

6.3.1 显示融合设计

基于车载列控与 TCMS 数据信息并网传输设计思想，传统 DMI 和 HMI 在向司乘人员实时传递列车位置、速度、级位、工况等相关信息时存在高度冗余，在遵循用户原则、信息量全面原则的基础上，可以将 DMI 和 HMI 合二为一，通过更加合理的显示、操作方式和布局，为司乘人员提供简单、直观的操作方式和丰富的信息以辅助其驾驶列车。传统的 DMI 和 HMI 各司其职，两者显示的很多信息都是重复的，不但造成了资源浪费，也不利于司机控车，将二者融合之后，既可优化司机台布置，又能够最大程度地发挥其功能。

操纵台上的一体式综合屏将 TCMS 显示屏与信号系统显示屏进行多屏融合，并基于人机工程，从司机、检修的视角对综合屏的显示内容、显示界面进行设计和布局。将原网络的 HMI 和原信号 DMI 显示功能进行集成，用一块显示屏显示两个系统的内容。硬件方面采用原 TCMS 系统使用的屏幕，显示屏由车辆系统提供电源，车载显示屏分别从列控设备和 TCMS 主机获取显示所需信息。

6.3.2 关键设备描述

图 6-5 人机接口单元

人机接口单元（HMI），双网口冗余配置，双电源冗余，多核高性能处理器（1.4 GHz 主频，4 核），支持多路高清视频播放，可提供司机模式、乘务员模式、检修模式等显示工作模式，可以通过显示屏发布部分控制操作指令，同时对各子系统工作状态、故障信息和操作及维修提示信息进行集中显示。

6.4 测速融合

6.4.1 测试融合设计

（1）速度传感器融合：车载列控设备与制动系统共用多通道速度传感器，制动系统与车载列控设备各自使用独立通道。

（2）速度信息融合：制动向列控系统发送各轮轴速度，用于列控系统速度优化，信息充分共享。

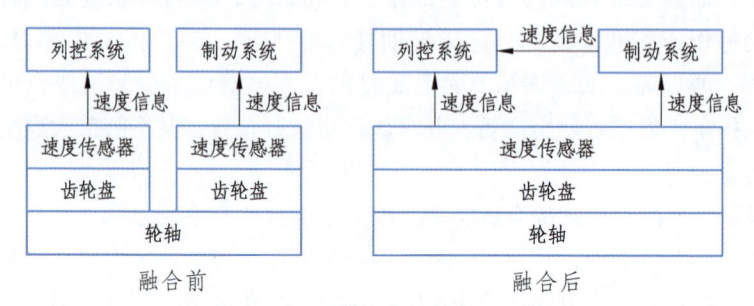

图 6-6 测速融合示意

融合前：各系统各自采集速度信息，传感器、齿轮盘重复设置。

融合后：各系统由同一齿轮盘、传感器采集速度信息，制动系统向列控共享速度信息，有利于列控系统速度优化。

通过采用传感器融合的方式和先进算法，提高了列车速度计算精度，能进一步有效检测出车轮是否发生空转、滑行。

6.4.2 关键设备描述

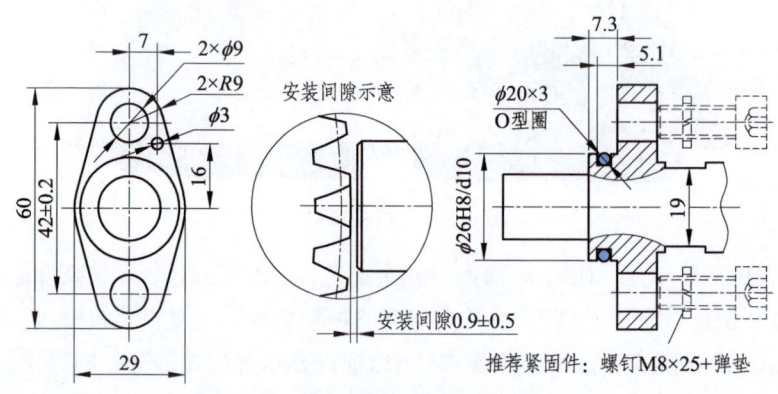

图 6-7 传感器探头外形尺寸及接口

速度传感器是一种无接触测量永磁性齿轮（凸极转子）转数的霍尔传感器。传感器感具有预定几何形状（齿形和齿槽）的旋转永磁性凸极转子，再将感应到磁场的变化转换为电信号，通过电子分析系统在输出端交变输出 7 mA（公称值）或 14 mA（公称值）的电流，即脉冲。利用单位时间中的脉冲数，可获得轴的转速。

速度传感器主要由传感器探头部分、线缆和电连接器组成。其中，传感器探头部分包含感应探头、O 型圈、安装法兰和间隙调整垫，线缆部分则包括内部的信号线和胶管。

第 7 章 系统融合功能

从运营管理以及车辆的角度出发，以提高列车性能、安全性、可靠性以及全寿命周期成本为核心视角与目标，采用系统化方法和一体化设计思想，整合车载各子系统功能、安全及接口设计，实现一体化平台下的列车控制、管理及维护。

7.1 总体功能需求

以列车为核心，以提高运行效率、提高系统的可靠性、减少系统的全生命周期的成本为目标，梳理车载融合的总体功能需求，分析系统的功能变化，并进行系统方案设计。

以列车安全与高效运行为核心视角，采用一体化设计思想，通过构建基于实时以太网技术的一体化控制网络，优化车载网络布局及各子系统间接口，从列车全系统出发，将列车所有功能（含所有安全功能，如列控、牵引、制动、车门等）进行一体化设计，提高列车性能。

7.1.1 信息交换策略

车辆各设备间的信息交换策略如图 7-1 所示。

ATO 发送给制动系统的控制信号主要有百分比有效、牵引/制动百分比、制动指令、牵引指令、ATO 模式、ATO 模式零速、保持制动施加等信息，ATP 发送给制动系统的控制信号主要有轮径值、轮径值有效、轮径校正应答器信息等信息，制动系统根据这些信息进行整车制动力需求计算、保持制动是否施加判断、速度计算、轮径补偿等。

第 7 章 系统融合功能

ATO→制动
1. 百分比有效
2. 牵引/制动百分比
3. 制动指令
4. 牵引指令
5. ATO模式
6. ATO模式零速
7. 保持制动施加

BCU→ATO
1. 各轴滑行信息
2. 空气制动能力值
3. 制动缸压力
4. 车辆载荷（转动惯量）
5. 制动单元有效

ATP→ATO
1. AM模式
2. 跳停状态
3. 车门控制方式
4. ATO推荐速度距离
5. ATO车门指令
6. ATO牵引制动状态
7. 列车停车信息

ATR→BCU
1. 轮径值
2. 轮径有效
3. 轮径校正应答器信息
4. 最大常用制动
5. 紧急制动
6. 零速信号

BCU→TCU
1. 车辆载荷有效
2. 车辆载荷
3. 鳌车制动力需求值
4. 电制动切除

ATO→ATP
1. 列车控制级别
2. 列车运行方向
3. 列车运行速度
4. 开关量信息
5. ATS信息
6. MA信息

VCU→ATP
1. 牵引方向

ATP→VCU
1. 时间信息
2. 线路ID
3. 列车速度
4. 车次号

ATP→TCU
1. 牵引切除

TCU→ATP
1. 牵引切除状态

TCU→BCU
1. 牵引空转信息
2. 电制动力实际值
3. 电制动能力有效
4. 电制动有效
5. 电制动可用
6. 电制动衰退
7. 电制动滑行

ATO→TCU
1. 百分比有效
2. 牵引/制动百分比
3. 制动指令
4. 牵引指令
5. 限速值
6. ATO模式
7. 列车速度

TCU→ATO
1. 空转信息
2. 电制动力能力值
3. 牵引电机状态

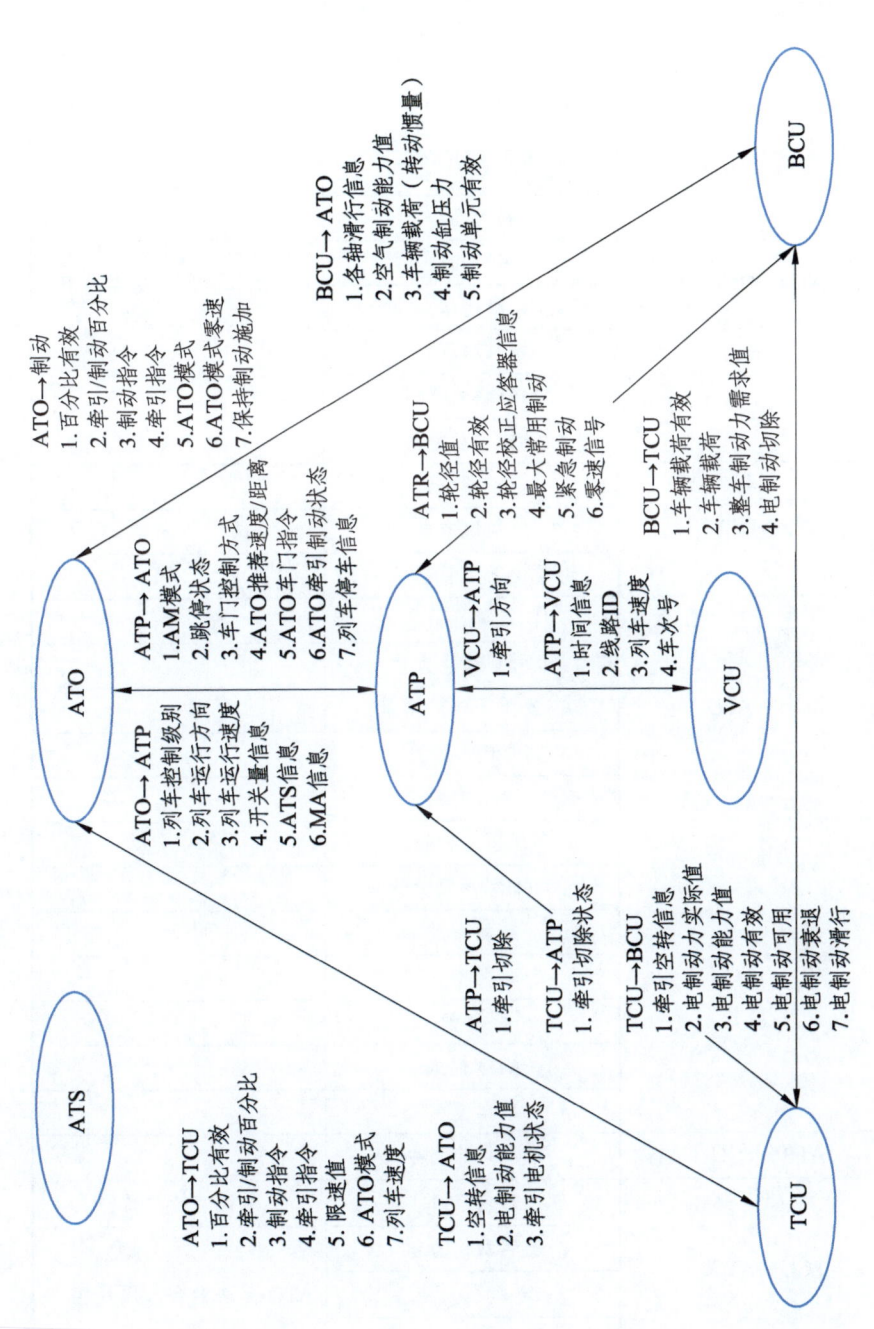

图 7-1 车辆各设备间的信息交换策略

237

表 7-1　各设备间主要交换内容

传输方向	信号内容	说明
ATO→BCU	百分比有效	制动力需求计算、保持制动是否施加判断、速度计算、轮径补偿等
	牵引/制动百分比	
	制动指令	
	牵引指令	
	限速值	
	ATO模式	
	ATO模式零速	
	保持制动施加	
ATP→BCU	轮径值	
	轮径值有效	
	轮径校正应答器信息	
BCU→ATO	各轴滑行信息	
	牵引制动能力值	
	车辆载荷（转动惯量）	
	制动缸压力	
	制动有效	
ATO→TCU	百分比有效	
	牵引/制动百分比	
	制动指令	
	牵引指令	
	限速值	
	ATO模式	
	列车速度	
ATP→TCU	牵引切除指令	
TCU→ATO	空转信息	滑行空转的预防
	电制动能力值	ATO算法融合与闭环控制
	电牵引力值	
	牵引电机状态	

续表

传输方向	信号内容	说明
TCU→ATP	牵引切除状态	
	空转状态	
BCU→TCU	车辆载荷	牵引系统进行电制动力的施加与退出
	整车制动力需求	
	电制动切除	
TCU→BCU	牵引空转信息	制动系统进行电空混合制动计算和防滑控制
	电制动力实际值	
	电制动能力值	
	电制动滑行	

ATO 发送给牵引系统的控制信号主要有百分比有效、牵引/制动百分比、制动指令、牵引指令、限速值、ATO 模式、列车速度等信息。

制动发送给 ATO 的信息主要有各轴滑行信息、空气制动能力值、车辆载荷（含转动惯量）、制动缸压力、制动单元有效。牵引系统发送给 ATO 的信息主要有空转信息、电制动能力值、牵引能力，ATO 用于滑行空转的预防。

制动系统发送给牵引系统的主要信号有车辆载荷有效、车辆载荷、整车制动力需求和电制动切除等信息，牵引系统根据这些信息进行电制动力的施加与退出。

牵引系统发送给制动系统的主要信号有牵引空转信息、电制动力实际值、电制动能力值、电制动有效、电制动可用、电制动衰退和电制动滑行等信息，制动系统根据这些信息进行电空混合制动计算和防滑控制。

7.1.2 车辆融合控制

（1）指令采集。

司控器手柄信息通过不同硬线信号分别接入 TCMS 系统、牵引系统、制动系统（含 ATO 模块）。各系统既可以通过采集硬线也可通过网络传输信号获得司控器手柄信息，其中接入列控设备的列车方向手柄等的电路应符合 ATP 设备安全输入要求。

（2）牵引力控制。

牵引系统根据牵引级位计算牵引力。网络正常时，牵引级位信息来源于网络（或来源于 ATO）；网络故障时，牵引级位信息来源于硬线信号（当硬线信号不含级位信息时，以固定级位行车）。

（3）制动力分配。

架控制动控制单元根据制动指令、列车载荷情况计算出所需制动力；牵引系统根据当前载荷和制动指令等信息计算出需要施加的电制动力，同时将实际电制动力反馈给制动控制单元。制动控制单元将实际电制动力与列车所需制动力进行比较，根据拖车优先补（或"等黏着"）或等磨耗原则进行制动力分配。

当网络正常时，制动级位信息来源于网络（或来源于 ATO），网络故障并且列车处于紧急牵引模式下时，制动级位信息来源于硬线信号，若硬线信号不含级位信息，则以固定级位（即常用全制动或 50%常用全制动）实施制动控制。

同时，网络正常时，常用制动和快速制动采用电空混合制动；网络失效时，由于 BCU 与 TCU 之间无其他通信连接，常用制动和快速制动均为空气制动。紧急制动为纯空气制动。

（4）轮径补偿。

车轮镟轮后需人工通过操作 HMI 屏为制动系统输入新的轮径值，制动系统接收到该轮径值后会将该值保存在存储器中。

列车出库时，从库房到轮径校正区域内制动系统采用存储器中的轮径值进行速度计算，当列车通过轮径校正区域后，ATO 设备向制动系统发送校正后的轮径值和轮径值有效位。当制动系统接收到 ATO 设备发送的轮径值有效时，将据此进行速度计算和轮径补偿，同时将最新的轮径值保存在存储器中，如果接收到的轮径值无效，则制动系统不采纳这次校正后的轮径值，同时按照存储器里面的轮径值进行速度计算和轮径补偿。

（5）测速功能。

基于车辆网络融合，列车自主运行系统内部各系统间可共享速度信息、空转滑行信息、轮径信息以及防撞系统的前车距离等信息。

① 制动系统向列控系统提供其安装的所有测速传感器速度值，以提高列控系统控制精度。

② 牵引、制动系统将空转滑行信息发送给 ATO，有助于 ATO 更精确地控车。

③ 列控系统与制动系统互相共享轮径信息。

（6）防滑控制。

牵引系统负责电制动防滑控制，并通过网络接口向制动系统发送电滑动信息。如制动系统检测到电制动滑行状态持续超过一定时间后，制动系统将主动切除电制动，并进行防滑控制。

制动系统负责空气制动防滑控制，如检测到空气制动滑行状态持续超过一定时间后，制动系统将主动切除电制动，并进行防滑控制。

制动系统在进行防滑控制的同时将各轴的滑行状态信息发送给 ATO，以便 ATO 进行相应控制。

（7）滑行/空转预防。

利用车-车通信，前车将当前的滑行状态发送给后车，当检测到前车发生长距离滑行时，后车 ATO 可据此提前将整车制动力控制在滑行范围一定距离内，提前降低速度，主动防止滑行。

列车在区间运行时，当 ATO 收到制动系统发送的一半及以上车轮的滑行信息（周期性检测，该周期出现上述信息就处理，下一周期未检测到该信息则不处理），若此时 ATO 已施加了制动，则 ATO 不加大制动力的输出；若 ATO 施加了牵引或在惰行状态，则下一步策略不受滑行状态影响，但不得发出制动命令。

将整车滑行状态发送给 ATS、HMI，由司机确认是否车辆存在问题，或在确认轨道黏着是否减少后决定是否启用湿轨功能。该功能在启动后 ATP/ATO 需减速，并需要更改制动牵引参数，生成新的防护曲线。

7.1.3 ATO 融合控制

传统的 ATO 功能都是由列控系统以推荐列车速度为控制目标，以实际列车速度为控制参数实现的。因其控制过程难以实时获取列车牵引/制动能力与状态，且列车是大惯性系统，因而导致形成闭环控制的周期长，列车区间运行及进站停车过程中容易出现过牵引（或欠牵引）、过制动（或欠制动）以及定点停车精度过低等问题。

车辆深度融合的设计方案，使得牵引和制动系统有机会向ATO实时反馈相关信息，为进一步优化ATO控制提供了可能。因而本系统将采用信号系统与车辆系统融合的方案，将ATO直接入网，这将使得ATO能够通过利用列车载重信息、牵引/制动能力以及指令反馈信息，缩短ATO闭环控制的周期，从而减少过牵引和过制动（或欠牵引和欠制动）的可能性，提高ATO控制水平，尤其是冲动抑制水平和定点停车精度。同时，系统融合后部分功能的调试可以在工厂调试阶段进行，从而缩短正线的测试时间，并有利于开展系统投运后增购车辆的新车调试以及列车大修后的调试工作。

（1）根据车辆实时控制状态形成ATO闭环控制。

系统融合后，ATO通过实时以太网即时与牵引/制动设备通信，ATO能够实时获取牵引系统输出的电牵引/制动、制动系统输出的空气制动大小，以及牵引制动的输出时间，ATO系统以列车的速度值作为主要输入，参考牵引制动系统的输出反馈，能够得知车辆系统的动作，据此实时调整ATO牵引制动指令，形成闭环控制，减小了在传统系统中仅以速度值为参考导致的控制滞后，从而使ATO的控制更精准，避免出现过牵引、过制动等情况。ATO控制算法输入将更加实时有效。

如ATO发现车辆正在发生空转或滑行，将及时调整控制策略。

（2）根据车辆实际控制能力提前修改ATO行车曲线。

融合后，ATO控制时前能够获取车辆控制系统状态信息的即时反馈，利用这些信息ATO可以提前/实时调整控制策略，能够减少控制的影响因素，提高对延时反馈（实际速度、加速度）的控制精度。

列车会考虑牵引制动设备反馈的工作状态，根据车辆控制需求对行车控制曲线进行相应的调整，举例如下：

若车辆编组为4动2拖，牵引能力最大为 1 m/s^2，当停站时车辆报告一节动车牵引故障，实际车辆牵引能力为 0.75 m/s^2，若ATO牵引曲线计划加速度为 0.8 m/s^2，将在牵引前修正为 0.75 m/s^2，并输出100%牵引百分比。

当行车时车辆报告一节动车牵引故障，若ATO牵引曲线计划加速度为 0.6 m/s^2，并未超过实际车辆牵引能力的 0.75 m/s^2，但若ATO仍然按照60%输出牵引力时，实际车辆加速度将表现为 0.45 m/s^2，ATO只有增大牵引百分比输出才能达到目的并且可能会引发超调，融合后算法ATO控制时会根据车辆报告状态预分配，ATO按照每节动车80%输出牵引力，若不考虑实际线路阻力、电机性能等影响（实际牵引百分比可考虑以上参数进行调整），表现出车辆总体加速度为 0.6 m/s^2。

另外，ATO 会根据当前车辆性能的变化，动态选择控车过程的加速和减速曲线，以满足各种复杂运营场景的需求。

（3）根据车辆载荷及牵引制动力分配结果实时调整控制时的牵引制动百分比。

在 ATO 离开站台发车时，ATO 会根据当前的载重（AW0 ~ AW3），牵引、制动系统的健康状态等参数，动态改变牵引/制动百分比，以达到正常状态下要求的加速率和减速率。

当载重从空载 AW0 变成重载 AW3 后，为了达到同样的加/减速率需要输出更多的 effort，因此 ATO 会根据当前的载重情况动态调整输出的 effort 对应加/减速率的比例系数。同理当牵引/制动发生部分故障，导致输出的牵引/制动性能降低，ATO 会根据当前的故障等级限制输出的最大牵引/制动，并提高输出同样加/减速度对应 effort 的比例系数。

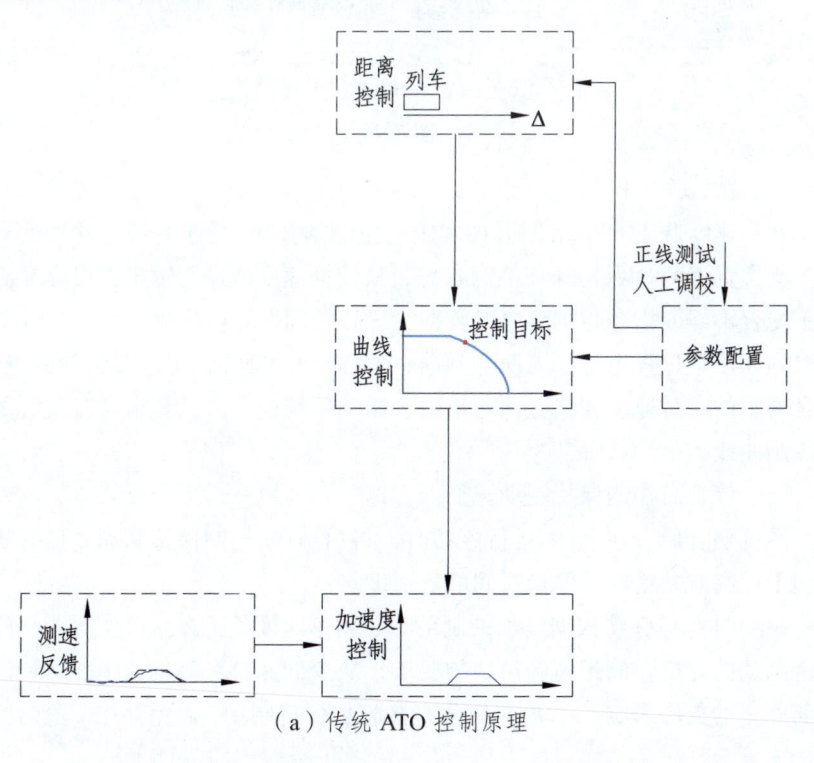

（a）传统 ATO 控制原理

(b) 融合 ATO 控制原理

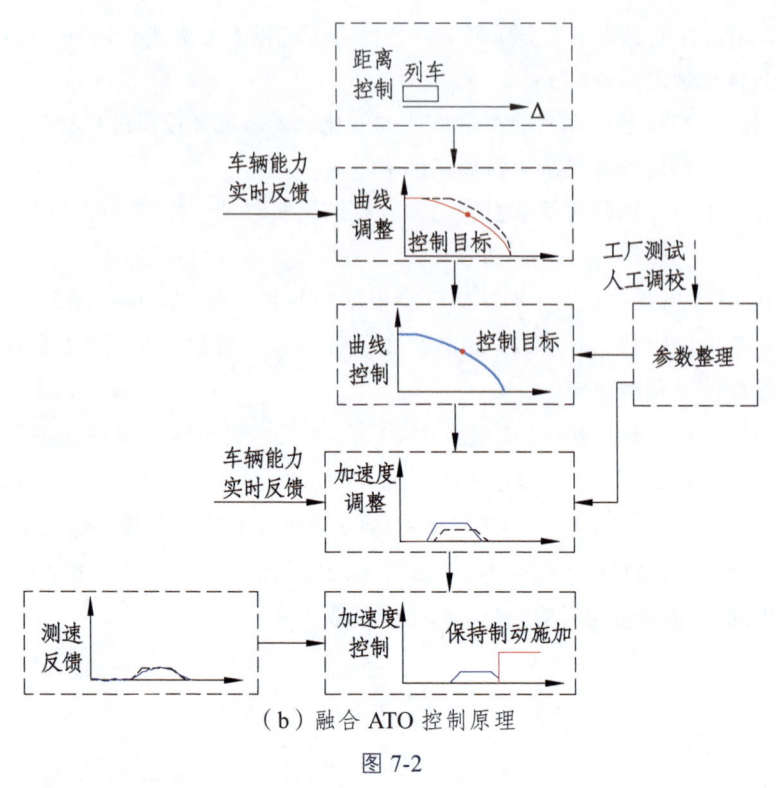

图 7-2

（4）精确停车控制。

列车速度低于 6 km/h 时开始实施电空制动转换，传统系统中此功能完全由车辆负责，ATO 保持开环控制状态，只依据速度值进行输出，很容易出现由于配合不好或指令与实际情况有冲突导致的问题。算法融合后，ATO 通过获取列车停车过程中每一周期电制动、空气制动的施加情况以及施加的趋势，结合列车的实时速度和位置，与牵引、制动系统配合，计算出贴合实际的平缓控制曲线。

（5）停站时控制保持制动施加。

系统融合后，在 ATO 运行停站时，将由 ATO 控制保持制动施加时机，有利于提高对站精度、停稳瞬间的舒适度。

制动时，ATO 将根据施加的制动力、列车速度、距离站台位置调整施加保持制动的时机，满足精确对站的要求，减少低速时车辆自动施加保持制动提前静止的欠停影响。运动时 ATO 直接施加保持制动，避免存在一段时间没有制动产生溜车的情况。ATO 控制施加时尽可能减少因保持制动施加带来的冲击率，提高停站的舒适度。

当 ATO 一直未给出保持制动施加信号时，为了防止溜车，制动系统可设定自动施加保持制动以作为备份。

（6）工厂化调试替代现场调试。

传统项目中，信号系统需要占用大量实车测试的资源调整 ATO 算法和参数，适应真实列车、线路，达到精确控车的目的。

融合后，车辆系统可为信号系统反馈最接近真实的控制信息，信号系统可以利用车辆性能仿真模型提前在实验室测试和工厂测试时进行测试调整，在真实列车上对调整结果进行微调，减少现场调试时间。

7.2 车辆网络融合功能

7.2.1 基本技术要求

融合后的列车 TCMS 网络应符合以下要求：

（1）满足标准 IEC 61375 有关列车通信网络的要求。

（2）支持 UDP/TCP-IP/FTP 透明传输，以满足不同供应商不同系统设备的接入需求。

（3）满足列控功能相关的下述技术要求，以符合列控设备的接入需求：

① 能够为列控设备提供两个独立的工业级网络，互为冗余备份。一条通道出现故障时，另一条通道应能完全提供原通道所能实现的所有功能。

② 通过透明传输机制支持列控设备自行实现所需的符合标准 EN 50159 的安全协议。

③ TCMS 支持 QoS，可支持列控设备内容对外输出信息具备高优先级的需求。

④ TCMS 支持 VLAN 划分。

⑤ 网络带宽不低于 100 Mbps，其中列控分配带宽不大于 10 Mbps。

⑥ 通信误码率不高于 10^{-6}。

⑦ 在规定带宽下，单网丢包率不大于 10^{-6}。

⑧ 端到端延迟时间不大于延时 5 ms。

⑨ 支持子设备固定 IP 的分配。

7.2.2 功能要求

（1）冗余机制。

车辆级网络采用互为冗余备份的两条百兆以太网线，车辆级网络支持双网线冗余接入，能够满足列控设备网络冗余需求，一条通道出现故障时，另一条通道应能完全提供原通道所能实现的所有功能。

（2）透明传输机制。

为保证符合 802.X 相关标准但不符合 IEC 61375 标准的设备接入，TCMS 的设计支持 UDP/FTP/TCP/IP 透明传输。

（3）安全机制。

由于部分入网设备（如列控设备）对信息传输有安全性要求，故采用符合标准 EN 50159 的安全通信协议以保证信息传输的安全性，且 TCMS 的设计允许通过透明传输机制由子系统自行实现安全协议。

（4）入网节点要求。

各子系统与 TCMS 的通信要遵循标准 IEC 61375（透明传输报文除外），且必须直接与 TCMS 互联，不可经过交换机转接。车载列控系统接入时，将采取满足车辆网络一致性要求的网络接口，由车辆网络统一管理。鉴于车辆融合的开放性，当列控系统与车辆系统内部需采用不同安全协议时，可由车载 TRDP-PT 单元完成协议转换。车辆设备间网络互联方式如图 7-3 所示。

7.3 显示融合要求

7.3.1 显示融合功能要求

融合屏由车辆网络控制系统设计，列控设备满足融合屏接口要求，并向融合屏提供必要的行车信息，主要显示与操作内容包括但不限于：

（1）提供列车自检界面，用于显示列车自检状态，用于检查列车总线控制系统的画面，可调用列车网络控制系统（TCMS）的自检功能，将列车总线系统各节点的通信状态、故障状态显示在显示屏上。

（2）列车的基本运行数据、故障信息以及列车状态信息（包括列车运行里程、系统当前时钟以及每辆车的空气制动施加/缓解状态、每辆车的停放制动施加/缓解状态、每个车门开关状态、每个空调状态等）。

（3）列控设备满足显示屏接口要求，并向显示屏提供必要的行车信息。显示屏应显示列控系统界面相关信息，包括当前站、终点站、下一站以及列控界面中的目标距离、下站距离等，车门状态、站台门等，牵引状态、制动状态等。

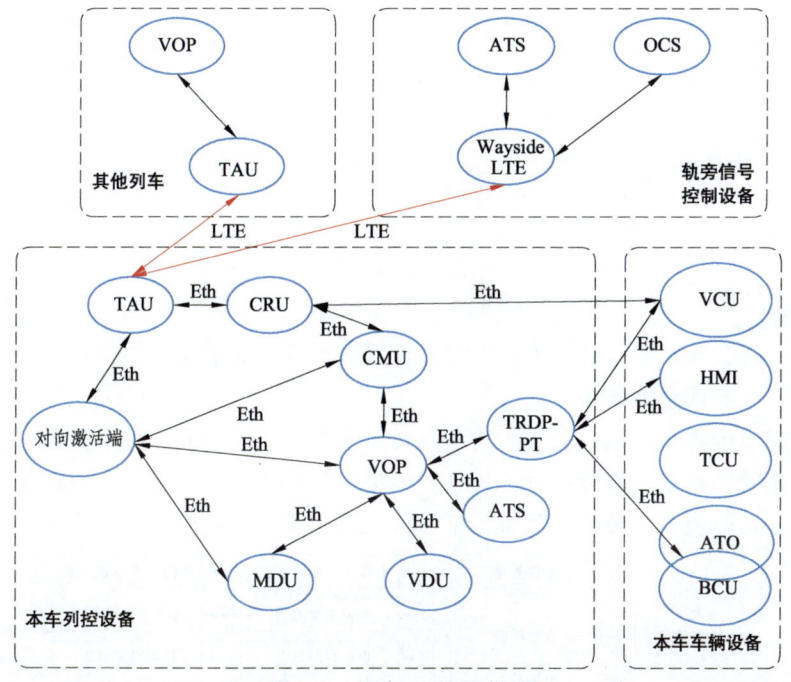

图 7-3 设备互联方式图

（4）显示的时钟与车辆网络控制系统时钟同步，并以秒为最小单位。

（5）针对相应的显示内容可以方便地增减、修改，如站名等。

（6）支持系统故障信息的记录、查询与显示。

融合显示屏应满足以下要求：

（1）显示屏应显示文字或图形信息，屏幕上的文字信息要求使用标准简体中文。

（2）显示屏应有很好的显示质量，显示的内容必须清晰可见。

（3）显示屏上的信息尽量用图形来表示，尽可能减少文字表述。显示内容和画面在设计联络时最终确定，显示屏的所有操作系统、应用软件及故障数据均存储在闪存卡中。

（4）在调试及运营阶段根据实际需要进行免费修改。

（5）显示屏性能数据如下：

① 正常操作温度：－25 ℃ ~ ＋70 ℃。

② 存储温度：－40 ℃ ~ ＋70 ℃。

③ 处理器：低温升、低耗电量的专用处理器。

④ 显示器：不低于 17 英寸 LCD 彩色显示器。

⑤ 分辨率：至少 1 280*1 024 像素。

⑥ 内存：至少 1 Gb DRAM。

⑦ 电源电压：DC 110 V。

⑧ 以太网接口：至少 2 个。

⑨ 亮度：至少 300 cd/m^2 工业级 LCD 屏（亮度可调）。

7.3.2 显示融合界面功能

以融合显示为特征，关键的融合显示界面设计如下：

（1）界面总体架构。

显示屏界面架构如图 7-4 所示，每个子系统都有对应的显示界面，显示该子系统的状态及故障信息。另外，根据用户操作需求分为运行模式与维护模式，运行模式主要面向司机，维护模式则主要面向检修技术人员。

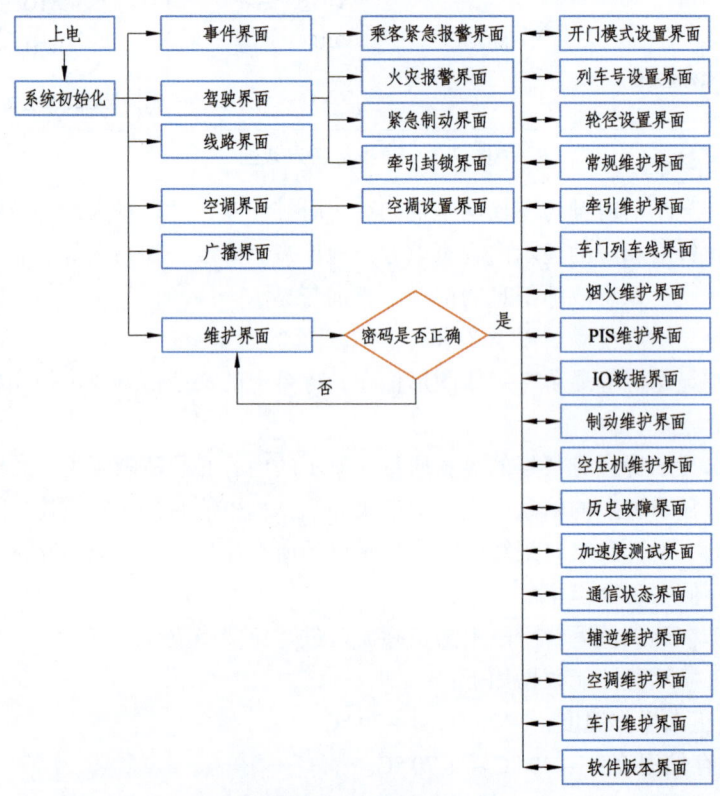

图 7-4 界面架构

（2）驾驶界面。

列车运营时，司机负责查看列车状态的主要界面，主要包含信号系统、车门、载荷、牵引/制动力、旁路等信息。

图 7-5　运行模式

（3）线路界面。

点击 [线路] 按钮进入线路设置界面。该界面可对当前站、下一站、起始站、终点站、越站进行设置。设置当前站、下一站、起始站和终点站时，站点为单选。选择需要设置的站点后点击 [确认] 按钮即可设置完成。设置越站时，站点名为多选，同样设置完成后点击 [确认越站] 按钮。如图 7-6 和 7-7 所示。

图 7-6　当前站设置界面

249

图 7-7 越站设置界面

（4）防撞界面。

当信号系统断开时，信号界面切换为防撞系统界面，如图 7-8 所示。该界面可为司机显示当前防护点距离以及防撞系统各状态信息。

图 7-8 防撞系统界面

（5）维护界面。

用户输入正确的密码后进入维护主界面，如图 7-9 所示。

图 7-9 维护主界面

在维护主界面可以对屏幕亮度进行调节，并可点击帮助按钮查看各系统图标含义。点击校对按钮可对屏幕触摸进行校准。

点击 按钮进入车辆基本信息界面，如图 7-10 所示。基本信息界面会显示列车运行里程、蓄电池牵引次数、牵引能耗等信息。点击 返回 按钮可返回维护主界面。

图 7-10 基本信息界面

251

第 8 章　系统融合接口

定义青岛市地铁 6 号线一期工程列车系统融合后的关键接口要求及其所需实现之功能。

8.1　TCMS 与车辆电气及控制系统的接口

8.1.1　接口示意图

TCMS 与车辆的接口界面图如图 8-1 所示。

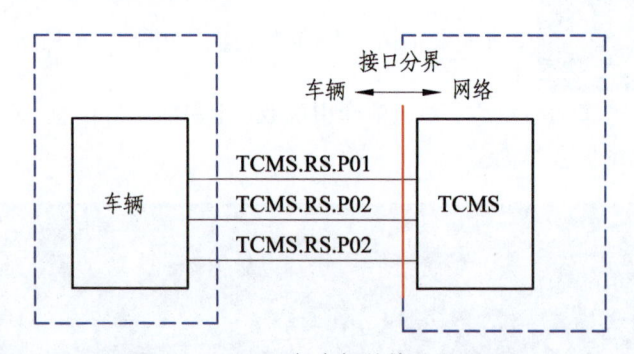

图 8-1　TCMS 与车辆的接口界面图

8.1.2　物理接口

列车网络控制系统和车辆需按照表 8-1 的接口要求一览表提供有关的接口设备。

8.1.3　功能要求

列车网络控制系统与车辆需按照表 8-2 的接口功能要求一览表提供有关的接口功能。

表 8-1 接口要求一览表

物理接口编号	TMCS 提供	车辆承包商提供	接口功能说明	接口类型	数量	接口位置
TCMS.RS.P01	TCMS 设备及 TCMS 端连接器	铺设以太网线	提供以太网通信接口	M12D	具体设计联络确定	TCMS 设备端
TCMS.RS.P02	TCMS 设备及 TCMS 端连接器	硬线	提供硬线接口	F48	具体设计联络确定	TCMS 设备端
TCMS.RS.P03	TCMS 设备及 TCMS 端连接器	供电线	为 TCMS 提供供电	M12A、DB3、3 芯航空连接器	具体设计联络确定	TCMS 设备端

表 8-2 接口功能要求一览表

功能接口编号	功能要求	TCMS 责任	车辆责任
TCMS.RS.P01	提供 TCMS 与车辆以太网通信接口，满足 TCMS 与车辆以太网通信功能	TCMS 通过以太网与车辆进行通信，对车辆进行监视、控制和诊断	车辆通过以太网线与 TCMS 进行数据交互，将车辆信息发送给网络，接收网络发送指令
TCMS.RS.P02	提供 TCMS 与车辆硬线接口，满足 TCMS 与车辆硬线通信功能	TCMS 采集车辆硬线信号，通过硬线输出控制指令	通过硬线将车辆信号送到 TCMS，接收 TCMS 发送的硬线信号
TCMS.RS.P03	提供 TCMS 所需外电源，满足 TCMS 设备供电的需求	TCMS 提供供电设备接口	为 TCMS 提供供电，功率满足 TCMS 要求

8.2 制动与车辆电气及控制系统的接口

8.2.1 接口示意图

接口示意图如图 8-2 所示。

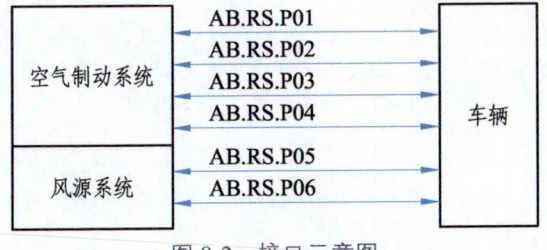

图 8-2 接口示意图

8.2.2 物理接口

空气制动与风源系统承包商与 RS 承包商需按照表 8-3 的接口要求一览表提供有关的接口设备。表 8-3 中表示的是列车其中一端的接口，在列车另一端接口、功能及数量相同。双方承包商应在设计联络阶段，根据上述功能要求对接口进行优化。

表 8-3　接口要求一览表

物理接口编号	制动系统提供	车辆承包商提供	接口功能说明	接口类型	数量	接口位置
AB.RS.P01	提供制动控制系统所需电源输接口	提供带标识的电缆从车辆 110 V DC 配电设备至制动控制单元	RS 为制动控制单元提供 110 V 直流电源。额定电压：DC 110 V；波动范围：DC 77 V～137.5 V	待定	1	制动控制单元输入电源接口
AB.RS.P02	以太网接口	提供带标识的电缆从车上网络设备至制动控制单元	网络系统向制动控制单元发送制动指令、电制动反馈信号等。制动控制单元向网络上传空簧压力值、车辆载荷、电制动切除及各种故障信息	标准的 10/100BASET 以太网接口。开放的软件协议	1	制动控制单元
AB.RS.P03	车辆总线端口	提供带标识的电缆从车上至制动控制单元	RS 提供数字式车辆总线信号。对于制动设备重要的安全功能，由常规列车导线作后备。制动微机控制单元 BCU 应直接联挂在车辆总线上	车辆总线接口应满足列车通信网络标准或相关国际标准	1	制动控制单元
AB.RS.P04	速度信号接口	提供带标识的电缆从车上至制动控制单元	RS 提供速度信号接口。将速度信号由速度传感器送至制动控制单元	速度信号接口应满足相关国际标准	1	制动控制单元
AB.RS.P05	风源系统电源接口	提供带标识的电缆从车辆 380 V AC 配电设备至制动控制单元	RS 为制动控制单元提供 330 V 交流电源。额定电压：AC 380 V	待定	1	风源系统
AB.RS.P06	风源系统控制接口	提供带标识的电缆从车上至风源控制装置	RS 提供风源控制接口	车辆气路接口应满足相关国际标准	1	风源系统

8.2.3 功能要求

表 8-4　接口功能要求一览表

功能接口编号	功能要求	有关物理接口	制动系统提供	车辆承包商提供
AB.RS.F01	RS 为制动控制单元提供 110 V 直流电源。额定电压：DC 110 V，波动范围：DC 77 V～137.5 V	AB.RS.P01	提供制动控制系统所需电源输接口	提供带标识的电缆从车辆 110 V DC 配电设备至制动控制单元
AB.RS.F02	列车网络控制系统向制动控制单元发送制动指令、电制动反馈信号等。制动控制单元向网络上传空簧压力值、车辆载荷、电制动切除及各种故障信息	AB.RS.P02	以太网接口	提供带标识的电缆从车上网络设备至制动控制单元
AB.RS.F03	RS 提供数字式车辆总线信号。对于制动设备重要的安全功能，由常规列车导线作后备。制动微机控制单元 BCU 应直接联挂在车辆总线上	AB.RS.P03	车辆总线端口	提供带标识的电缆从车上至制动控制单元
AB.RS.F04	RS 提供速度信号接口。将速度信号由速度传感器送至制动控制单元	AB.RS.P04	速度信号接口	提供带标识的电缆从车上至制动控制单元
AB.RS.F05	RS 为制动控制单元提供 330 V 交流电源。额定电压：AC 380 V	AB.RS.P05	风源系统电源接口	提供带标识的电缆从车辆 380 V AC 配电设备至制动控制单元
AB.RS.F06	RS 提供风源控制接口	AB.RS.P06	风源系统控制接口	提供带标识的电缆从车上至风源控制装置

8.3　牵引与车辆电气及控制系统的接口

8.3.1　接口示意图

电气牵引系统（ED）与车辆（RS）的接口界面如图 8-3 所示。

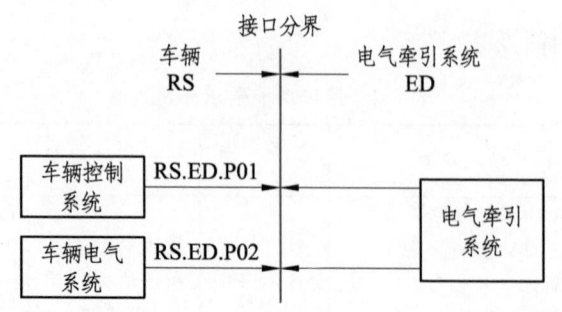

```
                接口分界
         车辆      │    电气牵引系统
         RS       │        ED
                   │
    ┌────────┐ RS.ED.P01 │
    │车辆控制│──────────┤
    │ 系统   │           │   ┌────────┐
    └────────┘           │   │电气牵引│
    ┌────────┐ RS.ED.P02 │   │ 系统   │
    │车辆电气│──────────┤   └────────┘
    │ 系统   │           │
    └────────┘           │
```

图 8-3　电气牵引系统（ED）与车辆（RS）的接口界面

8.3.2　物理接口

车辆（RS）与电气牵引系统（包含辅助电源系统，ED）需按照表 8-5 的接口要求一览表提供有关的接口设备。

表 8-5

物理接口编号	RS 系统提供	ED 系统提供	接口功能说明	接口类型	数量	接口位置
RS.ED.P01	提供牵引系统内部各箱体设备之间的控制电缆；提供车辆与牵引系统间的低压接线箱（如有）	提供电气牵引系统设备侧的连接器	车辆为电气牵引系统提供 DC 110 V 控制电；车辆为电气牵引系统提供控制信息；电气牵引系统为车辆提供系统状态信号	硬线接口	待定	电气牵引系统箱体控制连接器
RS.ED.P02	提供车辆与电气牵引系统箱体的高压接口。提供 DC 1 500 V 母线连接器及插座（回路用）。提供 AC 380 V 中压母线及 110 V 低压母线；提供牵引系统设备间的电缆	提供电气牵引系统连接端子。提供主逆变器至牵引电机间电缆（带屏蔽层）。提供 ED 系统控制器件和保护器件	车辆为电气牵引系统提供 DC 1 500 V 供电，波动范围：DC 1 500 V ~ DC 1 800 V；车辆为电气牵引系统提供箱体之间的电气连接；电气牵引系统为车辆提供三相 AC 380 V 交流电；电气牵引系统为车辆提供 DC 110 V 直流电，并对蓄电池进行充电	硬线接口	待定	电气牵引系统箱体高压连接器

8.3.3 功能要求

车辆（RS）与电气牵引系统（包含辅助电源系统，ED）按照表 8-6 的接口功能要求一览表提供有关的接口功能。

表 8-6　接口功能要求一览表

功能要求编号	功能要求	有关物理接口	RS 系统承包商提供	ED 系统提供
RS.ED.F01	实现车辆与电气牵引系统的控制	RS.ED.P01	提供稳定可靠的控制信号及低压供电	提供稳定可靠的状态反馈
RS.ED.F02	实现车辆与电气牵引系统的电气传输	RS.ED.P02	提供稳定可靠的高压电器传输	提供满足需求的牵引及电制动力。提供稳定可靠满足需求的三相 AC 380 V 交流电。提供稳定可靠满足要求的 DC 110 V 直流电

8.4　牵引与制动系统接口

8.4.1　接口示意图

空气制动系统与牵引系统接口示意图如图 8-4 所示。

空气制动系统 ——AB.ED.P01——→ 牵引系统

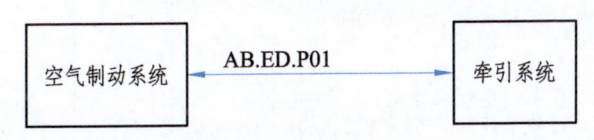

图 8-4　空气制动系统与牵引系统接口示意图

8.4.2　物理接口

TACS 系统内部制动系统与牵引系统需按照表 8-7 的接口要求一览表提供有关的接口设备。TACS 系统内部制动系统与牵引系统之间的信息交互通过以太网设备实现。双方承包商应在设计联络阶段，根据上述功能要求，对接口进行优化。

表 8-7 接口要求一览表

物理接口编号	制动系统提供	牵引系统提供	车辆承包商	接口功能说明	接口类型	数量	接口位置
AB.ED.P01	以太网接口	以太网接口	提供带标识的电缆从车上网络设备至制动控制单元	牵引系统向制动系统提供如下信息：空转信息、电制动能力值、牵引电机状态、牵引空转信息、电制动力实际值、电制动能力值、电制动有效、电制动可用、电制动衰退、电制动滑行。制动系统向牵引系统提供如下信息：百分比有效、牵引/制动百分比、制动指令、牵引指令、限速值、ATO模式、列车速度、车辆载荷有效、车辆载荷、整车制动力需求值、电制动切除。通过上述信息，制动与牵引系统实现列车的 ATO 运行功能与电制动力与空气制动力的转换功能	以太网接口	1	制动控制单元

8.4.3 功能要求

表 8-8 功能要求表

功能接口编号	功能要求	有关物理接口	制动系统提供	牵引系统提供	车辆承包商提供
AB.ED.F01	牵引系统向制动系统提供如下信息：空转信息、电制动能力值、牵引电机状态、牵引空转信息、电制动力实际值、电制动能力值、电制动有效、电制动可用、电制动衰退、电制动滑行。制动系统向牵引系统提供如下信息：百分比有效、牵引/制动百分比、制动指令、牵引指令、限速值、ATO模式、列车速度、车辆载荷有效、车辆载荷、整车制动力需求值、电制动切除。通过上述信息，制动与牵引系统实现列车的 ATO 运行功能与电制动力与空气制动力的转换功能	AB.ED.P01	以太网接口	以太网接口	提供带标识的电缆从车上网络设备至制动控制单元

8.5 一致性测试

通过一致性测试可验证被测设备是否遵循以太网通信设备的要求，并作为以太网产品具有互操作性的依据。

8.5.1 接口一致性测试

接口一致性测试用于检查设备网络接口的一致性，各测试项点如表 8-9 所示。

表 8-9　接口一致性测试项点

序号	测试项	通过条件
1	高电平测试	950 mV<VALUE<1.050 V
2	低电平测试	950 mV<VALUE<1.050 V
3	信号对称度	980 mV<VALUE<1.020 V
4	高电平波形过冲	VALUE<5.0%
5	低电平波形过冲	VALUE<5.0%
6	眼图张开程度	眼图全部在模板内
7	高电平上升时间	3.000 ns<VALUE<5.000 ns
8	高电平下降时间	3.000 ns<VALUE<5.000 ns
9	高电平上升/下降时间对称度	VALUE<500.00 ps
10	低电平上升时间	3.000 ns<VALUE<5.000 ns
11	低电平下降时间	3.000 ns<VALUE<5.000 ns
12	低电平上升/下降时间对称度	VALUE<500.00 ps
13	上升/下降时间对称度 overall	VALUE<500.00 ps
14	发送器抖动	VALUE<1.4 ns
15	占空比失真抖动	VALUE≤500.00 ps
16	发送器回波损耗	VALUE>0.00 dB
17	接收器回波损耗	VALUE>0.00 dB

8.5.2 协议一致性测试

用于测试以太网应用协议一致性,各测试项点如表 8-10 所示。

表 8-10 协议一致性测试项点

序号	测试项点	判定标准
1	Ping 功能	Ping 通
2	IP	与接口文件一致
3	MAC	与接口文件一致
4	发送周期	与接口文件一致
5	接收周期	与接口文件一致
6	ComID	与接口文件一致
7	CRC 校验	双方一致
8	SDT 信息	双方一致
9	数据区长度	与接口文件一致
10	报文长度	与接口文件一致
11	报文超时	无超时
12	报文丢帧	无丢帧
13	CCU 主从切换影响	无影响
14	生命信号一致性	一致
15	其他变量一致性	一致

参考文献

[1] 北京市规划委员会. 地铁设计规范[S]. 北京：中国建筑工业出版社，2013.

[2] 罗情平，吴昊，陈丽君. 基于车-车通信的列车自主运行系统研究[J]. 城市轨道交通研究，2018，07.